Jetzt ist es Zeit
für ein neues Sozialverhalten.

Denn in einer Demokratie
entscheiden wir selber
und zwar auf zweierlei Arten:

Als Individuum
und in der Gruppe.

Für das
Verhalten in der Gruppe
gelten Regeln.

Ma Gyan Sevanti Weber

Umgangsformen
für das
21. Jahrhundert

Warum wir keine Manieren
mehr haben

- wie wir einander
neu respektieren lernen

Teil 1

Herstellung und Verlag:

BoD - Books on Demand, Norderstedt

ISBN 978-3-7322-9411-4

Teil 1
Warum wir keine Manieren mehr haben

Allen Lehrkräften gewidmet,
damit Unterrichten wieder Freude bereitet!

So erhalten
unsere Kinder
die Erziehung und Bildung,
die sie verdienen.

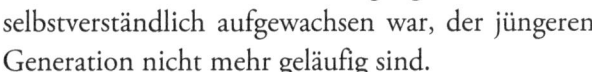

Gesucht: Antworten auf dringende Fragen

Ein Gerüst für soziale Verantwortung errichten

Von 1995 bis 2009 war ich als Lehrerin tätig, zuerst an der Mittel- und Oberstufe der Volksschule. Später arbeitete ich an zwei Berufsfachschulen. Ich unterrichtete Jugendliche ab fünfzehn und junge und ältere Erwachsene. Mir fiel auf, daß die Umgangsformen, mit denen ich – Jahrgang 1951 – noch

selbstverständlich aufgewachsen war, der jüngeren Generation nicht mehr geläufig sind.

Nicht nur liessen sich die Schülerinnen und Schüler oft wenig sagen, auch höfliches Benehmen mit entsprechender Wortwahl und einem freundlichen Tonfall war keine Selbstverständlichkeit mehr. Es gab Situationen, in denen sie mich übersahen, als ihre Lehrkraft nicht grüssten oder meinen Gruss nicht erwiderten. Ich hatte häufig Schwierigkeiten, meine Anordnungen durchzusetzen. Der Unterricht erlitt viele Störungen, eine Arbeitsatmosphäre herzustellen war manchmal unmöglich. Der Lärmpegel schwellte trotz Ermahnungen immer wieder an. Nach Schulschluss blieb das Klassenzimmer chaotisch und voller Unrat zurück, ausser ich forderte streng, mit meiner ganzen Präsenz und kontrollierend die Einhaltung einer bestimmten Ordnung ein. Unter solchen Umständen zu arbeiten war für mich ermüdend und oftmals persönlich verletzend. Vor allem aber wurde in der Folge die Zeit für die Einhaltung des obligatorischen Lehrplans immer knapper, die Unterrichtsqualität verminderte sich in bedenklicher Weise.

Kurz: Ich stellte eine derartige Veränderung im Sozialverhalten der Kinder und jungen Leute fest, daß mich die Auswirkungen in Schule und Öffentlichkeit oft erschreckten – und es nach wie vor manchmal tun!

Warum greifen die bisherigen Umgangsformen nicht mehr?

Zuerst suchte ich Hilfe auf der Ebene der Benimmregeln und blätterte in den üblichen Knigge-Ratgebern. Doch ich wurde nicht fündig. Die tausend Vorschriften des „korrekten Benehmens", wie man zum Beispiel beim Apéro das Weinglas halten soll oder sich mit der Serviette den Mund abzuwischen hat, halfen mir bei meinen elementaren Problemen nicht weiter.

Ich fing an, darüber nachzudenken, welcher Umgang im schulischen Alltag und im öffentlichen Raum nötig wäre. Als überzeugte 68-erin wollte ich die Errungenschaften dieser Jahre nicht der früher üblichen Disziplin, die ein Kind brechen soll, opfern. Andererseits erkannte ich, daß wir Lehrkräfte Jahr für Jahr wegen auffälligem und unangepasstem Schülerverhalten immer weniger Stoff vermitteln konnten und können. Eine entsprechende Sozialkompetenz in der Gruppe und gegenüber Autorität ausübenden Personen ist dringend notwendig.

Ich stellte mir deshalb folgende Fragen:

- Warum greifen die bisherigen Benimmregeln nicht mehr?
- Welche Höflichkeitsformen benötigen wir heute?
- Wo gilt die Freiheit des Individuums?
- Wo muss sie zu Gunsten der Gemeinschaft eingeschränkt werden?

Aus den Antworten, die ich gefunden habe, sind die **Umgangsformen für das 21. Jahrhundert** entstanden. Mir ging es auf unterschiedlichen Ebenen darum zu verstehen, wie es zur jetzigen Situation kommen konnte. Welche Programmierungen liegen den bisherigen Benehmensvorschriften zugrunde, dass sie aus unserem Alltag verschwunden sind? Was gilt es in unseren Köpfen richtigzustellen? Meine historischen und staatspolitischen Überlegungen bleiben dabei nicht an der Oberfläche, sondern schälen die Ursache des

veränderten Verhaltensmusters heraus: Die noch heute gültigen Benimmregeln entsprechen unserem demokratischen Verständnis nicht mehr. Ich untersuche deshalb das Verhältnis des Individuums zum Kollektiv im Laufe der Zeit und den Wandel des Begriffs der Autorität. Daraus ergeben sich einschneidende Konsequenzen für ein wünschbares Benehmen. Diese Analysen finden Sie hier in **Teil 1**, den Sie in Händen halten (im Kapitel „Veraltete Programmierungen löschen" finden Sie einen Überblick über die behandelten Themenkreise).

Daneben war es mir aber auch ein Anliegen, neue Umgangsformen zu formulieren, die uns jetzt und künftig dienen. Ich machte mir Gedanken

darüber, wie ein frisches Wertesystem aussehen müsste, welches das Fundament für unsere zukünftigen Sozialkompetenzen abgeben könnte. Um einen freundlichen Umgang zu gewährleisten, bei dem für alle Klarheit herrscht, schlage ich zudem wenige funktionale Regeln vor, die dem städtischen Alltag in einem modernen demokratischen Staat gerecht werden. Meine Vorschläge für zeitgemässe Umgangsformen folgen in **Teil 2**.

Wir benötigen eine gemeinsame Basis

Das wichtigste Ziel scheint mir, dass wir uns unserer gemeinsamen Verantwortung wieder bewusst werden. Dabei geht es einerseits um gegenseitige Fürsorge – auf achtsame und wertschätzende Weise –, andererseits um die Verhinderung der heutigen Missstände. Es ist von Bedeutung, die soziale Kontrolle wieder zu erlangen, die zur Zeit nicht mehr spielt. So können wir frühzeitig der Respektlosigkeit und der Gewalttätigkeit Einhalt gebieten, damit sie nicht noch mehr Fuss fassen. Wir wollen dafür sorgen, dass rechtsfreie Räume und Parallelgesellschaften unmöglich werden. Schliesslich möchten wir uns in einer humanen Gemeinschaft sicher bewegen können.

Dafür benötigen wir aber eine gemeinsame Basis. Wie ich aufzeigen werde, ist uns diese seit 1968 abhanden gekommen. Wir haben damals die Strukturen des gesellschaftlichen Gebäudes in Schutt und Asche gelegt. Seither ist das

Haus nicht mehr bewohnbar, es ragen nur noch Ruinen hoch. Es ist deshalb nicht verwunderlich, dass in diesen morschen Mauern einige Leute beim  Herumklettern hinunterfallen, dass andere Räuber spielen und dass sich bisweilen jemand verletzt. Es ist Zeit, diese Überreste endgültig abzureissen und einen neuen Bau hinzustellen, der unserer modernen Lebensweise entspricht und in dem wir alle uns wohlfühlen.

Meine Überlegungen und vorgeschlagenen Verhaltensregeln wollen helfen, dass wir uns im öffentlichen Raum erneut auf eine gemeinschaftliche Vorgehensweise ausrichten. Denn besonders im pädagogischen Bereich ist es wichtig, dass wir einen Weg definieren, den wir miteinander gehen können. Ich sehe die **Umgangsformen für das 21. Jahrhundert** als Leitlinien, damit Eltern

und Gesellschaft wieder eine Orientierung erhalten und die Nachbarschaft bei der Erziehung mitwirken kann. Insofern möchte ich  mit meinen Denkanstössen zu einer Klärung in der pädagogischen Debatte beitragen.

Respektvolle Verhaltensweisen einüben

Obwohl es zunächst nicht einleuchtet, dass Umgangsformen beim Lösen ernster gesellschaftlicher Probleme von Wichtigkeit sind, bin ich beim Schreiben zu einem ganz anderen Schluss gekommen.

 Bei den Umgangsformen handelt es sich jeweils nur um kurzzeitige Handlungsweisen, die als solche nicht ins Gewicht zu fallen scheinen. Man eignet sie sich in der Kindheit an und führt sie im Laufe eines Tages mehrmals aus – oder eben nicht. Doch durch ihre Anwendung üben sie eine innere soziale Einstellung und respektvolle Verhaltensweisen ein, die auf anderem

Wege nicht zustande kommen. Findet dieses Training nicht statt, entsteht eine Lücke, was den wertschätzenden Umgang und die Sozialkompetenz betrifft.

Haben wir Benehmensvorschriften verinnerlicht, geben sie uns persönlich, aber auch der ganzen Gemeinschaft eine Struktur vor. Sie entsprechen beim Hausbau den tragenden Balken. Fehlt dieses unsichtbare Gerüst, fällt das Haus zusammen. Deshalb können wir als Gesellschaft nicht auf Umgangsformen verzichten. Wir bekommen dadurch eine Verhaltensanleitung, wie wir uns und andere Menschen achten können. Am Ende einer Kindheit muss sie automatisch zur Verfügung stehen und reflexartig ausgeführt werden. Wie bei allen anderen Fertigkeiten auch, entsteht dies nur durch tägliche Übung.

Was die Umgangsformen für das 21. Jahrhundert bringen

Ich erhoffe mir, dass meine Antworten einige Schwierigkeiten, die wir heute beklagen, nicht mehr auftreten lassen. Eine Reporterin könnte unsere Gesellschaft in naher Zukunft so beschreiben:

„Die **Umgangsformen für das 21. Jahrhundert** haben eine enorme Verbesserung der gesellschaftlichen Verhältnisse gebracht. Die jahrzehntelange Verunsicherung darüber, was störendes und was angemessenes Verhalten ist, hat ein Ende gefunden.

Eltern und Pädagoginnen halten damit eine Landkarte in der Hand, nach welcher sie sich orientieren. Sie wissen, was sie von ihren Sprösslingen fordern müssen. Alle, die sich an der Erziehung beteiligen, ziehen am gleichen Strick. Bei dieser Aufgabe helfen ihnen die politischen Beauftragten und die restliche kinderlose Gesellschaft. Alle mündigen Personen übernehmen die Verantwortung für die nächste Generation.

Von Kindheit an mit Umgangsformen vertraut, bekommen die Kinder und

Jugendlichen auf diese Weise eine Benehmensleitplanke mit. Es ist ihnen klar, bei welchem Verhalten sie die Rechte und Bedürfnisse der anderen Menschen berücksichtigen müssen und in welchen Situationen sie selbst bestimmen können.  Zudem sind sie nicht mehr so oft auf sich allein gestellt, sondern erfahren Zuwendung und Aufmerksamkeit durch die sie umgebenden Erwachsenen. Der ehemals bestehende Graben zwischen den Generationen hat sich geschlossen.

Etwas Ähnliches ist bei der Integration von Menschen aus fremden Kulturen geschehen: Die Einheimischen sind sich bewusst, was sie von den Immigranten für das demokratische Umfeld fordern müssen. Sie bieten ihnen umfassende Hilfe an, so dass diese über die Funktionsweise einer Demokratie Bescheid wissen, ihren Pflichten nachkommen und ihre Verfassungsrechte in Anspruch nehmen können.

Das Training in freundlichem Verhalten beeinflusst merklich die Arbeitshaltung und das Fachwissen von Lernenden und Berufsleuten. In den Schulen herrscht Ruhe, im Unterricht entsteht eine motivierte Arbeitsatmosphäre. Es wird konzentriert gearbeitet. Dadurch sind die Lehrkräfte in der Lage, den obligatorischen Stoff durchzunehmen und ihn mit interessanten Aspekten anzureichern. In der Folge hat sich die Selbst-, Sozial- und Sachkompetenz der Schulabgängerinnen und -abgänger merklich  verbessert, was sich bei der Ausbildung, im Beruf und bei der Zusammenarbeit im Team positiv auswirkt.

Personen mit einem Führungsauftrag wird von Erwachsenen und Kindern Achtung und Respekt entgegengebracht, so dass sie ihr Mandat zur Zufriedenheit aller wahrnehmen und ihre Arbeiten ungehindert ausführen können. Die bis vor einiger Zeit gefährdeten Berufsgruppen sind deutlich entlastet und erfreuen sich guter Gesundheit.

Strassen und öffentlich begehbare Räume sind sauber, Littering und

Vandalismus sind kein Thema mehr. Das früher übliche Wegsehen hat ein Ende, Zivilcourage ist selbstverständlich geworden. Mögliches gewalttätiges Verhalten wird zu einem viel früheren Zeitpunkt erkannt und in andere Bahnen gelenkt.

Dies alles bedeutet finanzielle und soziale Vorteile gegenüber der Situation, die wir noch bis vor kurzem hatten", zieht die Berichterstatterin Bilanz. „Volkswirtschaftlich spart die Bevölkerung enorme Summen, die Versicherten und die Steuerzahlenden gewinnen. Die Toten und Verletzten, die wir mit dem früheren Lebensstil ohne Zweifel beklagt hätten, sind weiterhin am Leben und gesund. Wie Sie sehen, geschätzte Zusehende und Zuhörende, konnte ich bei vielen unserer gesellschaftlichen Schwierigkeiten positive Veränderungen feststellen. – Damit gebe ich wieder zurück ins Studio."

Eine solch erfreuliche Berichterstattung könnte schon bald die Mittags- und Abendnachrichten bereichern! Ich bin überzeugt, dass eine gesellschaftliche Einigung auf die **Umgangsformen für das 21. Jahrhundert** und ihre konsequente Anwendung eine erhebliche Verbesserung bei den dargestellten Problemen herbeiführen werden. Künftig sind sich alle Menschen der jeweiligen Situation bewusst, in der sie sich befinden. Sie berücksichtigen mit ihrem Verhalten die Bedürfnisse der sie umgebenden Mitbürgerinnen und Mitbürger und gehen freundlich mit ihnen um.

Heute jedoch sieht es aus, wie wenn wir alle rücksichtslos nur auf unseren eigenen Vorteil aus wären. Ist dies wahr? Ich bin da ganz anderer Meinung...

Haben Sie auch schon Umgangsformen vermisst?

Sicherlich stehe ich nicht alleine mit meinen Erfahrungen mit unfreundlichem, respektlosem oder sogar verletzendem Verhalten. Haben Sie sich auch schon auf diese Weise geärgert? Bevor ich auf die gesellschaftliche Sachlage näher eingehe, möchten Sie sich vielleicht Ihre eigenen Gedanken machen. Wenn Sie mögen, füllen Sie den folgenden Fragebogen aus.

Beschreiben Sie die Situation, als Sie gedacht haben: „Da fehlt ein Training an Umgangsformen!" Was ist passiert? Erzählen Sie das Geschehen.

Wie haben Sie sich gefühlt?

Es ist anzunehmen, dass sich Ihr Gegenüber häufig ähnlich verhält. Was könnten längerfristige Folgen eines solchen Fehlverhaltens für die Gesellschaft sein?

Welches Benehmen hätten Sie sich von der andern Person gewünscht?

Was hätte die fehlbare Person mit korrektem Verhalten geübt, was ihr und der Gemeinschaft zugutekäme?

Sind wir ein Volk von Egoisten?

Ich muss es auf den Punkt bringen und aussprechen: Wir sind ein Volk von Egoistinnen und Egoisten geworden – zumindest sieht es so aus. Jedes von uns schaut oftmals nur für sich selbst. Wir versuchen, in jedem Moment das Maximum für das eigene Wohlbefinden herauszuholen, ohne uns um das Umfeld und eventuelle Konsequenzen zu kümmern.

Das tönt hart, doch ich bin überzeugt, dass dieses Benehmen nicht böswillig, sondern in gutem Glauben entstanden ist – auch wenn es noch so schlimme Folgen mit sich bringt. Ich teile die häufig geäusserte Meinung nicht, dass wir alle im Innersten ausgekochte Egomanen seien. Denn das heutige ichbezogene Verhalten liegt in der geschichtlichen Entwicklung begründet. Im Laufe der Zeit ist uns nämlich die bis anhin gültige gesellschaftliche Werteordnung zerbrochen.

Im Mittelalter gaben gemeinsame Werte den Weg vor

Bis ins frühe sechzehnte Jahrhundert – ich spreche von Europa – durchzog uns ein gemeinsames Wertegefühl wie ein Teppich. Er gab uns allen eine Struktur vor, so dass wir wussten, nach welchen Kriterien wir uns bei unseren alltäglichen Entscheiden ausrichten sollten. Man könnte auch ein anderes Bild nehmen: Während wir durchs Leben liefen, hielten sich unsere Hände an einem vorgegebenen Geländer. Es bestand aus

drei Längsbalken und war uns beim Gehen eine Stütze.

Innerhalb religiöser, staatlicher 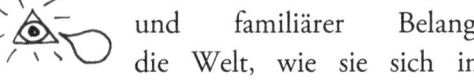 und familiärer Belange verband uns der gleiche Glaube an die Welt, wie sie sich im  Mittelalter darstellte: Damals gehörten wir der gleichen Religion an, wir waren fast alle Katholiken. Wir befolgten die Richtlinien, die uns die katholische Kirche vermittelte. Mindestens einmal wöchentlich besuchten wir mit unserer Familie die Messe und wurden vom Dorfpriester regelmässig auf den gleichen Gott, den wir fürchten sollten, und dessen Gebote eingeschworen. Dieser Gott hatte die erbliche Monarchie errichtet, der von ihm eingesetzte König herrschte mit Unerbittlichkeit und Strenge mit einem autoritären System von Adelshierarchien. Und offenbar war er ein Gott, der das männliche Geschlecht bevorzugte. Die Gesellschaft war patriarchalisch strukturiert, nur Männer durften Autorität ausüben. In der Grossfamilie hatte der Vater als Familienoberhaupt uneingeschränkt das Sagen.

Es soll nicht verschwiegen werden, dass diese Lebensweise den Frauen und Minderheiten einen hohen Preis abverlangte, denn die Inquisitoren der katholischen Kirche räumten Unerwünschtes aus dem Weg. Auf dem Scheiterhaufen verbrannten Tausende von Frauen, weil sie Wissen – etwa um die Heilkraft von Kräutern – oder sonstige Fähigkeiten besassen, die den 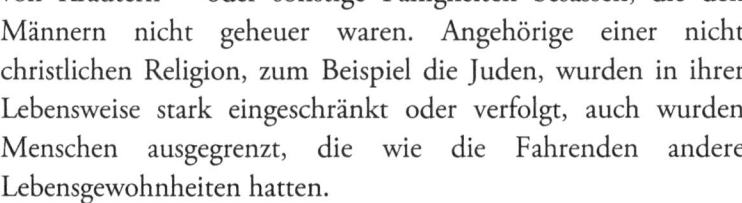 Männern nicht geheuer waren. Angehörige einer nicht christlichen Religion, zum Beispiel die Juden, wurden in ihrer Lebensweise stark eingeschränkt oder verfolgt, auch wurden Menschen ausgegrenzt, die wie die Fahrenden andere Lebensgewohnheiten hatten.

Durch dieses harte Regime herrschte Einigkeit über die gesellschaftlichen Vorstellungen. Wie Fäden eines Gewebes verband uns die gleiche Weltsicht miteinander. Unter anderem bedingt durch das damals übliche Analphabetentum fügten wir alle uns in die Anordnungen

des Vatikans, des Adels und der männlichen Autoritätspersonen. Das waren die drei Balken des Geländers, das uns den Weg vorgab.

Das Geländer verliert seine Balken

Diese Bereiche erfuhren in den letzten fünf Jahrhunderten einen tief gehenden Wandel. Der Teppich der übereinstimmenden Werte wurde in drei Schüben regelrecht zerfetzt.

Das mittelalterliche Weltbild erhielt 1517 einen deutlichen Riss, als der deutsche Mönch Martin Luther (1483-1546) seine Thesen an die Kirchentüre von Wittenberg nagelte und vier Jahre später am Reichstag zu Worms Kaiser und Papst die Stirn bot. Das war der Beginn der Reformation. Seither nahmen sich die Protestanten und Reformierten die Freiheit, die von Luther ins Deutsche übersetzte Bibel selber zu lesen und sie nach

ihrem eigenen Verständnis auszulegen. Sie benötigten keinen Priester mehr, der ihnen vorschrieb, wie sie die Heilige Schrift zu verstehen und was sie zu glauben hätten. So ging die für alle gültige Sicht verloren, die vom Papst bestimmt worden war. Neben der bisher alleinselig machenden katholischen Kirche entstanden neue christliche Gemeinden, die ihre eigene Religionsauffassung praktizierten. Hier, auf religiösem Boden,

nahm das demokratische und selbstverantwortliche Denken in Europa seinen Anfang. Damit war der erste Balken des Geländers morsch geworden.

Weiteren Schaden fügte die Französische Revolution 1789 dem gesellschaftlichen Wertegefüge zu. Die monarchische Staatsform fand damit ihren Niedergang, und der Adel verlor seinen höheren Status. Die nachfolgenden Bemühungen im neunzehnten und zwanzigsten Jahrhundert, welche zur Errichtung der demokratischen Staaten führten, besiegelten die

Abschaffung der Monarchien. Die Ständegesellschaft hatte ausgedient. Dadurch wurde der mittlere Balken des uns bisher stützenden Geländers beschädigt.

Davon wird noch die Rede sein.

Die einseitige Dominanz des männlichen Geschlechts und die autoritäre Befehlsstruktur wurden vor vierzig Jahren erschüttert. Die Geschehnisse um 1968 versetzten der übrig gebliebenen patriarchalen Denkweise den entscheidenden Stoss. Wie ein grosser Sturm fegten die damaligen Aufbrüche

den letzten Längsbalken weg. Das wird uns später ausführlich beschäftigen. Damit zerbrach das System der Struktur stiftenden Werte, das die Gemeinschaft während unzähligen Generationen zusammengehalten hatte. Man könnte sagen: Das uns allen innewohnende geistige Gewebe zerriss endgültig. Das Geländer war in sich zusammengefallen.

Die heutige Richtlinie: „Tu was du willst"

Seither benehmen wir uns egoistisch, doch nicht aus böser Absicht oder echter Selbstsucht heraus. Es ist eher so, dass wir uns treulich an die Doktrin halten, die uns 1968 vermacht hat. Sie ist schliesslich die einzige, die uns geblieben ist. Wir Menschen brauchen eben eine Hilfestellung, um unseren Lebensweg gehen zu können.

Denn trotz der emanzipatorischen Entwicklungen hin zu Demokratie und Eigenverantwortung sind wir doch nicht alle reif, willensstark oder gescheit genug, um jederzeit ohne richtungsweisende Fingerzeige durchs Leben zu kommen. Die Anleitung, welche uns die Geschehnisse um 1968 mitgegeben haben, säumt

deshalb wie ein behelfsmässig montiertes Seil unseren Weg. Sie lautet:

Sind wir ein Volk von Egoisten?

„Nachbars Sorge"	„Die Sorgen meines Nachbarn"
„Ganz z ersch chumen i u när chunnt ganz lang nüt.	„Zuallererst komme ich und nachher kommt sehr lange nichts.
I frisse locker jedes Täller läär u teile nüt mit frömde Lüt. Ja, wes scho nid für alli längt, so doch de wenigschtens für mi.	Ich esse locker jeden Teller leer und teile nichts mit fremden Menschen. Wenn es schon nicht für alle reicht, dann wenigstens für mich.
Was gö mi Nachbars Sorgen a, die kümmere mi nid."	Was gehen mich die Sorgen meines Nachbarn an, sie kümmern mich nicht."

(Patent Ochsner, Song „No geits" in berndeutschem Dialekt, Bern 2010)

„Was willst *du*, Individuum?" Nachdem wir Jahrhunderte lang anderen gehorcht und uns von ihnen hatten unterdrücken lassen, war dies eine gute Frage. Wir stellten sie uns in den letzten vierzig Jahren deshalb bei jeder

 Gelegenheit und beantworteten sie jeweils kurzsichtig zu unseren Gunsten. Dabei ging es uns um das Wohlgefühl des Moments, die langfristige Perspektive lag nicht in unserer Absicht.

Da wir während unendlich langer Zeit an eine Gehhilfe gewöhnt gewesen waren, ist die Maxime „Ich bestimme mein Leben in jedem Augenblick selbst" zu unserem neuen Geländer geworden, an dem wir uns heute festhalten. Doch dieser Pfad führt steil bergab.

Langsam bemerken wir, dass wir damit die Anliegen der Gemeinschaft, der wir angehören, aus den Augen verloren haben. Durch unser selbstsüchtiges Verhalten ist das allgemeine Wohlergehen, das die demokratische Gesellschaft garantiert, in Gefahr geraten. So wird uns schmerzlich bewusst, dass wir eine nachhaltigere Sicht der Dinge benötigen. Die Leitlinie von 1968 muss deshalb neu überdacht werden.

23

In Zukunft: Freiheit und Halt

Mit den **Umgangsformen für das 21. Jahrhundert** machen wir uns daran, ein frisches Wertesystem zu weben, das den Bedürfnissen unserer Zeit entspricht. Damit entstehen erneut Fäden, die uns miteinander verbinden. Wir erhalten wieder eine Orientierung, nach der wir unsere Entscheidungen ausrichten können.

Wir bauen entlang unseres Weges ein zeitgemäßes Geländer, das uns in unserem städtisch geprägten Alltag Halt gibt, so dass alle ihren Weg finden und niemand mehr stürzt oder zu Schaden kommt. Dabei werden die Errungenschaften der Reformation, der Französischen Revolution und von 1968 berücksichtigt. Es ist nicht notwendig, in die einengenden und oft demütigenden Verhältnisse früherer Zeiten zurückzukehren.

Mit den **Umgangsformen für das 21. Jahrhundert** wird uns der Egoismus der heutigen Tage auf sanfte Weise den Rücken zukehren.

Ich werde sie in zwei Bänden, **Teil 1** und **Teil 2**, ausführen. Auf den nächsten Seiten finden Sie, worauf Sie sich im vorliegenden **Teil 1** freuen dürfen.

Veraltete Programmierungen löschen

Die **Umgangsformen für das 21. Jahrhundert** sind keine weitere Variante der bekannten Benimm-Ratgeber, obwohl der Titel dies suggerieren könnte. **Teil 1** löst das Versprechen ein, das ich in der ersten Zeile des Untertitels gebe, und erklärt, **warum wir keine Manieren mehr haben**. **Wie wir einander neu respektieren lernen**, wie es Ihnen der zweite Untertitel zusichert, werde ich hauptsächlich in **Teil 2** behandeln. Zusammen ergeben sie ein Ganzes.

Meine Analysen, Überlegungen und Vorschläge gehen weit über die bisherige Knigge-Literatur hinaus. Als ich zu schreiben begann, suchte ich nach Lösungsansätzen für die dringenden Probleme in der Schule und im

öffentlichen Raum. Daraus ist das vorliegende Buch entstanden. Ich verstehe die **Umgangsformen für das 21. Jahrhundert** als Hilfe zu den Missständen der heutigen Zeit und damit als einen möglichen Weg. Denn wollen wir einen neuen, dringend benötigten Verhaltenskodex definieren, bedingt dies, dass wir uns auf eine gemeinsame Grundlage berufen können, welche seit Jahrzehnten nicht mehr gegeben

ist. Meine Aufgabe ist demnach nicht einfach, nur neue Benimmregeln – kleinere Handlungsanleitungen für den Alltag – zu formulieren, wie Sie sie in **Teil 2** auch antreffen werden. Vorher müssen wir der jetzigen Situation mit den bisherigen Umgangsformen ins Auge sehen. Erst dadurch können wir uns öffnen für ein modernes Wertesystem, das den Anforderungen des 21.

Jahrhunderts gerecht werden kann. Aus diesen Gründen geht es hier in **Teil 1** noch nicht um konkrete Vorschläge, wir leisten zunächst etwas Aufräumarbeit. Es gilt, Missverständnisse aufzulösen und einiges in unseren Auffassungen richtig zu stellen.

Die heutige Situation verstehen

In den letzten vierzig Jahren glaubten wir, ohne normierte Verhaltensanleitungen auskommen zu können. Das hat sich leider als ein

Irrtum herausgestellt, denn ihre Anwendung hilft massgeblich bei der Bildung von Selbst- und Sozialkompetenz. Auf Letztere jedoch können wir als Gesellschaft nicht verzichten. Bevor wir also zeitgemässe Umgangsformen kreieren können, müssen wir uns darüber

klar werden, was sie unserer Gemeinschaft überhaupt bringen. Dazu machen wir uns vorgängig ein Bild der verbesserungswürdigen Zustände, über welche die Medien täglich berichten.

Unsere Aufgabe ist es zudem, uns der bis heute gültigen Benimmregeln bewusst zu werden und ihre Funktionsweise unter die Lupe zu nehmen. Wir wollen begreifen, warum sie uns dermassen zuwider sind, dass wir sie nicht mehr gebrauchen, unsere Kinder nicht lehren und sogar gegen sie rebellieren. Wenn wir uns nämlich noch im Widerspruch zu ihnen befinden, ist es wenig hilfreich, der jetzigen Situation unhinterfragt etwas Neues überzustülpen. Schliesslich pflügen die Bauern auch erst, bevor sie säen. Solange wir nicht verstehen, warum wir das bis anhin übliche gesellschaftliche Benehmen vernachlässigt haben, machen Empfehlungen für aktuelle Umgangsformen wenig Sinn. Wir würden die neuen Regeln nicht anwenden wollen, weil uns die Erfahrungen und Erinnerungen aus früheren Tagen den Weg verstellen. Die veralteten Programmierungen würden uns weiterhin in die Quere kommen wie die letztjährigen Pflanzen auf einem unbestellten Feld. Es ist unumgänglich, zuerst in unseren Köpfen

aufzuräumen, bevor wir bereit sind für eine der heutigen Zeit angepasste Wertestruktur. Es gilt, die Mechanismen zu verstehen, die uns in die unerwünschten gesellschaftlichen Situationen gebracht haben, und sie dann sanft zu ändern.

Wo kommt die Respektlosigkeit her?

Der Schlüssel für den oft beklagten Mangel an gutem Benehmen liegt in unserer Einstellung zu andern Menschen vergraben. Dies wird besonders deutlich, wenn es um die Einhaltung von Befehlen und Anordnungen geht. Unser Betragen macht

unsere innerste Überzeugung sichtbar: Was denken wir über die Menschen, denen wir täglich begegnen? Definieren wir uns gleichberechtigt mit den Anwesenden? Oder fühlen wir uns gross oder klein in Bezug auf sie? Glauben wir, dass wir über den andern stehen – oder sie über uns? Haben wir Respekt vor ihnen – oder meinen wir, dass uns welcher zusteht? Körperhaltung und Handlung, Wortwahl und Tonfall drücken aus, in welchem Verhältnis wir uns zu unserer Umwelt sehen.

Beobachtungen von unterschiedlichem Verhalten führten mich zu einer Entdeckung, die mich erstaunte und in ihrer Tragweite und Konsequenz verblüffte:

> *Die bisherigen, noch heute gültigen, aber meist nicht mehr angewendeten Umgangsformen sind <u>Träger eines veralteten Weltbildes</u> und eines längst vergangenen Autoritätsverständnisses!*

Umgangsformen generell beinhalten ein der Gesellschaft zugrunde liegendes Wertesystem, das in unserem Fall nicht mehr aktuell ist. Die Tatsache, dass wir die Benimmregeln im Alltag nicht mehr anwenden, findet ihre Ursache in der ihnen innewohnenden Programmierung aus früheren Jahrhunderten. Was unsere Grosseltern „Anstand" genannt haben, fordert ein Sozialverhalten, das bereits

27

mit der Gründung der demokratischen Staaten überholt gewesen ist. Die bis heute üblichen Vorstellungen von Manieren passen wenig zu dem, was wir im 21. Jahrhundert über uns als Individuen und Bürgerinnen denken. Sie verlangen, dass wir uns tiefer als die gegenüber stehende Person einschätzen und ihr jederzeit zu Diensten sind. Mit einem solchen gesellschaftlichen Umgang stimmen unser Menschenbild und unsere Gesetze nicht mehr überein. Deswegen haben wir seit geraumer Zeit keine Lust mehr, ihm nachzukommen. Als die demokratische Staatsform in Kraft trat, hatte dies tiefgreifende weltanschauliche und politische Umwälzungen zur Folge. Mit den Geschehnissen um 1968 kam uns dieser Wertewandel richtig ins Bewusstsein und wurde von da an offensichtlich. Unsere Gesellschaft hat sich derart verändert, dass die Stellung des Individuums gegenüber dem Kollektiv nicht mehr die gleiche ist wie vor der Französischen Revolution. Die Umgangsformen hingegen sind in der vordemokratischen Zeit stehen geblieben.

So unglaublich es klingen mag, meine Analysen zeigen:

> **Der einschneidende _Wechsel von der Monarchie zur Demokratie_ hat für die Umgangsformen nicht stattgefunden. Sie sind im Kern dieselben geblieben wie vor über 200 Jahren!**

Sie werden erstaunt sein, welch überholte Ansichten aus lange vergangenen Zeiten wir weiterhin mit uns herumtragen! Sie kommen in Zusammenhang mit den noch heute gültigen Benimmregeln ans Tageslicht. Diese bergen ein gesellschaftliches Verständnis in sich, wie es den Machtverhältnissen und Gepflogenheiten in monarchisch und hierarchisch geprägten Systemen entsprochen hat. Die uns unbewusste Wut gegen die früheren unwürdigen Zustände ist es, die uns dazu bringt, dass wir uns oftmals wie unhöfliche, bisweilen sogar asoziale Rüpel benehmen. Begegnen wir einander im Alltag, wird deutlich, dass wir eine schiefe Auffassung von

Autorität haben, welche den Gegebenheiten in einem demokratischen Staat nicht gerecht wird. Damit stehen wir in einer verzerrten Beziehung zu Menschen, die ein Mandat ausüben und Befehle erteilen dürfen – und sie oftmals gegenüber uns. Das bewirkt, dass in unserer Gesellschaft einiges nicht so läuft, wie es sollte.

Den Autoritätsbegriff entrümpeln

Geht es um einen freundlichen Umgang, den wir miteinander pflegen wollen, kommen wir nicht umhin, uns ein korrektes Bild von Autorität zu machen, wie sie in einer Demokratie zustande kommt und ausgeübt wird. Der heutige Autoritätsbegriff unterscheidet sich fundamental von demjenigen in einer Monarchie, einer Diktatur oder kollektiv geprägten Verbänden. Ich gehe deshalb folgenden Fragen nach:

In welchem Verhältnis stehen Benehmensvorschriften und der Umgang mit Autorität zueinander? Was macht Autorität in ihrem Wesen aus? Wie gestaltet sie sich in demokratischen Verhältnissen? Unter welchen Bedingungen sind wir ihr ausgesetzt? Wie weit herrscht hier Freiwilligkeit?

Diese Untersuchungen sind insofern wichtig, als den meisten unserer gesellschaftlichen Probleme ein gestörtes Verständnis von Autorität zugrunde liegt: Die einen Menschen – meist Erwachsene – machen zu wenig, in zweideutiger Weise oder auf unhöfliche Art davon Gebrauch. Die andern – oft Kinder und Jugendliche – setzen sich daraufhin über sie hinweg oder sogar gegen sie zur Wehr, zum Teil mit Gewalt. Dieser unklaren Situation gilt es auf die Schliche zu kommen. Wir lernen, den Autoritätsbegriff in einem neuen Licht zu sehen und unser Verständnis davon den heutigen Gegebenheiten anzupassen. So können wir nicht mehr dienliche Überzeugungen aus früheren Epochen loslassen. Damit legen wir das Fundament für ein zeitgemässes Sozialverhalten, welches die Würde jedes einzelnen Menschen in einer demokratischen Gesellschaft berücksichtigt und die Ausübung von Mandaten mit den entsprechenden

Befugnissen zur Zufriedenheit aller erlaubt.

Was Sie in __Teil 1__ erwartet

In __Teil 1__ befassen wir uns damit, warum es überhaupt Umgangsformen braucht und was sie leisten. Dazu gehört eine Beschreibung der Missstände unserer Zeit, die auf fehlende Regeln für das Sozialverhalten hindeuten. Wir sehen uns die geschichtliche Entwicklung vom vormaligen Dasein in

> **Zum Aufbau von __Teil 1__**
> Die wichtigsten Erkenntnisse sind
>
> *in kursiver und fettgedruckter Schrift*
>
> festgehalten. Jedes Kapitel ist am Ende unter dem Titel __„Im Schnellzug durchs Kapitel"__ zusammengefasst. Durch die Fussnoten finden Sie zudem am Schluss der Kapitel unter __„Quellen und weitere Bemerkungen"__ oft zusätzliche weiterführende Gedanken, die Sie auch erst später lesen können.

hierarchischen und kollektiven Strukturen zum heutigen Leben in einem modernen Sozialstaat an. Dabei interessieren uns besonders die Zeiträume vor und nach 1789 und um 1968. Wir wollen herausfinden, welches die Ursache

sein könnte, dass der Konsens über ein höfliches Miteinander seit Jahrzehnten nicht mehr gegeben ist – kurz: **warum wir keine Manieren mehr haben**. Zuletzt setzen wir uns intensiv und aus unterschiedlichen Blickwinkeln mit der Autoritätsfrage auseinander, weil sie in engem Zusammenhang mit gutem Benehmen steht. Wir führen uns vor Augen, worauf Autorität im demokratischen Umfeld basiert und wie

sie ausgeübt wird. Und wir rechnen mit der ehemals gefürchteten Autoritätsperson ab und schauen, was von ihr übrig geblieben ist. Durch diese Abklärungen können wir uns von der heutigen Respektlosigkeit verabschieden. Damit ist die Grundlage gelegt für unser eigentliches Ziel: **Wie wir einander neu respektieren lernen**. Wir werden bereit für eine demokratische Werteordnung und die vier neuartigen Verhaltensregeln der **Umgangsformen für das 21. Jahrhundert**, die in __Teil 2__ folgen werden.

So, und nun fangen wir an. Denn ich kann Ihre Skepsis förmlich hören: Benötigen wir zum jetzigen Zeitpunkt wirklich noch so etwas Altmodisches wie Umgangsformen?

Wozu braucht es heute noch Manieren?

Die Probleme wachsen uns über den Kopf

Was Umgangsformen leisten beziehungsweise was ihr Fehlen bewirken kann, sehen wir täglich in den Medien. Damit wir verstehen, warum wir sie benötigen und wobei sie uns nützlich wären, habe ich über längere Zeit Nachrichten zu Ereignissen und gesellschaftlichen Tendenzen gesammelt. Sie dokumentieren den Mangel an Training in respektvollem Umgang.

Die nachstehenden Beschreibungen, womit unsere Gesellschaft zu kämpfen hat, bestätigen meine Erfahrungen in der Schule. Manchmal gehen sie weit darüber hinaus und sind noch viel gravierender. Meiner Überzeugung nach hat die fehlende Einigkeit, was Verhaltensanleitungen betrifft, massiv zu den Schwierigkeiten in Erziehung und Ausbildung, im öffentlichen Raum und gegenüber Autorität ausübenden Menschen beigetragen. Uns fehlt die stillschweigende Übereinkunft über ein angemessenes Benehmen.

Die folgende Zusammenfassung von Fakten und Einschätzungen stammt aus Zeitung und Fernsehen oder es handelt sich um eigene Beobachtungen. Sie beschreibt eine Gesellschaft, der die Werkzeuge und Mechanismen für ein geordnetes und für alle gewinnbringendes Verhalten offenbar nicht zur Verfügung stehen. Die Sammlung von Medienberichten soll unseren Blick für die Missstände schärfen, bei denen uns allgemein akzeptierte Benimmregeln behilflich sein könnten. Denn das Nicht-Einüben von Selbst- und Sozialkompetenz und das daraus entstandene Manko an Verständnis für gesellschaftliche Zusammenhänge haben erschreckende Konsequenzen.

Der alarmierende Zustand betrifft uns alle

Wir müssen verstehen, dass die Nachrichten, die wir in den Zeitungen lesen, im Internet mitbekommen oder uns am Fernsehen zu Gemüte führen, nicht einfach nur kuriose Vorfälle beschreiben, die weit weg von uns stattfinden und nichts mit uns zu tun haben. Sie sind mit vielem verflochten, was mit unserem Leben in Verbindung steht. Sie haben weiterreichende Folgen, als uns auf den ersten Blick bewusst ist.

Unser privates Verhalten im Alltag hat einen Einfluss auf grössere gesellschaftliche Ereignisse, welche wiederum auf unser Leben abfärben. Es findet eine Wechselwirkung statt zwischen uns als Einzelperson und der Gruppe, welcher wir angehören. Deshalb kann es uns als Gemeinschaft nicht gleichgültig sein, über welche Umgangsformen die einzelnen Bürgerinnen und Bürger persönlich verfügen und welches Verhalten Eltern mit ihren Kindern in den eigenen vier Wänden einüben.

> **„Es fehlt
> der ganzheitliche Blick"**
> „Ein Faktor der Krise ist letztlich Ignoranz, es fehlt der ganzheitliche Blick. Die Realität ist, dass alles voneinander abhängig ist, Positives und Negatives. Alles hängt mit allem zusammen." Wollten wir eine problematische Sachlage angehen, müssten wir das „grosse Ganze" ins Auge fassen. Mit einer einseitigen Sichtweise erlägen wir sonst unsern Projektionen. „Solche Lösungsversuche sind Abbilder der eigenen Wünsche und werden der Wirklichkeit nicht gerecht. Und dann ist es nur logisch, dass man mit solchen Methoden, die der Realität nicht entsprechen, keine befriedigenden Ergebnisse erreicht. Das ist ein Naturgesetz." (Der Dalai Lama zur Finanzkrise, im Gespräch mit Gerd Scobel, 3sat, 17. September 2009)

Es ist zu bedenken, dass die im Folgenden aufgeführten Vorfälle und Erscheinungen sehr viel Geld kosten, welches wir alle, die Steuerzahlenden und Versicherten, aufbringen müssen. Auch verursachen sie mit den verletzten und toten Opfern viel menschliches Leid. Der Staat kann zudem die Sicherheit nicht mehr überall gewährleisten und seinem Auftrag für den öffentlichen Verkehr nur ungenügend nachkommen. Der Sozialstaat fängt an zu wanken, da solche Zustände den Generationenvertrag in Frage stellen.

Die aufrüttelnden Ereignisse und Beobachtungen bis Herbst 2009 stellen leider keine Einzelfälle dar. Die meisten stammen aus dem schweizerischen Umfeld. Sie sind mir in meinem normalen Alltag begegnet, ohne dass ich nach ihnen gesucht hätte. Es handelt sich um eine eher zufällige Auswahl. Trotzdem zeigen sie die relevanten gesellschaftlichen Strömungen auf, die bei unserer Problematik von Wichtigkeit sind.

Ich bringe hier eine Zusammenfassung, die Tatsachen und Aussagen habe ich nach Themen sortiert. Dabei greifen sie ineinander über. Die detaillierten Nachrichten mit Quellenangabe finden Sie – zeitlich geordnet – im **Anhang „Unsere Gesellschaft ist aus dem Lot geraten: Medienberichte"**. Blättern Sie darin herum, der folgende Überblick kann den Originalton nicht wirklich ersetzen. Auch habe ich hinten die einzelnen Fakten mit Kommentaren und Querverbindungen versehen, damit das Ausmass der sozialen und finanziellen Folgeschäden und die gegenseitigen Beziehungen deutlich werden.

Sozialverhalten und Erziehung: „Der Kleine schlägt seine Mutter"[1]

Was jahrelang ein Streitpunkt im täglichen Umgang war, hat der Gesetzgeber in vielen Ländern inzwischen geregelt: Das Rauchen in öffentlich zugänglichen Räumen. So auch in der Schweiz: Im Kanton Bern und in anderen Kantonen wurde zum Schutze der Nichtrauchenden ein Rauchverbot in den Restaurants verhängt. (Schweizweit wurde es auf Mai 2010 eingeführt.)

> „Im Laufe meiner Tätigkeit als Kinderpsychiater haben sich bei der Analyse der auftretenden Störungen so gravierende Änderungen ergeben, dass Anlass zu grosser Sorge um die gesamtgesellschaftliche Zukunft gegeben ist." (Kinderpsychiater, 2008)

> „Wir haben junge Eliten ausgebildet, die alles wissen über ihr Gebiet, aber häufig nicht mehr mit Menschen umgehen können." (Knigge-Trainerin, 2007/1)

Auf dem Stellenmarkt werden explizit sehr gute Umgangsformen verlangt. Jüngeren, fachlich gut ausgebildeten Hochschulabgängern fehle es an Sozialkompetenz. Das ist nicht weiter verwunderlich, denn Familien würden nicht regelmässig gemeinsam essen, deshalb gebe es keine Tischregeln mehr. Das Sozialverhalten in der Gruppe würde zuhause wenig geübt. An

33

Wozu braucht es heute noch Manieren?

Kniggekursen sollen Kinder das gute Benehmen lernen.

Heutige Kinder dürften alles selber entscheiden, Eltern trauten sich nicht mehr, klare Vorgaben zu machen. Sie setzten keine Grenzen mehr. Doch würden sie immer mehr

> „Heute wollen viele Eltern ihren Kindern einfach das Beste geben, ohne ihnen Grenzen zu setzen. Die Kinder dürfen alles entscheiden. Damit können sie nicht umgehen." (Sozialpädagogin, 2007/2)

Hilfe beim Erziehen benötigen. Der deutsche Kinder- und Jugendpsychiater Michael Winterhoff stellt eine enorme Zunahme von gravierenden Störungen bei Kindern fest, es betreffe den motorischen Bereich, die Wahrnehmung, die sprachliche Entwicklung, die Sauberkeitserziehung, das Sozialverhalten und das Lern- und Leistungsverhalten. Sehr viele Eltern gingen partnerschaftlich bis symbiotisch mit ihren Kindern um. Als Folge hätten immer weniger Kinder in ausreichendem Masse psychische Funktionen gebildet und

> „Bei einer Familie sind die Kinder, drei- und achtjährig, die Bosse. Der Kleine schlägt seine Mutter." (Sozialpädagogin, 2007/2)

blieben deshalb in einem unreifen Stadium. Sie reagierten ich-zentriert und behandelten andere Menschen wie Gegenstände. In Fussballtrainings im Freizeitbereich wird festgestellt, dass vielen Kindern die Kinderstube fehle. Sie könnten sich nicht einordnen und hätten kaum Anstand und Respekt.

Früher sei die Erziehung als gesellschaftliche Aufgabe gesehen worden, sie habe auch im öffentlichen Raum stattgefunden. Dies gebe es heute leider kaum noch. Der entsprechende Reflex sei bei den Erwachsenen nicht mehr vorhanden. In einem Fall wurde unangepasstes, lautes Verhalten einer Gruppe von Sechstklässlern in der Eisenbahn von den andern Zugreisenden weder

> „Heute trauen sich Erwachsene kaum noch, ein fremdes Kind anzusprechen – selbst dann nicht, wenn das Kind ein Problem hat. Man hat Angst, sich einzumischen." (Leiterin einer Kindertagesstätte, Mai/Juni 2007)

wahrgenommen noch eingeschränkt. Schulkinder dürfen sich heute nachts ohne Aufsicht von Erwachsenen auf den Strassen aufhalten. Der Grosse Rat des Kantons Bern entschied sich gegen eine nächtliche Ausgangssperre für Kinder unter sechzehn Jahren. Auch ein Verwaltungsgericht erklärte das Ausgehverbot für schulpflichtige Jugendliche der Gemeinde Dänikon als nicht rechtsgültig. In Solln bei München prügelten Jugendliche auf dem Bahnsteig einen Familienvater

Die Probleme wachsen uns über den Kopf

zu Tode, der Zivilcourage zeigte und sich schützend vor fremde Kinder stellte. Dabei erhielt er keine Hilfe von anderen Passanten.

In Österreich fiel vor den Augen vieler Zuschauer ein Bub in die Donau. Jedoch sprang niemand ins Wasser, um ihn zu retten, alle warteten untätig auf die Ambulanz. Er geriet damit in eine lebensgefährliche Situation.

> „Wir begegnen in unseren Trainings Junioren, die im Alter von sieben Jahren zum ersten Mal ein Nein hören!" (Zentralpräsident des Schweizerischen Schiedsrichter-Verbandes SSV, 18. Dezember 2007)

Schule und Ausbildung: „Die Lehrerin bricht zusammen"[2]

Generell konstatiert Winterhoff eine massive Verschiebung aller Massstäbe nach unten, die wir an die Entwicklung von Menschen anlegen. Während vor zwanzig Jahren nur ein kleiner Prozentsatz von Kindern in einer Klasse gestört gewesen sei, seien es jetzt nur wenige, die man als gesund ansehen könne. Das Verhältnis habe sich umgedreht. Heute wiesen vier Fünftel von Erstklässlern mehrere Störungen auf. Durch diese Beobachtungen schliesst der Kinderpsychiater einen geregelten Unterricht aus.

> „Der Entwicklungsstand eines Kindes bei der Beschulung ist nicht mehr vergleichbar mit dem Status quo, der etwa zu Beginn der Neunzigerjahre vorherrschte." (Kinderpsychiater, 2008)

In jeder Lektion müssen fünf Minuten unnötig für Störungen und mangelhaftes Sozialverhalten der Schülerinnen und Schüler aufgebracht werden. Das entspricht auf die Volksschulzeit gerechnet einem vollen Schuljahr. Im freiwilligen zehnten Berufswahljahr vermerkten Lehrkräfte in drei ländlich gelegenen Schulhäusern einen deutlichen Mehraufwand durch den Anstieg an disziplinarischen Schwierigkeiten. Das schweizerische Bundesgericht entschied, dass ein minimales Sozialverhalten in der Schule gefordert werden könne, ansonsten drohe Schulverweis.

> „Die Schüler grölen, pöbeln, boykottieren und sabotieren den Unterricht. Die Klassenlehrerin wird als ‚Nutte' und ‚Schlampe' beschimpft, Gegenstände fliegen durchs Zimmer, Schüler schwänzen. Die Lehrerin bricht zusammen." (9. April 2009)

Der Gemeinderat von Muri-Gümligen musste an einer Sitzung gravierende Probleme an den Schulen behandeln: Diebstahl, Drogenkonsum, Waffen, Beissen von Lehrpersonen – trotz ambulanter

Schulsozialarbeit. In einem Schulbus in Pratteln bei Basel verhielten sich Schülerinnen und Schüler derart unbändig und aggressiv, dass zusätzlich zwei Sicherheitsbeamte mitfahren mussten. Vorher sei die Sicherheit im Strassenverkehr und diejenige des Chauffeurs nicht gewährt gewesen. An einer Bieler Schule musste die Schulleitung eine ausser Kontrolle geratene Klasse auflösen. Daraufhin stürmten Schüler und Eltern, alle mit Migrationshintergrund, das Büro der Schulleitung und bedrohten die Lehrerschaft massiv. Die Polizei musste einschreiten.

> „Täglich verwandelt sich der Extrabus in ein Chaos aus Wurfgeschossen, Gebrüll und Tätlichkeiten. Immer wieder werden Busfahrer mit Gegenständen beworfen oder gar angespuckt." (3. Oktober 2008)

In einer TV-Dokumentation über den Alltag deutscher Lehrkräfte konstatierten diese, dass sie durch das Sozialverhalten der Kinder den Lehrplan nicht einhalten könnten. In der gefilmten Schule, die als Beispiel diente, waren sie von Burn-out bedroht, ein Schulvorsteher fiel deswegen schon aus. Bereits heute sei in der Schweiz die Qualität des Unterrichts gefährdet, weil qualifizierte Lehrpersonen fehlen.

> „Nur ein Bruchteil des Lehrplanes haben die beiden Lehrkräfte in ihren Englischstunden durchbekommen, den Rest der Zeit mussten sie lärmende Schüler bändigen oder unmotivierte ermutigen." (7. Oktober 2008)

In Interviews erklärten drei Schulleiter an unterschiedlichen Beispielen in verschiedenen Schulhäusern, was dies für die Schülerinnen und Schüler bedeute. Ein Gymnasiallehrer für Physik zog sich zehn Jahre zu früh aus dem Schulleben in Bern zurück, obwohl in diesem Beruf eine grosse Nachfrage besteht. 35 Prozent der bayrischen Lehrkräfte würden vorzeitig in den Ruhestand gehen, jede Frühpensionierung koste den Staat 375'000 Euro. Auf die Schweiz komme ab 2010 ein markanter Lehrkräftemangel zu, es fehlten 30'000 Lehrerinnen und Lehrer.

> „Es ist ein Spiegelbild der Entwicklung, dass in unserer Gesellschaft der Respekt nicht mehr in dem Ausmass gewährleistet ist, wie es nötig wäre. Dies gilt sowohl für die Respektierung von Grenzen als auch von Menschen, die gewisse Aufgaben erfüllen." (Gemeinderat, 3. Oktober 2008)

Winterhoff nennt eine Quote von 25 Prozent der Jugendlichen, die nicht ausbildungsreif seien. Im Kanton Bern breche jährlich ein Fünftel aller Auszubildenden ihre Berufslehre ab, davon wieder ein Fünftel ein zweites Mal. Hat eine Person keine Ausbildung, koste dies die Steuerzahlenden 10'000 Franken jährlich.

Fehlende Anerkennung von Autorität:
„Das Beissen gehört heute leider zum Berufsrisiko"[3]

2008 griffen im Kanton Sankt Gallen Jugendliche und Kinder 34 Mal ihre Eltern körperlich an, so dass diese die Polizei riefen. Dasselbe Problem wurde in Basel konstatiert, die Dunkelziffer sei hoch. Vermehrt gingen Mädchen gegen ihre alleinerziehenden Mütter tätlich vor. In Schüpfen im Kanton Bern verprügelte eine Bande von sechs Jugendlichen einen Gemeinderat und demolierten am nächsten Tag das WC in der Turnhalle. Durch Respektlosigkeit und Gewalt von Seiten jugendlicher Fussballern entstünden in den Klubs Probleme bei der Rekrutierung von Schiedsrichtern. Ein achtzehnjähriger kosovarischer Fussballspieler bedrohte seinen Schiedsrichter mit dem Tod. Er wurde aus dem Klub ausgeschlossen und erhielt Stadionverbot.

> „Wir registrieren sehr viele Spielabbrüche, denen eine Tätlichkeit zu Grunde liegt, und es werden pro Jahr immer mehr. Bei den B- und C-Junioren haben wir die grössten Probleme, dass gerade dort der Respekt gegenüber Schiedsrichtern rapide abnimmt. Viele junge Schiedsrichter wollen sich die Respektlosigkeit nicht mehr gefallen lassen und hören früh desillusioniert auf." (Zentralpräsident des Schweizerischen Schiedsrichter-Verbandes, 18. Dezember 2007)

Beim Zoll wurde beobachtet, dass uniformierte Autoritäten immer weniger respektiert würden. Die körperlichen Angriffe auf das Bahnpersonal hätten zugenommen. Dies gelte auch für die Zahl der Beschimpfungen, zudem sei das Beissen in Mode gekommen. Die Hemmschwelle der Zugreisenden gegenüber den Bahnbegleitern und Bahnpolizistinnen sei deutlich gesunken, der Respekt vor der Uniform habe abgenommen.

Die Tätlichkeiten gegen Polizeibeamtinnen und -beamte seien seit 2004 um 50 Prozent angestiegen. Dabei würden jegliche Waffen verwendet. Bei einem Kampf zwischen Fussballgegnern nach dem Spiel sicherte die Kantonspolizei Bern mit einem Grossaufgebot den öffentlichen Raum. Sie wurde mit Steinen und Flaschen beworfen. Sie fordere nun Massnahmen gegen die Fan-Gewalt.

> „Es braucht schon eine harte Schale bei all den Kraftausdrücken, die man sich gerade von alkoholisierten Jugendlichen anhören muss." – „Oft wirken verbale Angriffe sehr belastend, denn sie treffen direkt in den Bauch." (Bahnpolizistin und -polizist, April 2009)

Öffentliche Sicherheit und Gewalt:
„Sofort prügelten sechs Jugendliche auf mich ein"[4)]

Situationen in der schweizerischen Eisenbahn eskalierten schneller als früher, die gegenseitige Rücksichtnahme habe abgenommen. Täglich würde ein Bahnbegleiter der Schweizerischen Bundesbahnen (SBB) durch gewalttätiges Verhalten von Zugfahrenden verletzt, so dass er sich von einer Ärztin behandeln lassen müsse und eventuell nicht mehr arbeiten gehen könne. Praktisch an jedem Wochenende gebe es in Zügen, die zu oder von Fussballspielen fahren,

> „Es kann sehr schnell eskalieren, so dass Leute alles, was ihnen in die Hände gerät, gegen die Polizei einsetzen wollen: Eisenstangen, Taschenmesser, Baseballschläger, Schlagstöcke – jegliche Waffen." (Präsident des Verbandes der Schweizer Polizeibeamten, 11. September 2008)

Probleme mit Gewaltakten. Die andern Zugreisenden seien dabei gefährdet, sie hätten Angst. Ihre Sicherheit sei nicht mehr gewährleistet. Denn es habe zu wenig Bahnpolizei. In einem Extrazug wurde diese von Fussballfans mit Flaschen und Unrat beworfen. Auf den Bahnhöfen fänden regelrechte Gang-Kämpfe von Jugendlichen statt.

> „Sofort gingen sechs Jugendliche auf mich los und prügelten auf mich ein." (Gemeinderat) „Schon am nächsten Tag demolierten die Schüler in der Turnhalle ein WC." (18. Februar 2009/1)

Die SBB investierten jährlich einen hohen zweistelligen Millionenbetrag in die Sicherheit. So hätten sie 125 neue Stellen geschaffen, damit zwei Zugsbegleiter in kritischen Zügen möglich seien. Für Polizeieinsätze bei Fussballspielen müssten die Schweizer Steuerzahlenden jedes Jahr mehrere 100'0000 Franken bezahlen. Die Einsatzkosten für die Zürcher Polizei betrügen pro Spiel bis 300'000 Franken. Das Bundesgericht entschied, dass in Zukunft die Klubs diese Beträge übernehmen müssten und nicht mehr wie bisher die Steuerzahlenden. Der FC Basel gebe schon jetzt 3,6 Millionen für Sicherheitskosten aus.

> „Pro Tag gibt es durchschnittlich einen Vorfall auf dem gesamten SBB-Netz, bei dem Zugbegleiter durch einen Übergriff arbeitsunfähig werden oder zum Arzt gehen müssen." (Informationsbeauftragter des Schweizerischen Eisenbahn- und Verkehrspersonalverbands, 22./23./24. Dezember 2008)

Vor dem Jugend- und Kulturzentrum Reithalle in Bern befände sich ein Drogenumschlagplatz. Er entspreche einem rechtsfreien Raum, da die Polizei unterdotiert sei und zu wenig nach dem Rechten

sehen könne.

In Österreich stieg 2008 die Jugendkriminalitätsrate der Zehn- bis Vierzehnjährigen um einen Viertel an (hauptsächlich Diebstähle), während die Strafanzeigen für Erwachsene abnahmen. Ein Viertel der Schüler des Kantons Sankt Gallen, vor allem Buben, soll gemäss einer Studie schon einmal eine Gewalttat begangen haben, fast ein Drittel sei schon Opfer von Gewalt gewesen. In Fussballtrainings im Freizeitbereich würden vermehrt sehr gewalttätige Übergriffe auf die Schiedsrichter festgestellt, bis hin zur Arbeitsunfähigkeit. Ein Türke erhielt zwei Jahre Gefängnis, weil er einen Rentner spitalreif geprügelt hatte, als dieser ihn auf das Rauchverbot im Zug aufmerksam gemacht hatte. Am Sendlinger Tor in München schlugen Schweizer Sechzehnjährige auf Klassenfahrt mehrere Passanten nieder, unter anderem einen behinderten Mann. Innerhalb eines halben Jahres betätigten sich zwei Schüler in Süddeutschland als Amokläufer und verletzten oder töteten mehrere Klassenkameraden, Lehrkräfte oder ihnen unbekannte Menschen.

> „In normalen Zügen haben wir praktisch jedes Wochenende Probleme mit den Fussballfans. Meistens werfen Randalierer Bierflaschen in den Abteilen herum, zerstören Lampen im Zug, beschmieren Polster mit den Parolen, und manchmal geht auch eine Fensterscheibe kaputt. Viele Zugreisende sind verängstigt, sie haben Angst." (Zugbegleiter, 29. Juni 2008)

Vandalismus und Littering: "Randalierer beschmieren Polster mit Parolen"[5]

Verschiedene Schweizer Gemeinden erliessen Gesetze gegen das Littering, um der zunehmenden Verschmutzung auf den Strassen Herr zu werden. Die Bussen betragen bis zu 150 Franken. In San Francisco koste die Entfernung der Zigarettenstummeln auf öffentlichem Boden 11 Millionen Franken pro Jahr. Die Stadt habe diesen Betrag nun als Abfallgebühr auf den Zigarettenpreis geschlagen, in Zukunft sollen ihn die rauchenden Konsumenten bezahlen.

> „Winterthur hat von 45 WCs die Hälfte geschlossen. Auch der grösste Anbieter von öffentlichen Toiletten, die SBB, baute in den letzten Jahren bei neunzig Bahnhöfen die WCs ab. Oft waren es die einzigen öffentlichen Toiletten in einer Gemeinde." (17. September 2009)

Bis zu 7 Millionen Franken jährlich würden die Schweizerischen Bundesbahnen (SBB) für Reparaturen in den Eisenbahnwaggons allein wegen Vandalismus ausgeben. Es sei üblich, dass Fussballfans in den

Zügen herausgerissene Sitze, Müllberge, Erbrochenes und demolierte Inneneinrichtungen hinterliessen.

Die Gemeinde Oberhofen setzte eine Belohnung für Informationen zur Täterschaft von Sprayereien und der Zerstörung von sanitären Anlagen aus. Wegen Vandalenakten seien in zwei schweizerischen Städten viele öffentliche WCs nicht mehr zugänglich. Auch die SBB baute in 90 Bahnhöfen und in den Zügen die Toiletten ab. In der Zürcher S-Bahn gebe es auf fast 400 Sitzplätze nur ein WC, obwohl jede fünfte Schweizerin an Durchfall oder Blasenschwäche leide.

Abhilfe tut not

Stopp, lassen wir es damit gut sein. Wir haben einen repräsentativen Überblick über die Problemkreise in unserer Gesellschaft erhalten, die mit fehlenden Umgangsformen in irgendeinem Zusammenhang stehen könnten. Jede Woche stosse ich auf weitere besorgniserregende Meldungen, die ich hier anfügen könnte, die Aufzählung ginge endlos weiter.

Diese Informationen spiegeln die extremen Spitzen der heutigen Entwicklung wider. Dabei ist mit einer hohen Dunkelziffer zu rechnen und zu erwarten, dass sie sich in Zukunft häufen werden. Denn die Intervalle zwischen derartigen Nachrichten werden immer kürzer. Dies lässt aufhorchen.

Wollen wir diesen bedenklichen Zeiterscheinungen ihren Lauf lassen? Ich denke nicht. Abhilfe tut also not.

Im Schnellzug durchs Kapitel

Die hier vorgestellte – eher zufällige – Sammlung beinhaltet Medienberichte bis Herbst 2009, die meist aus dem schweizerischen Umfeld stammen. Sie bringt zum Ausdruck, dass generell mangelnde Sozialkompetenz beklagt wird. Dies gilt auch für gut ausgebildete Menschen. In unseren Klein- und Kleinstfamilien wird die gegenseitige Rücksichtnahme ungenügend eingeübt. Eltern verhalten sich partnerschaftlich zu ihren Kindern und setzen ihnen zu wenig Grenzen. Dabei erhalten sie keine Hilfe von der Gemeinschaft, Erziehung im öffentlichen Raum findet nicht statt. Zivilcourage ist eine Ausnahmeerscheinung. Vier Fünftel der Kinder weisen mehrfache Störungen auf, zudem zeigen viele oft wenig Anstand und Respekt. Dadurch steigen die Schwierigkeiten im schulischen Umfeld an. Schulen kämpfen mit ernsten Problemen, von kriminellem Verhalten über Polizeieinsatz zum Schutze der

Lehrerschaft bis hin zu tödlich endenden Amokläufen. Die Qualität des Unterrichts ist stark vermindert, dies hat Konsequenzen auf die Sachkompetenz. Trotz dieser Umstände weisen ein Kantonsparlament wie auch ein Gericht eine nächtliche Ausgangssperre für Schulkinder ab. Zwanzig Prozent der Jugendlichen hören ihre Lehre mittendrin auf.

Personen, die durch ihren Beruf Autorität ausüben, werden häufig angegriffen, besonders solche in Uniform. Einen massiven Anstieg von Beschimpfungen und Gewalt erfahren Polizei-, Zoll- und Bahnbeamte sowie Lehrpersonen und Schiedsrichter von Fussballclubs. Die Skala der entsprechenden Folgen reicht von Arbeitsausfall über Koma bis zum Tod. Das eskalierende Verhalten von Fussballfans gefährdet die öffentliche Sicherheit. Weder Bahn- noch Staatspolizei können genügend einschreiten, da sie unterdotiert sind. Ein Drittel der deutschen Lehrkräfte geht vorzeitig in den Ruhestand. Auf die Schweiz kommt ein markanter Lehrermangel zu.

Auch gehen Kinder vermehrt körperlich gegen ihre Eltern vor, so dass diese die Polizei rufen müssen. Die Jugendkriminalität in Österreich ist um ein Viertel angestiegen. 25 Prozent der sanktgallischen Jungen haben bereits eine Gewalttat begangen. Jugendliche schlagen fremde Männer nieder oder sogar tot, ohne dass andere Menschen eingreifen.

Die Verunreinigung des öffentlichen Raumes und von Zügen hat enorm zugenommen, so dass einige Gemeinden entsprechende Gesetze erliessen. Bis zur Hälfte der öffentlich zugänglichen Toiletten wurden wegen Vandalismus geschlossen.

All diese Vorfälle und Zustände verursachen Kosten in Millionenhöhe für Bahnreisende, Versicherte und Steuerzahlende.

Durch die Beschreibung der unerfreulichen Ereignisse, die uns die Medien Tag für Tag vermitteln, habe ich Ihnen den Handlungsbedarf und die Dringlichkeit für ein allgemein gültiges, von uns allen akzeptiertes Sozialverhalten vor Augen geführt. Untersuchen wir nun, was Umgangsformen generell leisten und warum sie mich an eine Badezimmertätigkeit erinnern: Das Zähneputzen.

Quellen und weitere Bemerkungen

[1] Sozialpädagogin 2007/2

[2] 9. April 2009

[3] Zugchef April 2009

[4] Gemeinderat 18. Februar 2009/1

[5] Zugbegleiter 29. Juni 2008

Was Umgangsformen
und Zähneputzen gemeinsam haben

Die im letzten Kapitel beschriebenen Vorfälle weisen auf einen Anstieg an Respektlosigkeit, Vandalismus und Gewalt hin, der nachdenklich stimmt. Ich behaupte, dass die mangelnden Umgangsformen einen Teil des Problems ausmachen und ein massgeblicher Grund für diese Schwierigkeiten sind.

Dadurch, dass wir uns als Gemeinschaft über situationsgerechtes Verhalten nicht einig sind, ist uns eine Grundlage verloren gegangen. Der Gebrauch von Umgangsformen im Alltag, von den Erwachsenen praktiziert und mit den Kindern konsequent eingeübt, gibt einer Gesellschaft eine notwendige Struktur. Diese fehlt uns heute.

Umgang formt!

Auf den ersten Blick ist es schwer, in der Bereitschaft zu Gewalttätigkeit und Zerstörungswut, in Respektlosigkeit oder Littering einen Zusammenhang mit dem Ausbleiben von Benimmregeln zu sehen. Doch auf den zweiten Blick folgt dies einer deutlichen Logik. Bald schon in der dritten Generation können wir uns auf keine Verhaltensvorschriften mehr einigen, die für alle gültig sind. Deshalb fehlen uns als Kollektiv gemeinsame Leitlinien, nach denen wir uns richten können. Wir haben keine unausgesprochene Übereinkunft mehr, wie wir in bestimmten Situationen miteinander umgehen wollen und was wir von Erwachsenen, Eltern, Kindern, Jugendlichen und Immigranten aus anderen Kulturen fordern

43

müssen. Damit ist unserer Gesellschaft ein notwendiges geistiges Gewebe abhanden gekommen, das die Voraussetzung bildet, um friedlich zusammen leben zu können.

Was sind Umgangsformen?

Bei einigen Problemen, die uns im 21. Jahrhundert beschäftigen, könnten uns Umgangsformen nützlich sein. Was verstehen wir heute darunter?

> ***Umgangsformen sind gesellschaftlich normierte Verhaltensweisen, die für eine bestimmte Situation von der Gemeinschaft als passend empfunden werden. Es handelt sich um kurzzeitige Gesten, die eine Person ausübt, wenn sie mit jemandem oder einer Gruppe von Menschen zusammentrifft.***

> ***Dabei ist sie sich im Klaren über das Umfeld, in dem sie sich befindet. Sie weiss um die Stellung, die sie darin und gegenüber den andern Beteiligten einnimmt. Aus dieser Einsicht heraus verhält sie sich der Situation angemessen und rücksichtsvoll.***

Die entsprechenden Handlungsweisen geschehen also aus einem bestimmten Bewusstsein heraus. Die handelnde Person hat verstanden, in welcher Situation sie sich bewegt und wie sich ihr Verhältnis zu den ebenfalls Teilnehmenden gestaltet. Deshalb unternimmt oder unterlässt sie kleinere Handlungen zu Gunsten der Gemeinschaft in einer Weise, wie es für diese Umstände passend ist.

Es gilt aber auch die Umkehrung: Während man die

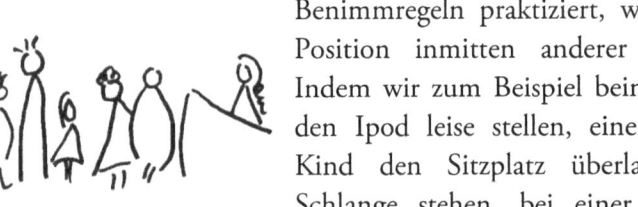

Benimmregeln praktiziert, wird einem die eigene Position inmitten anderer Menschen bewusst. Indem wir zum Beispiel beim Eintritt in den Bus den Ipod leise stellen, einer Mutter und ihrem Kind den Sitzplatz überlassen, ruhig in der Schlange stehen, bei einer Reklamation unsere Worte sorgfältig wählen, in der leeren Quartierstrasse eine Passantin freundlich

grüssen oder im Konzert, an einem Vortrag oder einer Führung den Mund halten, spüren wir, dass wir nicht egoistisch nur unsere Ziele verfolgen dürfen.

Die auszuführenden Handlungen machen uns deutlich, dass wir Teil einer Gruppe sind und deshalb manchmal unsere Bedürfnisse zurückzustellen haben. Üben wir diese Gesten aus, formt sich in uns ein wertschätzendes Bewusstsein für das Umfeld und macht uns sensibel für die Anliegen und das Wohlbefinden von uns fremden Leuten. Dies ist der Vorgang, der auch mit Kindern passiert, wenn sie während ihrer Kindheit immer wieder von den Erwachsenen dazu angehalten werden, sich den gesellschaftlichen Verhaltensvorschriften gemäss zu benehmen.

Ich postuliere:

> *Der Gebrauch von Umgangsformen unterstützt die Bildung von Selbst- und Sozialkompetenz. Wie es sonst auf keinem andern Weg zustande kommt, trainiert er ein wertschätzendes Verhalten ein, das schliesslich reflexartig zur Verfügung steht.*

Haben wir die Umgangsformen bereits verinnerlicht, geben sie uns eine Möglichkeit, unseren Respekt nach aussen auszudrücken. Wir verfügen damit über ein Set von Handlungsweisen, das uns in unterschiedlichen Situationen einen freundlichen Umgang ermöglicht. Ist uns hingegen noch nicht klar, dass allen Menschen  Achtung und die Anerkennung ihrer Würde zusteht, wirken sie nach innen. Werden wir angehalten, sie anzuwenden, sind sie ein Werkzeug, um uns soziales Verhalten zu lehren. Dadurch entwickeln wir ein Bewusstsein für zwischenmenschliche Zusammenhänge. Der Gebrauch von Benimmregeln fördert die Selbst- und Sozialkompetenz.

Täglich Zähne putzen und Respekt trainieren

Gerade diesem Vorgang haben wir in den letzten Jahrzehnten zu wenig Aufmerksamkeit geschenkt. Wir haben die Einübung von respektvollem Verhalten stark vernachlässigt. Wird in einer Gesellschaft kein normierter

Umgang praktiziert, weil Benehmensvorschriften fehlen, hat dies keine direkten Konsequenzen. Sie kommen erst später zum Vorschein und sind nicht mehr in einem Ursache-Wirkung-Modell nachzuvollziehen. Lassen wir in

unserem Zusammenleben alles durchgehen, betrifft es jeweils nur geringfügige Handlungen. Es sind minime Unterlassungssünden, so dass wir denken, ein Auge zudrücken zu können.

Schliesslich – so meinen wir – ist es ja nicht so schlimm, wenn das Kind vom Tisch wegläuft, obwohl noch nicht alle fertiggegessen haben. Uns ist es als Eltern egal, wenn es entgegen unseren Anweisungen weiterhin fernsieht. Wir bestehen auch nicht darauf, dass das Kind unserer Besucherin „Guten Tag, Frau Meier" sagt und ihr die Hand gibt.

Am nächsten Tag lassen wir durchgehen, dass es beim Sandkasten andern Kindern die Spielsachen wegnimmt. Wir übersehen, dass es uns Erwachsenen ins Wort fällt oder Widerworte gibt. Wir greifen nicht ein, wenn es mit provozierendem Verhalten im Bus die erwachsenen Reisenden stört oder mit dreckigen Schuhen auf dem Polster herumturnt.

Irgendwann einmal korrigieren wir es nicht mehr, wenn es gegenüber uns oder andern Menschen eine beleidigende Wortwahl wählt. Wir fordern nicht ein, dass es im vollbesetzten Tram den Sitz für eine ältere Person freigibt. Wir lassen als Erziehende generell keine Konsequenzen folgen, wenn es unseren Anordnungen nicht nachkommt.

Ein paar Jahre später finden wir es ganz normal, dass es in der Schule der Lehrerin ins Wort fällt und ihren Anordnungen nicht Folge leistet, während

der Lektion Musik hört und herumspaziert, nach Belieben schwatzt und sich mit den Klassenkameraden streitet...

Auf solche Weise über Jahrzehnte falsch oder gar nicht antrainiert, summieren sich die vielen klitzekleinen Gesten, die einen angenehmen Umgang  ausmachen, sowohl in einem Menschenleben als auch in der Gesellschaft. Wird ein freundliches, rücksichtsvolles Benehmen nicht eingeübt, ergibt sich eine zweifache Kumulierung von ungünstigem Sozialverhalten: Beim einzelnen Menschen und generell in der Gemeinschaft. Dabei üben wir nicht nur das gewünschte, wertschätzende Benehmen nicht ein, wir trainieren im gleichen Augenblick schädigende, respektlose Gewohnheiten an.

Mit einer solchen Erziehung fehlen einem Kind im jugendlichen Alter die entsprechende Einstellung, die inneren Strukturen und das reflexartige Verhalten. Diese entstehen nur, wenn es mehrmals am Tag dazu angehalten wird, die Würde anderer Menschen zu achten und sich in der Gruppe zurückzunehmen. Das Training in Respekt vor dem Leben und den

Bedürfnissen anderer Lebewesen muss so nachhaltig sein, dass der entsprechende Stoppmechanismus auch im betrunkenen Zustand spielt.

Was uns bei der Körperhygiene im Badezimmer selbstverständlich erscheint, ist uns im täglichen Miteinander aus dem Blickfeld geraten. Uns ist klar: Wenn wir nicht täglich unsere Zähne putzen, bekommen wir Karies. Deswegen greifen wir auch todmüde automatisch zur

Zahnbürste, bevor wir zu Bett gehen, und wachen jeden Abend über unseren Kindern, dass sie ja genügend lange ihre Zähne bürsten. Wir wissen, dass sonst schmerzhaftes Bohren und eine saftige Zahnarztrechnung auf uns warten.

Unsere Gesellschaft hat Karies – und es tut weh!

Doch bei der sozialen Hygiene scheint uns derselbe Mechanismus nicht einzuleuchten, obwohl der respektvolle Umgang miteinander ebenfalls ein regelmässiges Training von klein an erfahren muss. Werden Manieren und damit die Achtung vor dem Handlungsspielraum, den Rechten und der Würde anderer nicht erlernt und genügend eingeübt – wie dies heute oft der Fall zu sein scheint –, kumuliert sich dies in den Kinder- und Jugendjahren. In einem Leben treten diese kurzzeitigen, leider nicht antrainierten Gewohnheiten negativ in Erscheinung, als Respekt- und Disziplinlosigkeit, als mangelndes Gefühl für eine Sachlage und für andere Menschen. Dies zeigt sich bereits bei Schulbeginn, sicherlich aber am Ende der Kindheit. Ein Mangel an

---

"Mitgefühl ist eine Kulturleistung"

Der Neurobiologe Prof. Dr. Gerald Hüther korrigiert die bisherige wissenschaftliche Theorie, was das soziale Verhalten angeht: „Wenn Kinder bei Menschen aufwachsen müssen, wo es Gefühle von Zuneigung und Liebe, von Mitgefühl und Dankbarkeit, von Selbstdisziplin und Offenheit nicht gibt, woher sollen die Kinder das lernen? Und da, glaube ich, haben wir es uns in der Vergangenheit viel zu leicht gemacht. Wir haben mit dem mechanistischen Weltbild der Hirnforschung aus dem vorigen Jahrhundert einfach gesagt: ‚Es wird schon werden. Die genetischen Anlagen werden es schon machen.'" Dem sei nicht so, denn heute stelle man fest: „Für Mitgefühl gibt es keine genetischen Anlagen. Mitgefühl ist eine Kulturleistung – genauso wie Bewusstsein, Sprache und der aufrechte Gang –, die es nur solange geben wird, wie es   Menschen gibt, die sich liebevoll den Kindern zuwenden und ihnen diese Kulturleistung von einer Generation zur nächsten mit auf den Weg geben." (3sat „Scobel", 17. September 2009)

Was Umgangsformen
und Zähneputzen gemeinsam haben

Umgangsformen kann sich als hinderlich erweisen und später in Aggressivität und sogar Gewalttätigkeit umkippen. Denn wir befinden uns häufig in einer Gruppe – zum Beispiel in der Schule, am Arbeitsplatz oder in der Freizeit sowie im öffentlichen Raum. Bei den Jugendlichen und späteren Erwachsenen sind ohne diese Übung die nötige Selbst- und Sozialkompetenz nicht vorhanden. Sie konnten gar nicht entstehen.[1] Als Folgeerscheinung klaffen auch beim fachlichen Wissen Lücken.

> **„Übung…"**
> „Übung macht den Meister."
> Das alte Sprichwort gilt nicht nur für wünschenswertes Verhalten. Auch Unterlassungen trainieren etwas ein, zum Beispiel Respektlosigkeit.

Diese Entwicklung betrifft immer mehr Leute, die das Gefühl für ein angepasstes Verhalten offenbar nicht verinnerlicht haben. Deshalb häuft sich das respektlose Benehmen auch in der Gesellschaft. Einer steigenden Zahl von Menschen, ob gross oder klein, fehlt in hohem Mass das Gespür für ihre Stellung in einer Situation, für die sozialen Zusammenhänge und für die Konsequenzen ihres Benehmens. Es ist nicht übertrieben zu sagen, dass es sich hier um eine Pandemie handelt, sowohl was die Expansion – mangelnde Umgangsformen sind ansteckend! – als auch was das Ausmass betrifft. Es ist ein gesamtgesellschaftliches Phänomen geworden, das sich noch weiter ausbreitet. Denn das vorher erwähnte Kind, dem von seinen Eltern und andern Erwachsenen kein entsprechendes Betragen abverlangt worden ist, steht

heute nicht mehr allein. In der Schulsituation zum Beispiel fällt es den Lehrkräften zunehmend schwerer, geordnet zu unterrichten. Wie können wir auf diese Weise sicherstellen, dass genügend pädagogische Fachkräfte vorhanden sind? Wie kann sich unter solchen Umständen die nächste Generation entsprechendes Fachwissen aneignen, das sie zu einer beruflichen Tätigkeit befähigt? Wie können wir den Sozialvertrag garantieren, bei dem die

49

Alten auf die Jungen angewiesen sind? Wie gewährleisten wir mit solch mangelhafter Sozialkompetenz die Sicherheit im öffentlichen Raum? Ziehen wir so verantwortungsbewusste Bürgerinnen und Bürger heran?

Mit fehlenden Umgangsformen hat sich unsere Gemeinschaft Karies in grossem Stil eingebrockt. Wir haben über längere Zeit vergessen, regelmässig Zahnbürste und Zahnpasta zu benutzen und es auch unsere Kinder und Jugendlichen nicht gelehrt. Wir haben den Respekt vor den Bedürfnissen und der Würde anderer Menschen nicht trainiert und ihn bei unserem Nachwuchs nicht eingefordert.

Es gilt früher zu beginnen – auch mit der Zivilcourage

Fehlt die Orientierung, die Umgangsformen einer Gemeinschaft bieten, wird nicht einfach nur die Bahn frei für flegelhaftes und unverschämtes Benehmen. Diese haltlose Situation fordert Tätlichkeiten und Zerstörungswut im Gegenteil

richtiggehend heraus. Meist greifen wir Jahre zu spät in das Geschehen ein, wenn wir zum Beispiel mit mehr Polizeipräsenz oder einem verschärften Jugendstrafrecht versuchen, die extremen Situationen wieder unter unsere Kontrolle zu bekommen. Das Grenzen-Setzen muss jedoch bereits in der frühen Kindheit anfangen. Schon kleine Kinder können verstehen lernen, dass alle Wesen ein Anrecht auf ein wertschätzendes und respektvolles Verhalten haben – aber wir müssen es täglich mehrmals mit ihnen einüben und es von ihnen bis zu ihrer Mündigkeit einfordern. Auch Erwachsenen, die oft in kleinen Dingen die Bedürfnisse anderer Menschen nicht berücksichtigen, gilt es freundlich, aber unverzüglich entgegenzutreten – zum Beispiel beim lauten Musik-Hören oder der unschönen Sprachwahl, denen wir im Bus zwangsläufig ausgesetzt sind, beim drängelnden Einsteigen in die Strassenbahn oder dem Wegwerfen von Abfall auf öffentlichen Plätzen.

Hier liegt der Ursprung der fehlenden Zivilcourage. In solchen Situationen

haben wir uns in den letzten Jahren das Wegschauen angewöhnt. Wir glaubten, dass uns fremdes Verhalten nichts angehe. Aus Höflichkeit haben wir verletzende Handlungen durchgehen lassen. Doch mit diesem regelmässigen Augen-Zudrücken übten wir uns in Toleranz und Gleichgültigkeit. Die heute oft vermisste Zivilcourage in brenzligen und gefährdenden Situationen müssen wir alle zu einem viel früheren Zeitpunkt aufbringen, nämlich bei der Erziehung unserer Kinder und bei geringfügigen Begebenheiten im Alltag.[2]

Führen wir uns dabei vor Augen, dass mit einem den Umständen nicht angepassten Verhalten ein immenser volkswirtschaftlicher Schaden entsteht, den wir

> **Umgangsformen geben Sicherheit!**
>
> Wir dürfen nicht vergessen, dass Benimmregeln ein Gefühl von Sicherheit vermitteln. Wie oft haben wir Angst, uns zu blamieren! Das bringt uns entweder dazu, einen grossen Bogen um bestimmte Situationen zu machen oder uns aus Unsicherheit besonders unmöglich aufzuführen.
>
> Haben wir jedoch ein angenehmes normiertes Sozialverhalten genügend trainiert und verinnerlicht, können wir auch unbekannten Umständen gelassen und selbstsicher entgegensehen. Wir wissen, welches Verhalten angemessen ist und dass wir immer einen guten Eindruck machen. Wir können uns auf unsere Umgangsformen verlassen.

alle berappen müssen. Diese Tatsache kann nicht genug betont werden. Dazu kommen irreversible Folgen wie Verletzungen und Todesfälle. Geben wir nicht Gegensteuer, werden sich die unliebsamen Problemkreise noch verschlimmern, was besonders für den Sozialstaat nicht absehbare Folgen haben wird.

Im Schnellzug durchs Kapitel

Wir sind uns seit zwei Generationen über situationsgerechtes Verhalten uneinig. Damit fehlt uns eine gemeinsame Grundlage, die der Gesellschaft eine Orientierung bieten sollte, besonders im pädagogischen Bereich. Denn Umgangsformen sind für ein friedliches Zusammenleben eine wichtige Voraussetzung. Es handelt sich um gesellschaftlich normierte, kurzzeitige Verhaltensweisen in einer bestimmten Situation. Sie trainieren respektvolle Gewohnheiten ein, die während der Kindheit erlernt werden.

51

„Das muss jedes selber wissen":
Dieses Motto hat sich nicht bewährt

In der Folge von 1968 entwickelte sich eine Kultur im Sinne: „Das muss jedes selber wissen." Dadurch wird den Erwachsenen und den Kindern freigestellt, wie sie sich in einer bestimmten Situation verhalten wollen. Diese Selbstbestimmung hat den Anspruch, dass jeweils alle realisieren, welches Benehmen zum Wohle der Gemeinschaft angebracht ist.

Je länger ich an diesem Buch schreibe, desto deutlicher wird mir bewusst, welche Überforderung in diesem Satz steckt. Ursprünglich sollte er grossen Respekt vor der Intelligenz und dem sozialen Bewusstsein aller Menschen jeglichen Alters ausdrücken. Das war gut gemeint, hat sich in der Praxis jedoch voller Tücken erwiesen. Die damit verbundenen Erwartungen haben sich nicht erfüllt.

Um jederzeit zu wissen, welches Benehmen in einer Situation angemessen wäre, müssten wir alle sowohl über eine hervorragende Kenntnis der jeweiligen Sachlage, in der wir uns befinden, über eine gehörige Portion Lebenserfahrung als auch über eine blitzschnelle Reaktionsfähigkeit verfügen. Wer von uns kann dies von sich behaupten? Es ist schlicht eine unrealistische Forderung, der letztlich niemand nachkommen kann. Im Laufe des Tages werden wir mit so vielen unterschiedlichen Umständen konfrontiert! Da ist es schwierig, in jedem Fall richtig zu entscheiden, wie wir uns zu verhalten haben. Zudem sind wir auch mal müde oder durch etwas anderes abgelenkt. So lastet ein zu hoher Erwartungsdruck auf uns, dem wir nicht gerecht werden können. Deshalb ist es vorprogrammiert, dass wir uns oftmals daneben benehmen.

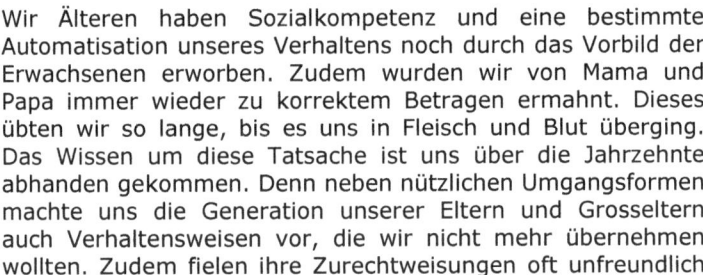

Wir Älteren haben Sozialkompetenz und eine bestimmte Automatisation unseres Verhaltens noch durch das Vorbild der Erwachsenen erworben. Zudem wurden wir von Mama und Papa immer wieder zu korrektem Betragen ermahnt. Dieses übten wir so lange, bis es uns in Fleisch und Blut überging. Das Wissen um diese Tatsache ist uns über die Jahrzehnte abhanden gekommen. Denn neben nützlichen Umgangsformen machte uns die Generation unserer Eltern und Grosseltern auch Verhaltensweisen vor, die wir nicht mehr übernehmen wollten. Zudem fielen ihre Zurechtweisungen oft unfreundlich aus. In der Folge verwarfen wir dieses Training für unsere Kinder gänzlich. Wie wir jetzt an unliebsamen gesellschaftlichen Zuständen feststellen, war dies keine kluge Entscheidung. Hier müssen wir diverse Korrekturen vornehmen.

„Das muss jedes selber wissen" ist eine sehr gute Maxime, wenn es sich um wichtige und nachhaltige Entscheidungen im Leben von einzelnen Personen handelt. Beim Verhalten in der Gruppe in alltäglichen Situationen ist sie jedoch nur bedingt tauglich.

Ich werde in **Teil 2** der **Umgangsformen für das 21. Jahrhundert** auf diese Problematik zurückkommen.

Was Umgangsformen
und Zähneputzen gemeinsam haben

Ähnlich wie beim Zähneputzen müssen die Erwachsenen sie mehrmals täglich mit den Kindern einüben, damit eine innere wertschätzende Einstellung und ein reflexartiges Verhalten entsteht. Findet ein entsprechendes Training nicht statt, öffnet dies Respektlosigkeit, Vandalismus und Gewalttätigkeit Tür und Tor. So sind bei den Jugendlichen und späteren Erwachsenen die nötige Sozial- und Selbstkompetenz zu wenig vorhanden.

Die fehlenden Gesten der gegenseitigen Achtung kumulieren sich in einem Leben und in der Gesellschaft, so daß man durch die zunehmende Ausbreitung von einer Pandemie sprechen kann. Da wir in den letzten Jahrzehnten nicht täglich die Zähne geputzt – sprich Umgangsformen praktiziert – haben, hat sich unsere Gemeinschaft Karies – sprich respektloses Verhalten und gesellschaftliche Probleme – in grossem Stil eingehandelt. Mit unseren Versuchen, die extremen Situationen in den Griff zu bekommen, schreiten wir Jahre zu spät ein. Wir müssen die geforderte Zivilcourage viel früher aufbringen, indem wir mit unseren Kindern Umgangsformen einüben und ihnen Grenzen setzen, wenn sie noch klein sind. Bei den Erwachsenen gilt es die scheinbar nebensächlichen störenden Handlungen ebenso zu stoppen.

Sonst sind irreversible Schäden – zum Beispiel Verletzungen und Todesfälle – sowie volkswirtschaftliche Einbussen die Folge, was sich in unabsehbarer Weise auf den Sozialstaat auswirken wird.

> **„Die Jungen
> sind orientierungslos"**
> „Wir stellen bei der Jugend schweizweit eine wachsende Orientierungslosigkeit fest, sie hat Mühe, eine Werteordnung zu finden." (Stefan Blättler, Kommandant der Kantonspolizei Bern, „Migros-Magazin" 13, Zürich 29. März 2010)

Deshalb braucht es
heute noch Manieren!

Wir haben die vielfältigen und erschreckenden Vorfälle und Tendenzen in unserer Gesellschaft zur Kenntnis genommen, welche die Sicherheit und das Wohlergehen aller gefährden. Sie reichen von Problemen in der familiären Erziehung über Disziplinlosigkeit in der Schule bis hin zu Vandalismus und Gewalt im öffentlichen Raum sowie Aggressivität gegenüber Autorität ausübenden Menschen. Sie hinterlassen hohe Kosten wie auch psychisch und körperlich Verletzte, ja sogar Tote, zudem gefährden sie den Sozialvertrag. Diese problematischen Situationen stehen mit dem Fehlen einer gemeinsamen Wertestruktur in Zusammenhang. Wir begreifen, dass uns hier ein Training in Selbst- und Sozialkompetenz präventiv helfen würde. Die beschriebenen Schwierigkeiten würden gar nicht entstehen, hätten wir eine stillschweigende Übereinkunft darüber, wie wir alle – Erwachsene, Kinder und Eingewanderte aus anderen Kulturen – Respekt vor anderen Menschen und vor deren Würde einüben können. Denn gesellschaftlich akzeptierte Verhaltensanleitungen für das Leben in der Gruppe erschaffen eine gemeinsame Grundlage und üben ein wertschätzendes Verhalten ein, wie es auf keinem anderen Weg zustande kommen kann. Sie sind für ein friedliches Zusammenleben zwingend.[3]

Allerdings haben wir bereits Umgangsformen. Sie stammen aus früheren Jahrhunderten, als unsere Gesellschaft noch anders strukturiert war. Was ist passiert, dass sie ihre Gültigkeit verloren haben? Für die Antwort darauf reisen wir im nächsten Kapitel in die Vergangenheit.

Quellen und weitere Bemerkungen

[1] Der deutsche Kinder- und Jugendpsychiater Michael Winterhoff spricht von fehlender Reife. Dadurch, dass die Eltern dem Kind nie Widerstand entgegenbrächten und sich ihm gegenüber nicht abgegrenzt verhielten, könnten sich bei ihm psychisch notwendige Funktionen nicht bilden – so wie eine Blume unter bestimmten Umständen keine Blüte hervorbringt. (Siehe Anhang „Unsere Gesellschaft ist aus dem Lot geraten: Medienberichte", 2008)

[2] Das wird auch Thema von **Teil 2** sein.

[3] Selbstverständlich kann es nicht angehen, dass wir ein bestimmtes einschränkendes Verhalten von unseren Kindern fordern, ohne ihnen ein kindgerechtes – fast hätte ich gesagt: artgerechtes – Aufwachsen zu bieten. Dies ist besonders für unsere Buben in keiner Weise mehr gegeben. Früher konnten sie sich austoben und sich bei den ortsansässigen Handwerks- und Bauernbetrieben nützlich machen. Doch das ehemals grüne Umfeld, welches viele Möglichkeiten bot und wo es viel zu erleben gab, hat sich in einen langweiligen Betonkäfig verwandelt – zumindest in der Stadt. Nun sind unbeaufsichtigter Auslauf und körperliche Tätigkeiten kaum mehr möglich. Auch fehlt den Kindern heute die Anleitung durch die Männer in handwerklichen sowie gesellschaftlich relevanten Techniken, wie früher Schmieden oder Schreinern. Dazu kommt die Schule in engen Klassenzimmern, mit ihrem Papierkram und dem Stillsitzen. Sie ist nicht bubengerecht – und war es nie! Seit wir unsere Kinder nicht mehr schlagen, wird dies mehr und mehr deutlich. Gerade weil unser Lebensraum zunehmend zubetoniert ist, sollte jede Schule Werkstätten und einen Bauernhof unterhalten. Denn Jungs brauchen Bewegung, dreidimensionales Arbeiten und ab einem gewissen Alter wirtschaftlich wichtige Tätigkeiten! – Interessanterweise ist Unterricht in der heutigen Form für die meisten Mädchen geeigneter.

Ein Blick ins Geschichtsbuch

Von der Unterordnung zur Gleichstellung: 1789 und 1968

Wollen wir wieder eine gemeinsame Grundlage für unser Verhalten im Alltag schaffen, ist es unumgänglich, dass wir uns die bisherigen Umgangsformen ansehen. Wir müssen verstehen, warum wir sie nicht mehr anwenden und weshalb sie uns im 21. Jahrhundert nicht weiter dienen können.

Denn unsere Benimmregeln sind über 220 Jahre alt. Unser heutiges Weltbild ist nicht mehr das gleiche wie damals, da seither viele Ereignisse unsere weltanschaulichen, politischen und wirtschaftlichen Verhältnisse verändert haben. Dabei spielen die Französische Revolution und die Entwicklungen um 1968 eine entscheidende Rolle. Sie haben Auswirkungen auf unser Verständnis darüber, wie wir uns sehen, und damit auf unsere Umgangsformen.

Werfen wir zuerst einen Blick auf die mittelalterliche Gesellschaft.[1]

Eine Gesellschaft der Hierarchie: Die Stände

Jahrhunderte lang lebten wir in einer klar definierten Ordnung, die, wie man das damals sah, „gottgegeben" war. Sie war in Hierarchien geordnet. Dies war nicht nur in Europa so. Das indische Volk zum Beispiel kennt die Aufteilung in gesellschaftliche Kasten. Die europäische Gesellschaft war in Stände gegliedert. Zuoberst stand der König, versinnbildlicht durch Louis XIV., dem Sonnenkönig von Frankreich (1638-1715). Darauf kamen in Abstufungen die Geistlichkeit und der Adel über die Bürger und Handwerker in den Städten bis hin zu den Bauern und Leibeigenen auf dem Land. Streng genommen existierten nur drei verschiedene Gesellschaftsschichten: die adeligen Priester, die weltlichen Adeligen und, zahlenmässig die grösste Gruppe, ihre Untertanen – „das Volk". Das waren die Bürgerlichen, nämlich Bauern, Handwerker, Handelsleute und nichtadelige Akademiker.

In einen Stand wurde man geboren. Der sogenannte dritte Stand musste für die zwei oberen Stände Frondienste leisten und ihnen Steuern oder den Zehnten abliefern. Er finanzierte die adeligen Herren und Priester. Diese arbeiteten nicht und bezahlten auch keine Steuern, bekleideten aber die höchsten Ämter in Kirche und Staat. Es war selbstverständlich, dass ihnen jederzeit Reverenz erwiesen wurde. Man musste sich verbeugen und sich duzen lassen, man konnte herumkommandiert und zur Kasse gebeten werden. Dies galt ein Leben lang. Beschwerdemöglichkeiten gab es nicht. Der untere Stand war den beiden oberen auf Gedeih und Verderb ausgeliefert.

Kurz gesagt sah die Situation so aus:

> **Die <u>mittelalterliche Ständegesellschaft</u> schloss die Mehrheit der Bevölkerung von der politischen Mitsprache aus. Die beiden adeligen Stände und der König herrschten oft willkürlich und auf einschneidende Weise über ihre meist analphabetischen Untertanen, den dritten Stand. Die Geburt bestimmte, welchem Stand man angehörte, man konnte ihn nicht wechseln.**

1789: Die Idee der Demokratie

Zum Zeitpunkt der Französischen Revolution bestand der dritte Stand nicht nur aus Tagelöhnern und Bauern, die nicht lesen konnten, sondern auch aus Handwerkern, reichen Handelsleuten und studierten Intellektuellen. Diese wollten es in Frankreich nicht mehr hinnehmen, dass sie kein politisches

Mitspracherecht hatten. Auch akzeptierten sie nicht mehr, dass der König durch seine Grafen und den Beamtenapparat seine Macht willkürlich einsetzte. Die Idee der Demokratie mit ihrer Gewaltenteilung und dem Recht auf Würde und Gleichbehandlung für alle Menschen war im Laufe des achtzehnten Jahrhunderts entwickelt worden. Man nennt diese Zeit die „Aufklärung".

In Nordamerika hatten 1776 die englischen Untertanen das Kolonialgebiet von der britischen Krone losgelöst. Als Amerikaner setzten sie die erste moderne, demokratische Verfassung in Kraft. Allerdings galten die neuen Rechte nur für weisse Männer.

1789 stand der französische Staat durch die Aufwendungen für das stehende Heer, den Beamtenapparat und den luxuriösen Lebensstil am Hofe vor dem Bankrott, Missernten hatten zudem Hungerkatastrophen gebracht. Daraufhin stürmten Aufständische in Paris das Stadtgefängnis, die „Bastille", auf dem Lande revoltierten die Bauern. Die Vertreter des dritten Standes versammelten sich ohne den Adel zu einer Nationalversammlung. Sie verabschiedeten die erste Fassung der Menschenrechte und riefen über den Kopf der Adeligen hinweg die erste französische Republik aus.

Damit war die Demokratie geboren, wenn sie sich in Frankreich auch noch

nicht halten konnte. Auf den idealistischen Ideen „Freiheit, Gleichheit, Brüderlichkeit"[2) gegründet kippte der junge Staat schnell in eine Diktatur. Täglich wurden mit der gerade erfundenen Guillotine die „Staatsfeinde" auf den öffentlichen Plätzen hingerichtet, unter anderem die Königsfamilie. Zu

Beginn des neunzehnten Jahrhunderts kehrte Napoleon (1769-1821) als gewähltes französisches Staatsoberhaupt zur Monarchie zurück.

Erst viel später – nach vielen politischen Anläufen, zum Beispiel im Jahre 1848 beziehungsweise nach den Weltkriegen – führten die einzelnen Länder in Europa die demokratische Staatsform ein, zu einem jeweils anderen Zeitpunkt. Damit war die Ständegesellschaft gesetzlich und auf dem Papier abgeschafft.

Hier gilt es noch, ein häufiges Missverständnis zurechtzurücken: Die damalige Gleichberechtigung betraf nur die Männer. Sie bedeutete, dass die männlichen Bürger und Bauern des dritten Standes nun den Adeligen, dem ersten und zweiten Stand, innerhalb des Staates gleichgestellt waren. Sie konnten damit an den politischen Entscheidungen des Landes teilhaben. Auch sollten die Gesetze für alle einheitlich gelten, gleich welchem Stand jemand ursprünglich angehört hatte. Kein Mann sollte vor Gericht auf Grund seiner Geburt bevorzugt oder benachteiligt behandelt werden. Um die Frauen ging es damals noch nicht. Sie wurden ihren Vätern, Ehegatten oder Brüdern zugerechnet. Erst im zwanzigsten Jahrhundert, oft nach langem Hin und Her, erhielten die Frauen in ihrem Staat auch politische Rechte. Als erstes europäisches Land führte Finnland 1906 das Frauenwahlrecht definitiv ein.

Ich fasse zusammen:

Die Braut
Den früher ungleichen Status der Frau kann man an einer üblichen kirchlichen Hochzeitszeremonie noch heute beobachten. Der Bräutigam geht alleine zum Altar, weder Vater noch Mutter begleiten ihn. Hingegen wird die Braut

von ihrem Vater durch die Kirche geführt und vorne dem Bräutigam übergeben. Sie wird als nicht eigenständige Person von einem Mann in die Obhut eines anderen gebracht und mit diesem Verhalten klar als unmündig gekennzeichnet.

Die Französische Revolution setzte 1789 den Wechsel von der monarchischen zur demokratischen Staatsform in Gang. Die hierarchische Ständegesellschaft wandelte sich im 19. und 20. Jahrhundert zu Rechtsstaaten auf der Grundlage einer Verfassung. In den neu entstehenden Demokratien waren die Männer aller Stände einander gleichgestellt, sie gaben sich das Stimm- und Wahlrecht. Dazu wurden die Menschenrechte erstmals formuliert.

Trotz den demokratischen Entwicklungen war im 19. Jahrhundert das hierarchische Denken noch immer stark verankert. Das Ansehen der früheren adeligen Herren wurde auf die neuen Industriellen übertragen, die ab etwa 1830 ihre Fabriken gründeten. Die Offiziere, im Mittelalter dem Adel entstammend, zählten weiterhin zum höheren Stand. Im ausgehenden neunzehnten Jahrhundert erlebte der Militarismus eine Blütezeit. Das militärische Denken, welches die Hierarchie schlechthin verkörpert, prägte in den beiden Weltkriegen von 1914-1918 und 1939-1945 die gesellschaftlichen Gepflogenheiten. In den zwanziger Jahren allerdings war ein Aufbruch zu spüren, der durch die Nationalsozialisten und die Kriegsjahre jedoch wieder zunichte gemacht wurde.

1968: Die Französische Revolution zu Ende gebracht

Erst 1968 hat die mittelalterliche Ständegesellschaft endgültig aus unseren Köpfen weggefegt, obwohl sie in westeuropäischen und nordamerikanischen Staaten rechtlich längst Vergangenheit war. In diesem Jahr erschütterte ein gesellschaftliches Erdbeben – ein sozialer Tsunami – die Grundfesten unseres damaligen Verständnisses.

Im Mai 1968 lieferten sich Studenten und Studentinnen in Paris Strassenschlachten mit der Polizei. Sie wünschten einerseits freizügigere Bestimmungen im Wohnheim (Damen- oder Herrenbesuch war verboten), andererseits Mitsprache bei der Fächerwahl im Studium. Heute sind diese Wünsche umgesetzt, wir würden sie als legitim empfinden. Zu jener Zeit waren sie ein Skandal. Nach den Studenten gingen auch die Arbeiter auf die Strasse. Politische Demonstrationen und Polizeieinsätze gab es ebenfalls in Deutschland. Hier ging es um die Heuchelei, die wie ein Mantel die nicht verarbeitete nationalsozialistische Vergangenheit zudeckte.

Dieses Jahr der – auch gewalttätigen – Aufstände ist aber nur ein äusseres Zeichen einer Entwicklung in Europa und Nordamerika, quasi die sichtbare Spitze eines Eisberges. Die Unruhen von 1968 wurden durch ein Zusammenspiel zum Teil unabhängiger Faktoren in den Jahren zuvor ermöglicht und hatten weitreichende Folgen. Ich erzähle die deutsche Sicht, so wie ich sie verstanden habe, mit einem Seitenblick auf die USA.

Spiessbürgertum und Wohlstand

In den 1950-er und 1960-er Jahren herrschte eine kleinliche, spiessbürgerliche Ordnung. Wie brav und einengend es damals gewesen ist, können wir Heutigen uns nicht – mehr – vorstellen. Nur beim Ansehen von

Dokumentarfilmen aus dieser Zeit kommt uns das entsprechende Gähnen und der Mief hoch. Tugenden wie Fleiss, Pünktlichkeit, Ordnungssinn und Gehorsam wurden hochgehalten. Gerade sie hatten vor und während dem Krieg den Nationalsozialismus erst möglich gemacht. Hinter einer makellosen Fassade versteckte fast jede Familie eine braune Vergangenheit, über die geschwiegen wurde. In öffentlichen Ämtern sassen noch immer Altnazis, die mit ihrem Staatsapparat mitgeholfen hatten, Millionen von Menschen in den Gaskammern umzubringen. Man hatte die darunter liegende Weltanschauung unhinterfragt weiter gepflegt, ohne die Lehren aus den schrecklichen Ereignissen zu ziehen. Allerdings halfen die genannten Tugenden den Deutschen, sich in den Nachkriegsjahren einen

gewissen Wohlstand zu erarbeiten, das berühmte „Wirtschaftswunder". Es ging nicht mehr um das nackte Überleben, es war schon ein gewisser Luxus da. Auch herrschte Frieden, und die Probleme der globalisierten Welt von heute – wie Klimakatastrophen oder weltweiter Hunger – waren noch nicht sichtbar. Erst dieses Wohlergehen machte die Aufstände von 1968 möglich.

Gammler und Hippies: Verweigerung der Autorität

Vor diesem Hintergrund fing Mitte der sechziger Jahre die deutsche „Gammlerbewegung" an. Jugendliche mit langen Haaren – damals ein Sakrileg, kein anständiger Mann trug im Nacken seine Haare länger als drei Millimeter! – hingen in den Parks herum und taten einfach nichts, wie die Clochards in Paris. Dies war unvorstellbar. Die Behörden boten die Polizei auf, aber die jungen Leute gehorchten nicht. Ein Zeitzeuge erzählte, dass darauf die Polizisten nicht mehr weiter wussten! Dies war ihnen offenbar noch nie passiert. Bisher hatten die

Leute beim kleinsten Befehl einer Autoritätsperson sofort den Kopf eingezogen und sich verdrückt. Mit den Verweigerungen der Gammler wurde der Begriff „Autorität" an den Pranger gestellt und neu durchleuchtet.

Zur gleichen Zeit entstand in den USA die Hippie-Bewegung. Dies waren junge Leute, die sich farbig kleideten, Blumen in die Haare steckten und in den Parks Musik machten. Ihre Hochburg war San Francisco, wo sie sich zu Zehntausenden tummelten. Durch das

Herumhängen und Nichtstun wurde ein neues Gegenmodell zum strengen, immer gleich ablaufenden und harten Arbeitsalltag geschaffen. Es sollte mehr geben als nur Pünktlichkeit, Schuften und Aufopferung.

Durch die Drogen, welche die Hippies konsumierten, wurden bisher unbekannte geistige Zustände erfahren. Unter anderem durch ihren Einfluss bildete sich ein Weltbild heraus, das Friedrich Schiller schon 1805 in der „Ode an die Freude" visualisiert hatte: „Alle Menschen werden Brüder." Diese Denkweise war in einem grösseren gesellschaftlichen Kontext neu. Schliesslich herrschte in den sechziger Jahren der Kalte Krieg, die Welt war in Freunde und Feinde eingeteilt. Heute allerdings bildet die Vertonung von Schillers Gedicht von Ludwig van Beethoven (1770-1827), die in seiner neunten Symphonie vorkommt, die Hymne der Europäischen Union.

Stell dir vor!
Der Ex-Beatle John Lennon brachte 1971 mit „Imagine" einen Welthit heraus. Er beschreibt darin die Vision einer Welt, in der es weder Ländergrenzen noch intolerante Religionsauffassungen – die in der Menschheitsgeschichte für viele Kriege gesorgt haben – geben wird: „Nothing to kill oder die for" (nichts, wofür es sich lohnte zu töten oder zu sterben). Auch werde der Besitz und die damit gekoppelte Gier der Vergangenheit angehören. Man solle sich die Leute vorstellen, wie sie in Frieden ihr Leben lebten und die Welt miteinander teilten: „A brotherhood of men" (eine Brüderschaft von Menschen).

Der Refrain nach jeder Strophe lautet mit kleinen Abweichungen:

„You may say I'm a dreamer
but I'm not the only one.
I hope some day you'll join us
and the world will be as one."

(Du magst sagen, ich sei ein Träumer, aber ich bin nicht der einzige. Ich hoffe, du wirst dich uns eines Tages anschliessen – und die Welt wird eins sein.) (John Lennon „Lennon Legend", EMI Records Ltd 1997)

Ab 1964 führten die USA in Vietnam ihren Stellvertreterkrieg gegen das kommunistische System der UdSSR.

Im Schatten dieses Krieges, der bis 1975 dauern sollte, entstand eine pazifistische Bewegung. Die damalige Jugend wollte Frieden – eine Forderung, die schon nach dem ersten Weltkrieg mit dem bekannten Slogan: „Nie wieder Krieg!" gestellt worden war. In Deutschland war die Fokussierung auf den Vietnamkrieg eine Reaktion auf die Nichtverarbeitung des Hitlerregimes im eigenen Land. Die Jungen stellten die Frage: „Wie konnten die Kriegsgräuel zwischen 1939 und 45 geschehen?" Als sie von ihren Eltern keine befriedigende Antwort bekamen, stellten sie sich gegen den aktuell stattfindenden Krieg. Sie versuchten, nicht die

gleichen Fehler zu machen, welche die vorige Generation im Zweiten Weltkrieg begangen hatte.

"All you need is love"[3)]

Anfang der sechziger Jahre waren die Beatles als junge Gruppe aus Liverpool in

einem Club in Hamburg aufgetreten, womit ihre steile Karriere begonnen hatte. Ihr Musikstil war revolutionär und für die damaligen Eltern „Urwaldmusik". Die weiblichen Jugendlichen schrieen sich an den Konzerten der „Fabulous Four" vor Begeisterung die Kehle aus dem Hals, statt sich ladylike wie anständige junge Mädchen zu benehmen. Dasselbe hatte schon Elvis Presley erfahren. Diese Musik transportierte nicht nur ein bisher nicht gekanntes Lebensgefühl und freie Tanzformen in die hintersten Winkel von Europa und Amerika, sie war die Klammer, die die frischen Ideen in Windeseile verbreitete. Parallel zur weltumspannenden Musik war auf den Strassen eine bunte Mode zu sehen, mit der sich die Jungen gegenseitig kenntlich machten.

In den USA wurde die pazifistisch geprägte Lebensweise im legendären Woodstock 1969 zelebriert, der Mutter der heutigen Open Air Festivals. Hier sangen neben anderen Joan Baez und Bob Dylan vor mindestens 400'000 Menschen Lieder für ein friedliches Leben und gegen den Vietnamkrieg.

Bereits 1948 hatte der Kinsey-Report in den USA Wellen geworfen. Er enthielt Auswertungen über das sexuelle Verhalten der Amerikaner, fünf Jahre später der Amerikanerinnen. 1968 brachte Oswald Kolle seinen ersten Aufklärungsfilm „Das Wunder der Liebe" in die deutschen Kinos. Er brach durch seine schonungslose Offenheit, was Sexualität betraf, ein gesellschaftliches Tabu. 140 Millionen Zuschauerinnen und Zuschauer sollen seine Filme gesehen haben. In Berlin bildeten 1967 die Kommunen 1 und 2 jeweils eine Wohngemeinschaft fremder Menschen, eine noch unbekannte Wohnform. Sie wagten den Versuch, gleichberechtigt und sexuell frei zu leben.

Daneben gestalteten sie mit Witz politische und für die damalige Zeit anstössige Aktionen, mit denen sie die bürgerliche Gesellschaft und die politische Landschaft schockierten. Inzwischen legendär ist das Foto, wo alle Kommunarden, Männer und Frauen, unbekleidet an der Wand stehen, und ein kleines Kind, ebenfalls nackt, schaut sie sich ruhig an.

In dieser Atmosphäre wurde eine Körperlichkeit in der Öffentlichkeit möglich, die vorher als anstössig gegolten und nur ins dunkle Schlafzimmer gehört hatte. Die Jungen schmusten auf offener Strasse (noch heute ist dies in islamischen Ländern und in Asien stark verpönt!), der Minirock zeigte Bein und bisher nie gesehene nackte Haut.

Rechte und Würde für die „Minderheiten"

Mein Bauch...
„Mein Bauch gehört mir!" (Slogan der Frauenbewegung im Kampf um das Recht auf Abtreibung, um 1971)

Chefsessel gegen Ritterlichkeit
„Für uns braucht kein Mann in der U-Bahn aufzustehen, wenn wir dafür seinen Chefsessel kriegen." (Slogan der neuen Frauenbewegung, zitiert von Ingrid Kolb in „50 Jahre das Beste vom Stern", Hamburg 1998)

Inzwischen stehen die Männer zwar nicht mehr für uns Damen auf, der Chefsessel hingegen lässt noch immer auf sich warten... (Siehe auch „Die Uhr auf demokratische Wertschätzung stellen")

Man spricht von jährlich einer halben Million Abtreibungen, die damals in Deutschland vorgenommen worden sind – meist auf dem Küchentisch, unprofessionell und damit oft lebensgefährdend für die Frau. 1971 organisierte Alice Schwarzer für das Magazin „Stern" die berühmt gewordene Aktion „Ich habe abgetrieben", worin fast 400 Frauen – auch prominente – sich öffentlich zur Straftat Abtreibung bekannten. Es handelte sich um die deutsche Auflage eines Medienereignisses, welches drei Monate zuvor schon in Frankreich für Aufregung gesorgt hatte. Die Aktivitäten der Feministinnen bewirkten dort die Fristenregelung, auch in

„Rat mal, wer zum Essen kommt"

Der Film „Guess who`s coming to dinner" von Stanley Kramer (USA) thematisierte 1967 die amerikanische Rassenproblematik.

Joana Drayton, 23 Jahre alt und aus der gebildeten, reichen, weissen Oberschicht von San Francisco, verliebt sich in den schwarzen Arzt John Prentice, der bei der Weltgesundheitsorganisation in Genf arbeitet.

Sie stellt ihn überraschend ihren perplexen Eltern als zukünftigen Schwiegersohn vor. Obwohl aufgeschlossen eingestellt haben diese grosse Bedenken: Damals waren Ehen zwischen unterschiedlichen Rassen in einigen amerikanischen Bundesstaaten noch verboten, mit einer solchen Beziehung machte man sich strafbar. Erstmals ist die Gleichstellung der Afroamerikaner für sie nicht mehr nur Theorie, nun steht „der Nigger" bei ihnen in der Wohnstube und liebt ihre Tochter. Er erklärt ihnen: „Joana ist anders als die übrigen Mädchen. Es ist nicht bloss, dass unsere unterschiedliche Hautfarbe ihr nichts ausmacht, es ist, als ob sie gar nicht bemerke, dass wir verschiedenen Rassen angehören." Die Mutter erinnert den Vater: „Wir haben unserer Tochter beigebracht, dass es falsch ist, Weisse für wertvoller und besser zu halten als Farbige – Gelbe oder Rote oder Schwarze – und dass Menschen, die anders denken, im Unrecht sind. Wir haben ihr nie gesagt, dass sie sich nicht in einen Farbigen verlieben darf."

Am gleichen Abend kommen noch Johns schwarze Eltern zum Essen, sie sind ebenso überrumpelt. Zuletzt erhält das damals ungleiche Paar den elterlichen Segen.

Filme wie dieser mit Sidney Poitier, Katharine Hepburn und Spencer Tracy halfen mit, dass sich die bisher unüberwindlichen Gräben zwischen Schwarz und Weiss anfingen zu schliessen und dass die Gleichberechtigung der Frauen heute zumindest theoretisch eine Selbstverständlichkeit ist.

Deutschland waren neue Abtreibungsgesetze die Folge.

Schon 1961 war die Antibabypille in Deutschland auf den Markt gekommen. Sie brachte die Möglichkeit, selber bestimmen zu können, ob, wann und wie viele Kinder frau bekommen will. Diese Freiheit bildete die Grundlage der in den Jahren nach 1968 entstandenen neuen Frauenbewegung. Die Frauen versuchten, sich die Gleichstellung mit aussergewöhnlichen Aktionen zu erstreiten und nicht in langweiligen Sitzungen von Männergremien. 1971 wurde die Zeit sogar für die Schweizer Männer reif, den Frauen das Stimm- und Wahlrecht zu gewähren – als eines der letzten europäischen Länder.

Der Kinder-Irrgarten

Pink Floyd beschrieb 1979, wie es damals war, zur Schule zu gehen:

„Es gab bestimmte Lehrer, die die Kinder verletzten, so oft sie nur konnten, indem sie sie verspotteten und jede Schwäche blossstellten."

Wir alle kennen den Refrain des berühmten Songs „Another brick in the wall":

„Hey teachers
leave us kids alone!
All in all you're just
another brick in the wall."

(Hey Lehrer, lasst uns Kinder in Ruhe! Alles im allem seid ihr alle nur ein weiterer Ziegelstein in der Wand.)

Die Film "The Wall" von Alan Parker von 1982 stellt eindrücklich dar, welche Art von Erziehung damals an den Pranger kam: Die Schülerinnen und Schüler, einander gleichgemacht durch die Schuluniform und eine Maske mit leerem Gesichtsausdruck, trippeln in einem vorgegebenen engen Labyrinth aus Ziegelsteinen. An diesem bauen die Lehrkräfte im Song mit. Zuletzt fallen die Kinder, eins nach dem andern, in einen Trichter...
(Pink Floyd „The Wall", Grossbritannien 1979)

Mitte der 1950-er Jahre hatten die Afroamerikaner in den USA begonnen, sich den weissen Lebensraum zu erobern. Dort herrschte eine Politik der Rassentrennung.

Farbigen war der Zugang an vielen Orten nicht erlaubt. Eine schwarze Frau, Rosa Parks, hatte sich eines Tages geweigert, ihren Sitzplatz für einen Weissen freizugeben. Sie wurde verhaftet, und die Folge war ein Boykott der Buslinien durch die Abkömmlinge der ehemaligen Sklaven. So war die Civil-Rights-Bewegung der Afroamerikaner entstanden, die später der schwarze Prediger Martin Luther King (1929-1968) leitete. Er hielt 1963 in Washington seine wegweisende Rede: „I have a dream!" Er zeichnete darin die Vision einer amerikanischen Gesellschaft, in der die Diskriminierung der Bevölkerung mit dunkler Hautfarbe beendet sein würde (siehe Kasten am Schluss des Kapitels). Schwarze und Weisse – alle Rassen – würden als Menschen gleichberechtigt nebeneinander stehen. Das entsprechende Gesetz wurde ein Jahr später in Kraft gesetzt. Im April 68 wurde King erschossen, was in vielen Städten Rassenunruhen in Gang setzte.

Zu dieser Zeit wurde auch die

> **Der Massstab für Erziehung: Glückliche Kinder**
>
> „Die Religion sagt: Sei gut, und du wirst glücklich sein. Aber andersherum ist es richtiger: Sei glücklich, und du wirst gut sein. Fünfzig Jahre Summerhill haben mich davon überzeugt, dass der letzte Satz der wahre ist. Alle Kinder haben ein Recht auf Glück.
>
> Das Glück der Kinder sollte der oberste Massstab für alle Erziehungssysteme sein. Eine Schule sollte man an den glücklichen Gesichtern ihrer Schüler messen, nicht an ihren Lernerfolgen." (Alexander S. Neill "Das Prinzip Summerhill: Fragen und Antworten", Hamburg 1971, Seite 103)

Kindererziehung neu überdacht. Die Vorstellung eines Kindes, das leer und böse geboren wird und nun mit Inhalten gefüllt sowie zum Guten gezwungen werden muss, sollte ein Ende haben. Die Erziehung zum blinden Gehorsam war überholt. 1969 kam Alexander Sutherland Neills „Theorie und Praxis der antiautoritären Erziehung" auf den deutschen Markt. Neill (1893-1973) ging davon aus, dass der Mensch im Grunde gut sei und nur entsprechende Umstände brauche. Zwar hatte er schon seit 1921(!) ein Internat nach diesen Grundsätzen geführt, das berühmte „Summerhill" in England, aber erst jetzt war offenbar die Zeit reif für die Ausbreitung  seiner Ideen. Leider wurden sie oft im Sinne eines Laisser-Faire missverstanden, unter anderem in den deutschen „Kinderläden", den privaten Kindertagesstätten in ehemaligen Quartierläden. Offenbar verwahrlosten die Kinder hier eher, als dass sie pädagogisch betreut wurden. Trotzdem wird das Kind seit dieser Zeit als vollwertiger Mensch mit eigenen Empfindungen und Gedanken angesehen, dem von Geburt an Respekt, Würde und eine eigene Meinung zusteht.[4]

1969 wurden in der Bundesrepublik die Strafen für homosexuelle Handlungen aufgehoben. Bisher konnten schwule Menschen ihre Neigungen nur heimlich ausleben, sonst wurden sie mit Gefängnis bestraft. Gleichzeitig wurde der Ehebruch ebenfalls für straffrei erklärt.

Im übrigen spazierten 1969 die ersten Menschen auf dem Mond herum.

Vielleicht ist es kein Zufall, dass die Computertechnologie, welche in den heutigen Demokratiebestrebungen eine so wichtige Rolle spielt, eben in jener Zeit bedeutende Ziele erreichte: In den USA gelang die erste Übermittlung einer Internetmessage, E-mail erreichte 1971 erstmals einen Empfänger.

Die Träume der Aufklärung verwirklichen sich

Mit den Geschehnissen um 1968 vollzog sich in Europa und den USA eine Kulturrevolution grössten Ausmasses. Ihre Wirkung beschreibe ich so:

> *Die __Ereignisse um 1968__ hatten ein grösseres Bewusstsein für die Würde und die Gleichheit aller Menschen zur Folge. Die Grundrechte, die bereits in den demokratischen Verfassungen und den Menschenrechtskonventionen festgehalten waren, wurden allmählich für alle Bevölkerungsgruppen umgesetzt. Frauen, Farbige und Minderheiten sind heute den – weissen – Männern gleichgestellt und bestimmen politisch mit.*
>
> *Die Würde des Menschen und der Schutz der Grundrechte aller Individuen haben nun erste Priorität.*

Das Individuum hat dadurch einen einmaligen Stellenwert erhalten. Seine Wünsche und seine Befindlichkeit stehen seither im Mittelpunkt. Dies ist gerade bei wichtigen Entscheidungen wie Beruf, Heirat, Religion oder Fragen der Moral und der Eigenverantwortung eine dringend notwendige Entwicklung gewesen. Zwar wurde die UNO-Menschenrechtskonvention schon im Jahre 1948 verabschiedet, aber erst die nachfolgende Generation brachte sie zwanzig Jahre später in unser Bewusstsein und forderte ihre Umsetzung in vielen Bereichen ein. Diese Anerkennung verhalf den Frauen, Kindern und rechtlosen Minderheiten zu einer individuellen menschlichen Würde, wie sie bisher keine Gesellschaft kannte. Die heutige juristische Gleichstellung der Frau, ihre aussergewöhnlich hohe Bildung und ihr Selbstverständnis sind ohne

> **„Lieber..."**
> „Lieber reich, gesund und ein Mann als arm, krank und eine Frau."
>
> Das Graffiti um 1968 prangerte die realen Klassenverhältnisse an, deren Unterschiede es abzuschaffen galt.

die Ereignisse von 1968 undenkbar.

Die Denker des achtzehnten Jahrhunderts stellten sich eine Welt vor, in der alle Menschen gleichberechtigt sind und ihr Leben selber bestimmen können. Was sie sich geträumt und mit dem Wechsel von der Monarchie zur Demokratie 1789 politisch in Gang gesetzt hatten, wurde mit dem Stichjahr 1968 auch im privaten Bereich und für die bisher unterdrückten gesellschaftlichen Gruppen Wirklichkeit. Dieser Einschnitt in der westlichen Weltanschauung kann nicht genug gewürdigt werden. Es wird unserer Gesellschaft nicht mehr möglich sein, in die kollektive Denkweise von früher zurückzufallen.

„Ich habe einen Traum!"
1963 hielt Martin Luther King in Washington DC, USA, seine historische Rede: „Ich habe den Traum, dass eines Tages die Söhne von früheren Sklaven und die Söhne von früheren Sklavenbesitzern sich am Tisch der Bruderschaft gemeinsam niedersetzen können." Er träume davon, dass seine eigenen, noch kleinen Kinder eines Tages nicht nach ihrer Hautfarbe, sondern „nach dem Wesen ihres Charakters beurteilt" würden: „Ich habe einen Traum!" Er fuhr fort: „Ich habe den Traum, dass eines Tages kleine schwarze Jungen und Mädchen mit kleinen weißen Jungen und weißen Mädchen als Schwestern und Brüder Hände halten können. Ich habe einen Traum!" (Übersetzung nach www.english-zone.com, 23. Juli 2010)

Im Schnellzug durchs Kapitel

Unsere Umgangsformen entstammen der Ständegesellschaft. Seither haben Veränderungen stattgefunden, die unser Weltbild ein anderes werden liessen. In diesem Zusammenhang sind zwei Wellen von Wichtigkeit, nämlich der Wechsel von der Monarchie zur Demokratie ab 1789 und die Ereignisse um 1968.

Im Mittelalter war die europäische Gesellschaft in drei Stände eingeteilt: Die adeligen Priester, der weltliche Adel und ihre für sie arbeitenden Untertanen, die bei den Entscheidungen des Staates nicht mitreden durften. Es herrschte damit ein hierarchisches Gefälle. Mit der französischen Revolution 1789 gaben sich die rechtlosen Bürger eine Verfassung, welche die Menschenrechte enthielt, und riefen die Republik aus. Die geforderte demokratische Staatsform mit der Gewaltentrennung führten die westeuropäischen Länder im neunzehnten und zwanzigsten Jahrhundert zu unterschiedlichen Zeitpunkten definitiv ein. Damit wurden die Männer des dritten Standes vor dem Gesetz gleichberechtigte Bürger. Sie hatten nun dieselben staatspolitischen Rechte wie früher die Adeligen. Die Stände und die erbliche Monarchie waren abgeschafft. Frauen hingegen wurden noch länger unmündig gehalten.

Verschiedene Ereignisse und geistige Strömungen vor und nach 1968 beeinflussten unsere Denkweise und damit die Gesellschaft und ihre Gesetze  ähnlich nachhaltig. Sie beinhalteten die Forderung der Gleichstellung von Frauen und Minderheiten mit den (heterosexuellen) weissen Männern, die Verweigerung von Autorität, pazifistisches Gedankengut, eine weltumspannende Musik, ein neues Sexualverhalten mit Geburtenregelung und eine respektvolle Pädagogik.

Dadurch waren die philosophischen Erkenntnisse der Aufklärung im achtzehnten Jahrhundert auch im Privatleben umgesetzt, die Anliegen der Französischen Revolution wurden für alle verwirklicht. Der Schutz der einzelnen Person, ihre Menschenwürde und Rechte sind heute in westlich geprägten Demokratien oberstes Gebot.

Diese Entwicklungen zu Gunsten des Individuums haben unserer Gesellschaft in den letzten vierzig Jahren enorme Vorteile gebracht. Doch ist ihnen auch der Konsens darüber, wie wir einander im Alltag begegnen wollen, zum Opfer gefallen. Wir haben unser Zusammenleben als soziale Wesen stark vernachlässigt. Wie ist es dazu gekommen, dass uns die Umgangsformen abhanden gekommen sind? Warum haben wir keine Manieren mehr?

Quellen und weitere Bemerkungen

[1] Das Mittelalter wird historisch definiert von 496 (Untergang der römischen Reiches) bis 1492 (Entdeckung Amerikas durch Christoph Kolumbus) beziehungsweise 1517 (Beginn der Reformation durch Martin Luther), also grob tausend Jahre von 500 – 1500 nach Christus. Viele mittelalterliche Strukturen hielten sich aber noch in der folgenden sogenannten Neuzeit, die bis 1789 (Französische Revolution) dauerte, oder sogar darüber hinaus.

[2] „Liberté, égalité, fraternité" ist auch der Leitspruch des heutigen Frankreich.

[3] Songtitel der Beatles (1967)

[4] Dies ist jedoch nicht gleichbedeutend mit der Entscheidungs- und Handlungsfreiheit, über die mündige Bürgerinnen und Bürger – also die Erwachsenen – verfügen. Davon wird auch in **Teil 2** der **Umgangsformen für das 21. Jahrhundert** die Rede sein.

Der Ritter
und sein Untertan:
Warum wir unsere
Benimmregeln nicht mehr anwenden

Was die Umgangsformen betrifft, bemerken wir heute zwei gesellschaftliche Strömungen. Vielen Menschen liegt immer noch etwas an einem gepflegten Benehmen. Die meisten Leute aber finden Manieren altmodisch.

Obwohl beide Parteien ein gegenteiliges Verhalten an den Tag legen und glauben, nichts miteinander gemein zu haben, gehen sie doch von den gleichen Benimmregeln aus. Die einen befürworten sie, die andern lehnen sie ab.

Sehen wir uns an, wie es zur Position der Gegner gekommen ist – und warum sie Recht haben.

Wissen Sie sich korrekt zu benehmen?

Es gibt definierte Regeln, wie wir uns in bestimmten Situationen zu verhalten haben und was wir als höflich empfinden. Wie verhält man sich also korrekt? Finden Sie hier heraus, ob Sie die bislang geltenden Verhaltensvorschriften kennen und richtig anzuwenden wissen.

Die folgenden Szenen stammen aus dem Berufsalltag. Ich habe aus Gründen der Klarheit bewusst nur männliche Spieler gewählt. Dies entspricht auch den historischen Wurzeln.

Test: Kreuzen Sie die richtige Antwort an.

1. Fabian Meier bereitet eine Sitzung vor. Als sein Vorgesetzter D. Luciano den Raum betritt und ihn mit Handschlag begrüsst,
    ☐ a) gibt ihm Herr Meier im Sitzen die Hand.
    ☐ b) steht Herr Meier zur Begrüssung auf.

2. Im Konferenzsaal sitzen die andern Mitarbeiter bereits, als sich D. Luciano einen Platz sucht.
    ☐ a) Er schaut, wo noch etwas frei ist, und setzt sich irgendwo in die Runde.
    ☐ b) Der Platz oben am Tisch, mit Blick auf die Eingangstüre, ist für ihn freigehalten worden.

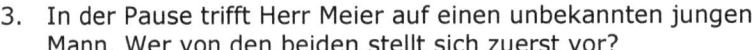

3. In der Pause trifft Herr Meier auf einen unbekannten jungen Mann. Wer von den beiden stellt sich zuerst vor?
    ☐ a) Es ist Herr Meier: „Ich heisse Fabian Meier."
    ☐ b) Der junge Mann sagt als erster: „Ich bin Lukas Krenger, der Praktikant von Frau Sieger."

4. Zur Begrüssung
    ☐ a) reicht Herr Meier dem Praktikanten die Hand zum Gruss: „Ich freue mich, Sie kennenzulernen."
    ☐ b) Lukas Krenger müsste zuerst die Hand ausstrecken.

5. "Herr Meier arbeitet offenbar schon lange hier", denkt Lukas Krenger. Er ist froh, in der für ihn neuen Firma jemanden kennenzulernen, der ihm sympathisch ist.
    ☐ a) Er schlägt vor: „Wir duzen uns doch. Ich bin der Lukas."
    ☐ b) Es ist an Herrn Meier, das Du anzubieten.

6. Als die Konferenz weitergeht, stösst überraschenderweise der Seniorchef H. Eschmann dazu. Alle Sitzplätze rund um den Tisch sind bereits vergeben, doch stehen noch einige Stühle an der Wand.
    ☐ a) Herr Meier springt auf, offeriert Herrn Eschmann seinen Stuhl und rückt ihn hinter ihm zurecht. Daraufhin holt er für sich selber eine neue Sitzgelegenheit.
    ☐ b) Der Praktikant bleibt sitzen. Er denkt sich: "Es wäre herablassend, dem alten Herrn zu helfen. Schliesslich ist er ja noch rüstig."

7. Nach der Sitzung warten Lukas Krenger und Herr Meier auf den Lift. Als sich die Türe öffnet,
    ☐ a) lässt der Praktikant Herrn Meier den Vortritt.
    ☐ b) betritt Lukas, der näher bei der Türe steht, als erster den Aufzug.

8. Im Lift fährt schon der ältere Direktor mit. Herr Meier macht ihn und den Praktikanten miteinander bekannt.
    ☐ a) Er sagt: „Lukas Krenger, Praktikant, Herr Eschmann, der Seniorchef der Firma."
    ☐ b) Er nennt zuerst die wichtigere Person, Herrn Eschmann, daraufhin den Namen des Jüngeren.

Der Ritter und sein Untertan:
Warum wir unsere
Benimmregeln nicht mehr anwenden

Sie finden die Lösung unten.

Hätten Sie's gewusst? Wenn ja, wissen Sie auch warum? Wenn nein, lesen Sie weiter und lösen Sie den Test später noch einmal.

Auf den ersten Blick wirken unsere Umgangsformen zufällig, sie folgen jedoch einer tiefer liegenden Logik. Diese Gesetzmäßigkeit ist die Ursache, weshalb wir keine Manieren mehr haben. Damit wir verstehen, warum uns das Verständnis dafür abhanden gekommen ist, gehen wir ins Mittelalter zurück.

Der Adel und der dritte Stand

Die Benimmregeln, die wir kennen, stammen aus der Zeit vor der Französischen Revolution. Wie das Wort schon sagt, kann es nur in der Staatsform der Monarchie eine „Höflichkeit" geben, denn nur ein König hält

Hof. Dies war die Vorschrift, die Etikette, die von seinem Gefolge eingehalten wurde. Wie die übrige Gesellschaft war die Schar der Höflinge streng hierarchisch geordnet. An kleinen Gesten konnte man erkennen, in welcher Rangfolge sich die einzelnen Personen zueinander verhielten. Diese Kunst wurde zur Zeit Ludwigs XIV. perfektioniert.

Die Philosophie der Umgangsformen geht von Oben-Unten-Paaren aus. Im gesellschaftlichen Verständnis von damals stand jeweils eine Person über der anderen. Die herrschaftlichen Beziehungen diktierten, wer „oben" und wer „unten" war. Je nachdem, in welcher Position man sich befand, durfte oder musste man sich anders benehmen.

Was im 18. Jahrhundert nicht nur in Paris, sondern auch an den andern europäischen Höfen verfeinert praktiziert wurde, entsprach dem gleichen Weltbild, wie es ausserhalb der Schlösser üblich war. Es beruhte im Kern auf den Standesverhältnissen. In der gesellschaftlichen Hierarchieordnung nahmen vor den Schlosstoren die Adeligen den Platz der „Oberen" ein, sie waren der erste und zweite Stand. Sie hatten eine

Lösung:
1b 2b 3b 4a 5b 6a 7a 8a

„Hans von Stoffeln"

In seiner berühmten Sage „Die schwarze Spinne", die etwa im vierzehnten Jahrhundert spielt, beschreibt Jeremias Gotthelf 1842 einen solchen Lehensherrn, „Hans von Stoffeln", in eindrücklichen Worten:

„Warum aber der Ritter dort auf dem wilden, wüsten Hubel in der Einöde ein  Schloss haben wollte, wissen wir nicht, genug, er wollte es, und die Bauern, welche zum Schlosse gehörten, mussten es bauen. Der Ritter fragte nach keinem von der Jahreszeit gebotenen Werk, nicht nach dem Heuet, nicht nach der Ernte, nicht nach dem Säet. So und so viel Züge (Fuhrwerke) mussten fahren, so und so viel Hände mussten arbeiten, zu der und der Zeit sollte der letzte Ziegel gedeckt, der letzte Nagel geschlagen sein. Dazu schenkte er keine Zehntgarbe, kein Mäss Bodenzins, kein Fasnachthuhn, ja nicht einmal ein Fasnachtei; Barmherzigkeit kannte er keine, die Bedürfnisse armer Leute kannte er nicht. Er ermunterte sie auf heidnische Weise mit Schlägen und Schimpfen, und wenn einer müde wurde, langsamer sich rührte oder gar ruhen wollte, so war der Vogt hinter ihm mit der Peitsche, und weder Alter noch Schwachheit ward verschont."

Als der Ritter von den vom Schlossbau erschöpften Bauern auch noch einen „Laubengang von vierzig ausgewachsenen Buchen" oben auf dem Berg innert Monatsfrist verlangte, schloss eine Ehefrau einen Pakt mit dem Teufel – mit schrecklichen Folgen. (Jeremias Gotthelf „Die schwarze Spinne", Stuttgart 1994, S. 29f)

Vorrangstellung und durften mit dem dritten Stand, dem Volk, umspringen, wie es ihnen passte. Sie forderten ihre Rechte oft mit groben Methoden wie Schlägen, Kerker, Pranger, Folter oder sogar Exekutionen ein.

Dementsprechend waren die „Unteren" die Angehörigen des dritten Standes. Das wären wir gewesen, denn die meisten von uns hätten in früheren  Jahrhunderten diesem Stand angehört. Sie stellten die Bauern und Bürger dar, die Rechtlosen, auch die Leibeigenen. Sie waren fast alle Analphabeten. Vor der Einführung der Demokratie hatten sie keinerlei Rechte, wie wir sie heute kennen. Sie mussten aber dem Herrn als Arbeitskraft verfügbar sein, Frondienst leisten und den Zehnten ihrer Ernte abgeben. Damit trugen sie die Arbeitslast für die ganze Gesellschaft, denn die Edelleute und Gutsherren mit ihren Familien arbeiteten nicht. Trotz diesem Schmarotzertum lag von Seiten der „Blaublütigen" eine Geringschätzung, ja

Verachtung, auf dem unteren Stand. Die überwiegende Mehrheit der Bevölkerung war ihren Launen ein Leben lang ausgeliefert.[1]

Die damaligen Herren gingen also abschätzig mit ihren Untertanen um, die ihnen jederzeit zu Diensten stehen mussten. Ein Verhalten, das die Würde des Menschen respektiert, kannten sie nicht. Es ist gut verständlich, dass heute niemand mehr an diese Denkweise erinnert werden will. Wir alle wollen nicht von oben herab und

respektlos behandelt werden. Auch wollen wir uns nicht mehr für andere abrackern, sondern für einen angemessenen Lohn arbeiten. Dabei haben wir Anrecht auf einen freundlichen Umgang und den Schutz moderner Arbeitsgesetze.

In diesem Jahrhunderte lang ausgeübten Herrschaftsverhältnis liegt einerseits der Ursprung unserer generellen Angst vor Autorität. Die adeligen Herren aus dem Mittelalter sind das Modell der allgegenwärtigen Autoritätspersonen, die zu jeder Zeit in das Leben der ihnen Anvertrauten eingreifen durften. Mit ihnen befasse ich mich später noch einmal.

Andererseits entdecken wir hier das Fundament unseres gesellschaftlichen Umgangs. Wir können die bis anhin gültigen und praktizierten Verhaltensvorschriften in einem ersten Schritt wie folgt definieren:

1. Die bisherigen Umgangsformen finden ihre Grundlage in der Beziehung des mittelalterlichen Untertanen zu seinem

adeligen Lehensherrn, der über ihn die Verfügungsgewalt inne hatte und in einschneidender Weise Autorität ausüben konnte.

Dieses Verhältnis ist die Ursache, weshalb wir die Umgangsformen nicht mehr anwenden. Denn die weltanschaulichen, politischen und wirtschaftlichen Entwicklungen seit der Französischen Revolution von 1789 und im Vor- und Nachfeld von 1968 sind spurlos an ihnen vorbeigegangen.

75

Dies ist die Basis unseres heutigen Verständnisses von Anstand und Benimm, wie wir es in Knigge-Büchern oder entsprechenden Seminaren vermittelt bekommen. Denn unseren Manieren liegt dieses mittelalterliche Oben-Unten-Schema zu Grunde.

Adolph Freiherr von Knigge
Der Deutsche Adolph Freiherr von Knigge (1752–1796) ist für uns der Urvater guten Benehmens. Er schrieb „Über den Umgang mit Menschen" (Stuttgart 2007). Dieser „Ur-Knigge" ist erstmals 1788 erschienen, es handelt sich jedoch um keinen der praktischen Benimmratgeber, wie wir sie heute kennen. Im Gegensatz zu ihnen ging es dem Freiherrn eher um die innere Haltung als um streng definierte äussere Gesten. Trotzdem steht sein Name seither für sämtliche Bücher, die Benehmensvorschriften zum Thema haben.

Die Oben-Unten-Paare

Unsere Umgangsformen basieren demnach auf dem ständischen Denken. Sie sind interessanterweise immer noch dieselben, wie sie schon vor der Einführung der modernen Staaten, die von einem Volkssouverän regiert werden, ihre Gültigkeit hatten. Sie haben den demokratischen Entwicklungen bis 1968 getrotzt.

Zwar waren die „Stände" seit dem neunzehnten Jahrhundert etwas andere geworden. Die Ehrfurcht vor Respektspersonen verschob sich in der Zeit der Industrialisierung, als die Nutzung der Dampfkraft entdeckt wurde und darauf

Fabriken wie Pilze aus dem Boden schossen. Diese brachten auf der einen Seite die Industriellen, auf der anderen die Arbeiter hervor. Die Fabrikanten und Vorgesetzten in der Firma, die Gebildeten, die Offiziere im Militär und zu Hause die Familienväter waren nun der obere Stand. Auch galt das Alter etwas. Wer jung, ungebildet oder sonstwie randständig war, gehörte automatisch dem niederen Stand an.

So fand eine Übertragung vom mittelalterlichen adeligen Lehensherrn beziehungsweise von den Adeligen der oberen Stände auf diejenigen Männer statt, die im neunzehnten Jahrhundert gebildet waren oder Jobs anboten und damit das Sagen hatten. Die Stellung

des dritten Standes, des Volkes, nahm nun die Arbeiterschaft ein. Auch wenn in den einzelnen Ländern politische Bestrebungen zur Demokratisierung im Gange waren oder das neue Staatssystem schon verwirklicht hatten, blieb das ständische Oben-Unten-Schema im gesellschaftlichen Umgang bestehen.

Auf diese Weise haben sich die folgenden hierarchischen Paare herauskristallisiert, bei denen jeweils eine Person über der anderen steht und ihr befehlen kann. Diese Zweiergruppen dienen unseren Benimmregeln als Fundament:

Oben: alt – Vorgesetzter – Offizier – gebildet – Mann

Unten: jung – Untergebener – Soldat – ungebildet – Frau.

Gesellschaftlich den Ton gaben im vorletzten Jahrhundert diejenigen Männer an, welche die wirtschaftliche, intellektuelle und politische Macht in Händen hielten. Natürlich waren sie meist auch nicht mehr jung, sie hatten langjährige Berufs- und Lebenserfahrung. Sie mussten als „Obere" respektiert werden und wurden von denjenigen in der andern Gruppe, nämlich den „Unteren", hofiert und zuvorkommend behandelt. Es war selbstverständlich, dass jüngere Menschen den älteren und die schlechter Gebildeten den Studierten mit grossem Respekt begegneten, ebenso, dass sich Angestellte ihren Vorgesetzten gegenüber ehrerbietig verhielten. Die Beziehung zwischen Mann und Frau ist eine Spezialform, wir sehen sie uns später genauer an.

77

Der Herr und sein Diener

Fast alle Vorschriften in unserem Umgang stellen das Verhältnis von „oben" und „unten" dar. Sie haben nach wie vor ihre Gültigkeit auf dem gesellschaftlichen Parkett. Allerdings sind sie heute mit vielen unübersichtlichen Ausnahmen gespickt, um der demokratischen und emanzipatorischen Entwicklung gerecht zu werden. Dies lässt das richtige Benehmen zu einem komplexen Regelwerk werden, für welches aber eine grosse Nachfrage besteht. Das beweisen die unzähligen verschiedenen Ausgaben von Knigge-Ratgebern in den Regalen der Buchhandlungen und das grosse Angebot an Benimmkursen und -coaches.

Sehen wir uns die heutige Praxis der Benehmensvorschriften an. Nach wie vor ist dies die Grundform korrekten gesellschaftlichen Verhaltens:

Im höflichen Umgang steht

- die ältere Person über der jüngeren,
- der Vorgesetzte über dem Untergebenen,
- der Offizier über dem Soldat,
- die gebildete Person über der ungebildeten,
- die Frau über dem Mann.[2]

Die tiefer gestellte benimmt sich dabei helfend und unterstützend, aber auch unterwürfig gegenüber der höher gestellten Person. Dies kommt in kleinen Handlungen zum Ausdruck. Dabei geht es darum, dass die „obere" Person immer Vorrang hat. Ihr muss es bequem sein, sie soll nicht warten müssen. Während die „untere" Person stehen muss, darf sie sitzen. Sie wird bedient. Sie bekommt den besten Platz mit der besten Übersicht. Sie darf die Verhaltensweisen eines Vorgesetzten ausüben und Befehle erteilen. Ihr wird Respekt gezollt und Reverenz erwiesen. Infolgedessen verhält sich der tiefer Gestellte in einer dienenden Pose.

Ich halte deshalb weiter fest:

2. Den Kern der <u>bisherigen Umgangsformen</u> bildet das Oben-Unten-Paar. Es geht von zwei Personen aus, von denen die eine über der anderen steht. Die höher rangierte Person hat dabei Rechte, die tiefer gestellte Pflichten. Das wird in ritualisierten Handlungsweisen im Alltag sichtbar gemacht.

Kurz gesagt: Die eine Person verhält sich wie der Herr, die andere wie dessen Diener.

Der adelige Ritter und Lehensherr hat Rechte

Diese Gewohnheiten machen einen Sinn, wenn wir das ritterliche Umfeld des Mittelalters vor Augen haben. Traf zum Beispiel ein Kriegsherr an einem Ort ein, musste er sich sofort selber ein Bild machen können, ob sich hier ein Feind versteckt hielt. So konnte er unverzüglich einen entsprechenden Befehl an seine Gefolgsleute

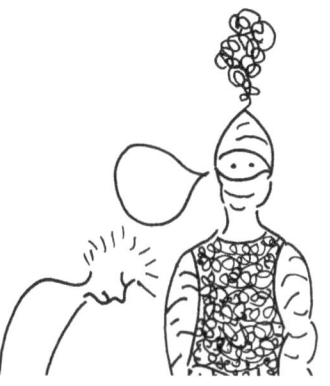

erteilen. Analog dazu gebieten unsere heutigen Umgangsformen, dass die höher eingestufte Person einen Raum zuerst betritt. In früheren Jahrhunderten war dies sinnvoll, diente es doch dem Schutz der ganzen Gruppe. Wir können uns daher bei den noch heute gültigen Umgangsformen einen mittelalterlichen Ritter und Lehensherrn vorstellen[3]: Mit seinen Gefolgsmännern ritt er auf die Burg und empfing als Hausherr auch fremde Ritter zu einem Gelage. Frauen kamen in dieser Männerwelt kaum vor. Sie wurden im gesellschaftlichen Umgang nur in wenigen Situationen berücksichtigt.

Damit wir uns ein Bild machen können, zähle ich einige dieser „Herrenrechte" mit den entsprechenden Pflichten auf und erkläre den möglichen historischen Grund für diese Praxis. Ich gehe davon aus, dass die Verhaltensregeln früher sinnvoll gewesen sind. Für die heute nicht immer verständlichen Handreichungen muss es einen funktionalen Grund gegeben haben.

Die ranghöhere Person hat zum Beispiel aktiv das Recht,

- einen Raum zuerst zu betreten: So kann der mittelalterliche Ritter die Situation sofort nach Feinden beurteilen. Ein Führer geht voraus! Ebenso soll er sich nicht drängen müssen, um hineinzukommen.

- die Hand zum Gruss zu reichen: Jeder Körperkontakt diente dazu, die andere Person – den Feind – auf Waffen hin zu untersuchen. Die Handreichung ist ein Überbleibsel dieses Brauchs. Der Burgherr tastet also seinen Gast nach verborgenen Waffen ab.

- oben am Tisch zu sitzen: Der Lehensherr hat den Überblick, ob Freund oder Feind den Raum betritt.

- anzustossen: Die Parteien wollten damit offenbar herausfinden, ob der Wein vergiftet war. Sie stiessen die Zinn- oder Silberbecher so hart aneinander, dass der Wein in den andern Becher überschwappte. Prostete der Burgherr dem Gast zu, war er ihm wohlgesinnt und brachte ihm Vertrauen entgegen.

- das Essen zu eröffnen: Der Vorgesetzte bestimmt, wann etwas getan wird. Erst wenn er zu essen beginnt, dürfen auch die Untertanen damit anfangen.

Der Hut
Am folgenden Beispiel können wir den historischen Ursprung früherer Gebräuche und ihre Übertragung auf heutige Gepflogenheiten nachvollziehen. Der Ritter in der eisernen Rüstung schob beim Turnier das Visier hoch. Er zeigte damit sein Gesicht und gab sich so zu erkennen. Diese mittelalterliche Sitte haben die Männer des neunzehnten und zwanzigsten Jahrhunderts übernommen. Indem er die gleiche Gebärde ausführt, hebt der Mann zum Grüssen seinen Filzhut hoch. (Elisabeth Bonneau „Der grosse GU-Knigge", München 2008, Seite 18)

- das Du anzubieten: Der adelige Burgherr beurteilt die Vertrauenswürdigkeit des Gegenübers und bestimmt die intime Distanz.

Passiv hat die höher eingestufte Person das Recht,

- zuerst gegrüsst zu werden: So weiss der Lehensherr, dass es sich um eine Person handelt, die entweder bereits zu seiner Gruppe gehört oder sich ihm unterstellt.

- beim Vorstellen den Namen der Gegenpartei beziehungsweise der Untertanen zuerst zu hören: Der mittelalterliche Fürst hat das Recht, sofort zu wissen, wer vor ihm steht. Diese Regel wird noch immer im Militär praktiziert: Der Soldat meldet sich bei seinem Offizier.

- dass ihr die Türe aufgehalten wird: Der ritterliche Herr muss keine Arbeit leisten, mittelalterliche Holztüren mit ihren schmiedeisernen Scharnieren sind schwer! Er darf zuerst den Raum betreten, um die Lage beurteilen zu können.

- dass die Anwesenden aufstehen, wenn sie ins Zimmer tritt, oder bei der Begrüssung mit Handschlag: Die unterstellten Ritter sagen mit dieser Geste: „Wir achten und respektieren dich" beziehungsweise: „Wir gehören zu deiner Gruppe."

- dass ihr der Mantel abgenommen wird: Früher wurde eine adelige Person von ihren Bediensteten an- und ausgezogen, unter anderem, weil die Kleider nicht alleine zuzuknöpfen und zu schnüren waren, vom Anlegen der schweren Rüstungen zu schweigen.

- dass der Sitz sofort für sie freigemacht wird: Der Lehensherr darf sitzen. Er muss sich vom langen Reiten ausruhen können, damit er als Chef der Gruppe auch schnell wieder fit ist.

- dass ihr der Stuhl beim Sich-Setzen bereitgehalten und zurechtgerückt wird: Auch das dient der Bequemlichkeit des adeligen Ritters.

- beim Servieren zuerst bedient zu werden: Der mittelalterliche Herr erhält auf alle Fälle zu essen, sollten die Lebensmittel knapp sein. Reicht es nicht für alle, nützt es der ganzen Gruppe, wenn zumindest der Anführer satt wird.

Der Untertan hat Pflichten

Die „untere" Person hingegen nimmt die Position des Dieners ein. Sie hat all die Handreichungen auszuführen, die es der „oberen" bequem machen, deren Stellung bestätigen und ihre Arbeit erleichtern.

Die tiefer gestellte Person muss

- die ranghöhere beim Vorbeigehen zuerst grüssen,

- aufstehen, wenn diese das Zimmer betritt oder bei der Begrüssung mit Handschlag,

- beim Vorstellen den eigenen Namen als ersten nennen,

- der über ihr stehenden Person die Türe aufhalten,

- ihr bei ihrem Eintritt ins Zimmer den Vortritt lassen,

- ihr den Mantel abnehmen,

- für sie den Sitz freimachen,

- ihr den Stuhl beim Setzen bereithalten und zurechtrücken,

- in vielen Situationen warten, bis die „obere" Person die Initiative ergreift beziehungsweise ihr den Vorrang lassen: Einen Raum betreten, die Hand zum Gruss hinstrecken, anstossen, das Du vorschlagen, mit dem Essen beginnen.

- In Deutschland verbeugt sich eine männliche Person bei der Begrüssung leicht, sie „macht den Diener". Eine weibliche Person knickst. Beide „Unteren" machen sich kleiner und damit die höher gestellte Person grösser. Diese schaut auf sie herab.

- Österreich kennt noch den Handkuss: Ein Mann haucht einen Kuss auf den Handrücken einer Frau. Diese Geste beinhaltet eine verbeugende Bewegung.

Man konnte früher stark ins Fettnäpfchen treten, wenn man diese

Gepflogenheiten nicht aus dem Effeff kannte. Bei bestimmten Gelegenheiten wie zum Beispiel einem Vorstellungsgespräch, in gewissen Kreisen oder gepflegterem Ambiente ist dies heute noch so.

Nun wissen Sie sich korrekt zu benehmen!

Bis vor einem knappen halben Jahrhundert musste man sich nur eine Art des Benehmens angewöhnen – die des Befehlens oder diejenige des Dienens. Denn man verblieb meist ein Leben lang in der oberen oder der unteren Klasse. Wie sich dies im Alltag des zwanzigsten Jahrhunderts ausgewirkt hat, führe ich im Kapitel „Die Autoritätsperson ist tot – lang lebe die Mandatsperson!" aus.

Inzwischen hat sich die starre Klassengesellschaft aufgelöst, die gesellschaftlichen Umstände sind andere geworden. Doch noch immer funktionieren die Benimmregeln nach diesem Schema des Oben-Unten-Paars.

Wenn sich zwei Menschen gegenüberstehen, gilt es darum innerhalb einer Zehntelssekunde abzuschätzen: Wer von uns beiden nimmt gerade jetzt die höhere Position ein? Muss ich den Diener spielen oder lasse ich mich von der anderen Person hofieren? Abhängig davon, wem ich begegne, habe ich ein jeweils anderes Verhalten an den Tag zu legen.

Kommen wir zum Test zu Beginn des Kapitels zurück. Sehen Sie ihn noch einmal an oder lösen Sie ihn erneut, wenn Sie vorhin unsicher gewesen sind. Bestimmen Sie in jeder Situation: Wer steht über wem? Wer ist „oben", wer befindet sich „unten"?[4] Welche der beiden Personen ist unter diesen Umständen „der Ritter"? Was benötigt er als der höher Eingestufte? Was hilft dem mittelalterlichen Burgherrn, ein guter Führer zu sein? Die richtige Antwort sollte Ihnen nun leicht fallen. – Lesen Sie daraufhin hier weiter.

Wir sehen, dass sich der Vorgesetzte D. Luciano und der Seniorchef H. Eschmann in der höheren Position befinden. Sie haben das Recht, dass ihre Angestellten zur Begrüssung aufstehen, ihnen einen Platz freihalten und den Sitz für sie freigeben. Auch werden ihnen die Mitarbeitenden als erste vorgestellt.

Ihnen gegenüber sind Herr Meier und Herr Krenger tiefer gestellt. Fabian  Meier ist allerdings gegenüber dem Praktikanten „oben". Infolgedessen wechselt er von oben nach unten und wieder zurück, je nachdem, wem er sich zuwendet. Er ist manchmal in der Position des Ritters, dann wieder in derjenigen des Untertanen. So steht er auf, wenn sein Vorgesetzter Luciano ihn begrüsst, auch bietet er dem älteren Direktor Eschmann seinen Stuhl an. Dies sind Gesten eines „Unteren" gegenüber einer höher gestellten Person. Dem Praktikanten hingegen reicht er die Hand zur Begrüssung von oben nach unten, auch wäre es an ihm, dem jüngeren Mann das Du anzubieten.

Lukas Krenger ist gegenüber allen drei Herren immer in der dienenden, unteren Position, denn als Praktikant ist er der Jüngste, sowohl was sein Alter als auch was seine Stellung und die Verweildauer in der Firma betrifft. Er muss sich Fabian Meier gegenüber zuerst vorstellen und ihn beim Eintritt in den Aufzug einsteigen lassen. Er muss warten, bis der über ihm stehende Meier ihm die Hand zum Gruss reicht, ausserdem darf er nicht von unten nach oben  vorschlagen, einander zu duzen. Er wird von Herrn Meier als erster dem Seniorchef vorgestellt, denn dieser hat das Recht, sofort zu wissen, wer vor ihm steht. Eigentlich wäre es an Lukas gewesen, dem Ältesten eine Sitzgelegenheit zu organisieren.

In den kleinen Höflichkeitsgesten unseres Alltags sind also noch immer der mittelalterliche Ritter und sein Untertan versteckt. So gesehen ist das kompliziert aussehende Benimmregelwerk einleuchtend. Doch der adelige Lehensherr und sein Leibeigener haben in einer demokratischen Gesellschaft nichts mehr zu suchen. Ihretwegen wenden wir die Umgangsformen nicht mehr an.

Die angebetete Sklavin – ein Widerspruch
Eine Ausnahme bei den Oben-Unten-Paaren bilden Mann und Frau. Sonst

Der Ritter und sein Untertan:
Warum wir unsere
Benimmregeln nicht mehr anwenden

scheint die Einteilung logisch zu sein: Der Stärkere ist oben. Nur beim Mann-Frau-Paar ist es gerade umgekehrt: Auf dem gesellschaftlichen Parkett behandelt der Mann als „Unterer" die Frau als die Höherrangige, die über ihm Stehende, der besondere Aufmerksamkeit zusteht. Sie ist in diesem Fall die „Obere".

Hier stimmen die gesellschaftlichen Gepflogenheiten nicht mit den wahren Machtverhältnissen überein, die beiden sind im Gegenteil verdreht. Politisch und wirtschaftlich waren die Frauen Jahrtausende lang das schwächere und unterdrückte Geschlecht – und sind es noch heute.[5]

Dass die Frau im höflichen Umgang über dem Mann steht, stammt vermutlich aus der Minnesang-Tradition des Mittelalters. Um 1200 beteten die jungen Ritter die Schlossherrin an. In ihren Liedern besangen sie die Schönheit der bewunderten Frau. Meist war sie die Ehegattin ihres Vorgesetzten, auf alle Fälle stand sie auf einer höheren Stufe. Es gab für die Männer keine Chance, sie zu heiraten oder ins Bett zu bekommen. Hier stand die als asexuell empfundene Frau weit über

---

Der „Herr" „hat" eine „Frau" – ohne ihn ist sie ein Neutrum

Zwar sind die Frauen heute rechtlich den Männern gleichgestellt, doch in der Umgangssprache ist davon noch nichts zu beobachten.

Die bisher übliche Anrede im deutschsprachigen Raum verlangt, dass ein Mann mit „Herr", eine Frau aber mit „Frau" und nicht mit dem gleichwertigen „Dame" angesprochen wird. Hier tritt der frühere Standesunterschied zu Tage: Der Mann steht über der Frau, er ist ihr „Herr". Als vor den neuen Eherechtsbestimmungen Marianne Straumann Alex Müller heiratete, wurde sie zwangsläufig „Frau Müller", die Frau von Herrn Müller eben, ihm im übrigen rechtlich unterstellt. Auch vor der Heirat war sie keine „Dame", eine vom Stand her dem Mann Ebenbürtige, sondern ein sächliches, das heisst asexuelles „Fräulein". (Von den Adjektiven „herrlich" und „dämlich" spreche ich jetzt nicht...) Mit der Neuregelung, dass die Ehefrau heute ihren Namen behalten kann („Herr Müller-Straumann und Frau Straumann Müller"), ist die ungleiche Anrede von Männern und Frauen nicht angegangen worden.

Zumindest ist inzwischen „das Fräulein" unselige Vergangenheit – und dies innerhalb einer Generation! Danke 1968!

dem Mann, der sich als ihr Diener sah und bereit war, Heldentaten für sie zu  unternehmen. Den Männern gestattete dieser Brauch, die „Weiber" in zwei Kategorien aufzuteilen. Die unerreichbare Angebetete, die rein war und über ihm stand, entspricht auf der einen Seite der Dame in den Höflichkeitsformen. Auf der anderen Seite war da die reale Frau, mit der er schlief und die er als Herr des Hauses dann  auch nach seinem Gusto herumkommandieren konnte. Diese Position der Frau als machtlose Sklavin entspricht leider noch heute der Realität, auch in vielen Teilen der industrialisierten Welt.[6] Die politische Gleichstellung gewährten die Männer den Frauen erst nach langen Kämpfen in den letzten zwei Jahrhunderten. Noch bis vor wenigen Jahrzehnten war die Frau dem Mann in der Ehe untertan.[7] Sie konnte keine wichtigen Entscheide selber treffen. So durfte sie ohne sein Einverständnis nicht arbeiten oder eine Wohnung mieten. Auch verwaltete er ihr Vermögen. Sie wurde wie eine Unmündige gehalten.

Meiner Ansicht nach handelt es sich bei den Umgangsformen um eine Vertuschung: Gerade damit die Frau nicht merkt, dass sie im wahren Leben keinerlei Macht ausübt und wirtschaftlich nichts zu sagen hat, wird sie vom Mann in Situationen, in denen ihm andere Menschen zusehen, zuvorkommend behandelt.

Die in den Höflichkeitsformen ausgedrückte Galanterie hatte

Madame
Pierre Duprès est morte
Ich erinnere an einen früher üblichen Brauch im französischsprachigen Raum. Die Trauerfamilie bedauerte, dass „Madame Pierre Duprès" gestorben sei. Darunter stand noch ganz klein „geborene Thérèse Chaumont".

Eine verheiratete Frau wurde sogar in ihrer Todesanzeige mit dem Namen des Mannes genannt. Ihre eigene Identität, die im Übrigen von ihrem Vater stammte, hatte sie bei der Heirat offenbar abgegeben, bis in den Tod!

**Der Ritter und sein Untertan:
Warum wir unsere
Benimmregeln nicht mehr anwenden**

vermutlich auch den Zweck, die Frau weiterhin klein zu halten. Da der Mann ihr vieles ausserhalb der vier Wände abnahm oder sie ohne seinen Schutz nicht aus dem Haus liess, vermittelte er ihr die Botschaft: „Du kannst es nicht allein. Du bist dumm. Du bist weniger wert als ich. Ich stehe über dir." Er machte die Frau damit in der Öffentlichkeit zu einem hilflosen Wesen. Denn eigentlich wollte er sie auch so haben: Von ihm abhängig und

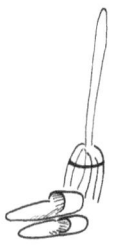

> **Die sprachliche Burka**
> In einigen Schweizer Dialekten wird generell von einer Frau als „es" gesprochen: „Wo ist das Heidi? Es hängt im Garten Wäsche auf."
>
> Die Frau ist hier ein Neutrum, sie ist nicht einmal ein Mensch, nur ein „Wesen"! Sprachlich ist sie einem Kind gleichgestellt.

nur zu Hause am Herd. Dort allerdings, im trauten Heim, genoss er alle Privilegien einer „oberen" Person. Die Frau als „untere" wärmte ihm die Pantoffeln und diente ihm zu. Leider ist diese Art der Paarbeziehung auch in unseren Tagen noch nicht vollständig verschwunden. „Sie hält ihm den Rücken frei", sagen wir dazu.[8]

Das galante Verhalten des Mannes gegenüber der Frau funktioniert also meist nur als Fassade im gesellschaftlichen Leben ausser Haus.

Wie uns die Umgangsformen abhanden gekommen sind

Erstaunlicherweise überdauerten die dem mittelalterlichen Umfeld entsprungenen Höflichkeitsformen unbeschadet die demokratischen Entwicklungen des neunzehnten und zwanzigsten Jahrhunderts. Doch seit den 1960-er Jahren hat ein Wandel in unserer Denkweise stattgefunden.

Uns ist auf einer tieferen Ebene als bis anhin bewusst geworden, dass jeder Person Gleichrangigkeit, Würde und Rechte zustehen. Damit ging es auch den bisherigen Umgangsformen an den Kragen.

Den Hippies und Linken von 1968 war die Autoritätsgläubigkeit ein Dorn im Auge. Sie machten uns die Verweigerung bei Anordnungen durch Respektspersonen vor. Sie verdeutlichten damit, dass deren Autorität oft ohne

Des Kaisers neue Kleider

Die Veränderung, die unser Autoritätsverständnis mitgemacht hat, erinnert stark an Hans Christian Andersens (1805-1875) berühmtes Märchen „Des Kaisers neue Kleider". Ich habe es folgendermassen in Erinnerung:

Der Kaiser lässt sich für teures Geld einen neuen Anzug nähen. Die hergereisten Schneider arbeiten allerdings an einem leeren Webstuhl. Sie erklären gewitzt, dass nur intelligente Menschen die Stoffe und die Kleidungsstücke sehen könnten, welche hier entstehen. Natürlich will sich der Hofstaat keine Blösse geben und lobt die nicht vorhandenen Textilien in blumigen Worten. Als der Herrscher zum ersten Mal in der neuen Robe

seine Ausfahrt macht, wird er von allen seinen Untertanen bewundert. Es ist ein kleines Mädchen, das die Wahrheit ausspricht: „Mama", ruft sie laut, „der Kaiser hat ja nur die Unterwäsche an!"

So ähnlich wie das Kind müssen sich die 68-er gefühlt haben!

Inhalt war, es fehlte ihr die Legitimation. Die „Oberen" benutzten ihre Machtausübung häufig nur dazu,

ihre Position zu festigen. Den Anweisungen einer mit Befugnissen ausgestatteten Person nicht zu folgen, wurde dadurch zu einem Akt von Zivilcourage. Und ganz langsam schlich sich das gleiche Denken und Handeln in unseren Alltag ein.

Es war uns nicht mehr einsehbar, warum wir irgendwelchen Autoritätspersonen gehorchen oder weshalb wir in gewissen Situationen zu Gunsten von jemand anderem zurückstehen sollten. Auch schienen uns einige Anordnungen nicht mehr einzuleuchten. Als Folge davon kam die Abkehr von jeglichen althergebrachten Benimmregeln. Da sie auf ständischem Denken fussten, hatten sie ihren Sinn verloren. Wir sahen ihre Notwendigkeit nicht mehr ein, weil uns

allmählich das Verständnis für die

Oben-Unten-Paare zu fehlen begann.

Dies passierte nicht auf offiziellem Wege. Es war eher so, dass wir alle im Laufe der Jahre den Gebrauch von Umgangsformen verweigerten. Wir setzten uns

einfach über die bisher üblichen gesellschaftlichen Gepflogenheiten hinweg. Dem Vorgesetzten bei der Lifttüre Vortritt zu gewähren oder für eine alte Frau im Tram aufzustehen, schien uns wie eine Attacke auf unsere Würde zu sein. Wir werteten solche Höflichkeitsgesten als Einwilligung zur eigenen Entmündigung. Wir glaubten, uns damit als devote Leibeigene darzustellen. Nein, wir waren weder dem Chef noch älteren Menschen untertan! Wir waren selbst jemand! Durch die ausdrückliche Nichtanwendung von Umgangs-

formen sagten wir: „Du hast mir nichts zu befehlen!" So drücken wir mit unhöflichem Benehmen noch heute aus: „Ich lasse mich nicht herumkommandieren, ich bestimme mein Leben selber!"

Wenn es wirklich nur darum gegangen wäre, für jemanden aufzustehen oder einer anderen Person

die Türe aufzuhalten, hätten wir die alten Regeln vielleicht immer noch. Schliesslich erfahren wir durch eine kleine und kurzfristige Handlung keinen nachhaltigen Schaden. Doch wie wir gesehen haben, spiegeln diese gesellschaftlichen Gebärden ein veraltetes Weltbild. Es sind Handreichungen, die ursprünglich dazu da waren, eine Autoritätsperson zu hofieren und ihre Herrschaft über uns zu bestätigen.

Die stehende Seniorin in der Strassenbahn ist in unserem kollektiven Unbewussten nämlich nicht einfach eine Frau, der wir gerne einen Platz anbieten, weil sie gebrechlich ist. Sie verkörpert die Adeligen der beiden oberen Stände, die jederzeit über uns verfügen konnten. Im Mittelalter waren

wir ihnen auf Gedeih und Verderb ausgeliefert gewesen. Würden wir uns der alten Dame gegenüber zuvorkommend verhalten, würden wir sie als unsere Herrin anerkennen. Denn die Anwendung der Umgangsformen bedeutete in früheren Zeiten: „Ich akzeptiere, dass du über mir stehst. Du hast Macht über mich und zwar in allen Bereichen meines Lebens!" Sie ging mit Unterwerfung unsererseits und Verachtung von Seiten der Respektspersonen einher. So haben wir es Jahrhunderte lang erlebt.

Heute jedoch sind wir nicht mehr bereit, dies hinzunehmen. Schliesslich wollen wir als unabhängiges Einzelwesen mit eigenen Werten und individueller Würde wahrgenommen werden. Indem wir uns ruppig verhalten, zeigen wir, dass die mittelalterliche Ständegesellschaft mit ihrer unveränderlichen, hierarchischen Struktur tot ist.

In unserer Vorstellung steht demnach neben uns auch keine ältere Dame, die lieber sitzen würde, sondern immer noch der Ritter. Statt uns als freie Menschen zu sehen, die wir in einer Demokratie eigentlich sind, fühlen wir uns nach wie vor als ausgebeutete Leibeigene des Hans von Stoffeln. Und deshalb bleiben wir trotzig sitzen.

So sind uns die Umgangsformen abhanden gekommen.

Jetzt wird auch verständlich, warum wir die Verhaltensregeln nicht mehr anwenden. Da in ihnen ein hierarchisches Gefälle zwischen den Beteiligten zum Ausdruck kommt, ist ihre Basis vordemokratisch. Ich bringe es ergänzend auf den Punkt:

3. Die _bisherigen Umgangsformen_ widersprechen durch das Oben-Unten-Paar dem demokratischen Gleichheitsgedanken. Sie sind darum überholt.

Wir sehen, dass es mit der Verweigerung der Benimmgegnerinnen und -gegner in den letzten Jahrzehnten seine Richtigkeit hatte! Für sie sind nämlich die

Errungenschaften der Französischen Revolution von Bedeutung. Sie pochen auf ihre Gleichheit und Würde. Diejenigen hingegen, die sich weiterhin respektvoll benehmen, stört das Undemokratische an unseren Manieren offenbar nicht, ihnen ist vor allem ein höfliches Zusammenleben wichtig. Beide Standpunkte sind nachvollziehbar.

Allerdings muss der gegnerischen Partei gesagt sein: Es gibt den mittelalterlichen Ritter und adeligen Lehensherrn längst nicht mehr, dem die ehemals unterwürfigen Handlungsweisen gelten würden. Unser Widerstand ist gegenstandslos geworden, die Jahrzehnte des rebellischen Verhaltens sind vorüber. Schliesslich leben wir in Ländern, die schon lange von uns, dem Volk, demokratisch regiert werden (die Schweiz seit 1848, also über 160 Jahre!). Nun gilt es, in unseren Köpfen aufzuräumen und die Programmierungen von vorgestern zu überschreiben. Denn jetzt ist es Zeit für eine neue Höflichkeit – was sage ich: Freundlichkeit! –, die unserem demokratischen Verständnis und den Gepflogenheiten einer modernen, städtischen Gesellschaft angepasst ist. So kommen auch diejenigen zum Zuge, denen ein wertschätzender Umgang am Herzen liegt. Damit werden die Anliegen beider Parteien berücksichtigt.

Im Schnellzug durchs Kapitel

Zwar erscheinen die bisher gültigen Benimmregeln auf den ersten Blick unübersichtlich. Doch in ihnen lebt der mittelalterliche Adelige mit seinem Untertanen sinnbildlich weiter. Sie folgen deshalb einer ihnen eingebauten Logik.

Im Mittelalter griffen die beiden oberen Stände oft in brutaler Weise nachhaltig in das Leben des dritten Standes ein. Gehörte man dem ungebildeten Volk an, hatte man in jeder Situation dem adeligen Herrn zu gehorchen. Dieses Verhältnis spiegelt sich noch heute im gesellschaftlichen Umgang, das Oben-Unten-Paar bildet die Basis für unsere Umgangsformen. Dabei muss die „untere" Person der „oberen" zudienen. Sie hat Pflichten, während die höher gestellte, früher adelige Person Rechte für sich in Anspruch nimmt. Auf deren bessere Stellung weisen viele kleine Gesten im gesellschaftlichen Leben hin, die vor mehreren hundert Jahren auf einer Burg durchaus ihre Berechtigung hatten. Der Untertan machte dem damaligen Lehensherrn und Ritter das Leben angenehm, damit dieser seinen kriegerischen Führungsaufgaben nachkommen konnte.

Im neunzehnten Jahrhundert wurde der wirtschaftlich potente, ältere Vorgesetzte dem Adeligen gleichgesetzt, der von Geburt an dem höheren Stand angehört hatte. Der Fabrikant und Unternehmer oder der belesene Akademiker war nun die „obere" Person, während die Arbeiterschaft, die Jungen und diejenigen mit weniger Schulbildung die „Unteren" ausmachten. Frauen wurden – und werden – von den Männern zwar galant behandelt, wirtschaftlich und politisch aber klein gehalten. Die dem ständischen Umfeld entsprungenen Höflichkeitsformen gingen nahtlos auf diese neu entstehenden gesellschaftlichen Klassen über. Sie wurden nicht in Frage gestellt und trotzten den demokratischen Entwicklungen. Das Oben-Unten-Paar blieb bestehen.

Doch um 1968 entzog die damalige junge Generation der bisher unangefochtenen Autoritätsgläubigkeit die Grundlage. Das Verständnis dafür, dass eine Person über einer anderen steht und ihr deshalb befehlen kann, nahm in der Folge allmählich ab. Seither verweigern wir die üblichen Höflichkeitsgesten, die ja Respektspersonen gelten. Wir empfinden die Ausübung von Benimmregeln als einen Angriff auf unsere Menschenwürde. Denn heute sind wir gleichberechtigte Bürgerinnen und Bürger, die selber über ihr Leben bestimmen!

Auf diese Weise sind uns die Umgangsformen verloren gegangen.

Da die überholten Verhaltensvorschriften keine Lösung mehr für unsere jetzigen sozialen Probleme darstellen, benötigen wir zeitgemässe Regeln im Zusammenleben. Um den Weg für sie freizumachen, müssen wir noch etwas Weiteres aus unserer Vergangenheit genauer ansehen: Das Kollektiv. Damit setzen wir uns im nächsten Kapitel auseinander.

Quellen und weitere Bemerkungen

[1] Dass jemand „blaues Blut" in sich trage, suggeriert, die Adeligen würden biologisch einer anderen, höheren Rasse angehören. Dies ist selbstverständlich Unsinn. Während die bäuerliche Bevölkerung durch die Arbeit auf dem Felde braungebrannt war, konnte der Adel auf den Burgen und Schlössern am Schatten verweilen. So blieb ihre Haut weiss. Die bläulich durchschimmernden Adern gaben Anlass zur Vermutung, dass ihr Blut blau sei. „Blaublütig" bezeichnet also jemanden, der oder die nicht an der Sonne arbeiten muss und deshalb zum höheren Stand gehört. – Die Idee der „Blaublütigkeit" unterstrich die Vorstellung, dass die Adeligen biologisch erkennbar über dem Grossteil der Menschen stünden. Die vermeintliche Unverrückbarkeit der ungleichen Situation wurde damit zementiert.

[2] Dieses grundlegende Paarschema wirkt sich im gesellschaftlichen Umgang folgendermassen aus: Es steht

- die reiche über der armen Person,
- der Fabrikant über dem Arbeiter,
- der Akademiker über dem Handwerker,
- der Würden- oder Titelträger (bei Adeligen finden wir schön klingende Namen mit „von und zu", darauf folgt die Bezeichnung für den Familienstammsitz – ein Gut, eine Burg oder ein Schloss) über einem Menschen „ohne Rang und Namen" (das sind die „Schneiders, Müllers und Webers", der Name nennt das von den Vorfahren ausgeübte Handwerk),
- die weisse (das war der Kolonialherr) über der farbigen Person (dem Untertanen in den Kolonialgebieten beziehungsweise der Sklavin oder dem Sklaven),
- die schon anwesende Person über dem Neuankömmling.

[3] Der Boden gehörte im Mittelalter nicht den Bauern oder einzelnen Eigentümern, sondern dem adeligen Herrn. Er verlieh ihn an die Bauern, als Leihgabe (Lehen), und verlangte dafür zehn Prozent ihrer Ernte als Pacht, den sogenannten Zehnten. Diese Besitzverhältnisse übertrugen ihm auch die Macht über die auf diesem Boden lebenden Menschen. Sie waren damit von ihm abhängig. Der Lehensherr war im Gegenzug für ihren militärischen Schutz verantwortlich. – Historisch gesehen war nicht jeder Ritter ein Lehensherr, und nicht jeder Lehensherr war ein Ritter. Ich wähle dieses Bild zur Verdeutlichung.

[4] Manchmal treffen zwei Menschen aufeinander, welche beide als höhere Vertreter unterschiedlicher Paare ein Patt ergeben. So haben sowohl ein in die Jahre gekommener Mann wie auch eine Frau, selbst wenn sie jünger ist als er, Anspruch auf die höhere Position. Deshalb gibt es Sprüche wie „Schönheit vor Alter", das heisst, der Mann überlässt der Frau die bessere Behandlung und hält ihr zum Beispiel die Türe auf. – Diese Situation treffen wir in unseren Beispielen jedoch nicht an.

[5] Für die Frauen in den industrialisierten Ländern gilt: „Frauen verdienen rund 22% pro Stunde weniger als Männer. In den USA sind fast zwanzig Prozent aller Vorstandsposten weiblich besetzt – in Europa liegt der Anteil bei fünf Prozent und darunter. Bei den Spitzenmanagern beträgt die Frauenrate in Deutschland 1,3

Prozent." („Brigitte" 20/2007) In den 200 grössten deutschen Unternehmen sind nur 3 bis 4 Prozent der Führungsfunktionen mit Frauen besetzt. Angela Merkel findet an einer Tagung zu familienfreundlichen Arbeitszeiten, dies sei „ein ziemlicher Skandal." (ARD Teletext, 8. Februar 2011). Geringe „13 Prozent der 500 weltweit grössten Firmen werden von Frauen geführt. Bloss fünfzehn Prozent aller Minister sind Frauen und nur zwölf Länder werden von einer Frau regiert." (Saadia Zahidi, World Economic Forum, Mitautorin des „Global Gender Gap Report", zitiert in „Migros-Magazin" 5/2009). 2007 sind an der Universität Bern nur dreizehn Prozent Frauen als ordentliche Professorinnen tätig, bei über fünfzig Prozent weiblicher Studierender. („Jahresbericht der Universität Bern", Bern 2007, S. 35-40)

Im Übrigen sind Frauen auch in den Medien stark untervertreten – bis zur Nullpräsenz, und niemandem scheint es aufzufallen! Nicht nur als Heldinnen in Filmen und Serien kommen Frauen deutlich weniger vor! – zappen Sie zur Hauptsendezeit oder abends um elf durch die Programme und zählen Sie, wie viele Frauen und wie viele Männer Sie auf dem Bildschirm sehen! Auch als Autorinnen und befragte Fachpersonen, die in Interviews der Printmedien und in Talkrunden am TV zu gesellschaftlich brisanten Themen etwas zu sagen haben, fehlen sie in erschreckendem Mass! Es braucht eine mediale Frauenquote!

In den weniger entwickelten Ländern sieht es so aus: „Fast zwei Drittel aller Analphabeten sind Frauen. Frauen produzieren in den Entwicklungsländern bis zu 80% der Nahrungsmittel, besitzen aber nur 10% der Anbauflächen. Weltweit fehlen bis zu 200 Millionen Frauen, weil weibliche Föten abgetrieben, Mädchen nach der Geburt getötet oder so schlecht versorgt werden, dass sie sterben." („Brigitte" 20/2007)

[6] Denken wir an das Ausmass von Prostitution und Pornoindustrie. Gerade für das Sexgewerbe sind Frauen und Mädchen Opfer von Frauenhandel, oder sie müssen als Haushälterinnen arbeiten. In beiden Fällen leben sie oft in Umständen, die der Leibeigenschaft entsprechen. („Brigitte" 6/2003 und 20/2007)

[7] Die Rechte einer mündigen Bürgerin kann die Schweizer Frau erst seit 1988 in der Ehe beibehalten.

[8] In der Schweiz heisst dies: „Rund neun von zehn Frauen, die in Paarhaushalten mit Kindern unter fünfzehn Jahren leben, tragen die Hauptlast der Hausarbeit und der familiären Betreuungsaufgaben." Frauen mit Kindern unter sieben Jahren verbringen damit sogar 59 Stunden pro Woche.

Mütter sind häufig nicht oder nur Teilzeit erwerbstätig. („Zahlen? Bitte", Gleichstellungsbüro Basel-Stadt, Basel 2004, leider sieht es heute noch nicht viel besser aus!) Hingegen arbeiten nur „7,3 Prozent der Schweizer Männer Teilzeit, wenn der Nachwuchs da ist." („wireltern" 7/8, Aarau 2011)

Stehen die Frauen doch im Berufsleben, fallen die häuslichen Aufgaben dadurch nicht von ihnen ab: „Mütter von zwei Kindern (jüngstes unter 6), die zwischen 50 und 90 Prozent arbeiten, verwenden pro Woche 49,4 Stunden insgesamt auf die Hausarbeit". (Nach Bundesamt für Statistik, IMAS-Studie, „wireltern" 7/8, Aarau 2011)

Das Kollektiv:
Ein überholtes Sozialsystem

Wollen wir neue Umgangsformen kreieren, müssen sie den politischen Errungenschaften der letzten 250 Jahre und der sozialen Entwicklung der vergangenen vier Jahrzehnte Rechnung tragen. Wie wir gesehen haben, veränderten diese unwiederbringlich unsere Einstellung sowohl gegenüber uns als Individuum als auch zur Gruppe, in der wir leben. Wir lassen seither nicht mehr gerne über uns bestimmen und treffen unsere Entscheidungen nach Möglichkeit selber.

In einem Kollektiv ist dies anders, da zählt die Gemeinschaft. Es ist wichtig, uns seiner Aufgabe und Funktionsweise bewusst zu werden, denn wir haben uns aus einer kollektiv denkenden Gesellschaft entwickelt. Darauf basierte früher unser Sozialsystem.

Das Kollektiv bestimmte unser Leben

Historisch gesehen waren wir über Jahrhunderte nicht nur einer ständischen Hierarchie unterworfen, wir haben uns auch als Teile eines gemeinsamen

Kollektivs gesehen. Diese Art der Wahrnehmung ist 1968 in Mitteleuropa und Amerika aufgebrochen und inzwischen verschwunden. Allerdings funktionieren Gemeinschaften von Immigranten noch heute so. In andern Erdteilen ist dies in vielen Regionen selbstverständlich.

In früheren Zeiten verstand sich jeder Mensch in der Regel als Mitglied einer beziehungsweise mehrerer in sich greifender oder übergeordneter Gruppen. Die enge Identifizierung mit einer Gruppe entstammt dem Nomadenleben. Die herumziehenden Sippen – auf der Suche nach guten Weideplätzen oder vor kriegerischen Banden flüchtend – waren auf die unbedingte Solidarität ihrer Mitglieder angewiesen. Umgekehrt konnten die einzelnen Menschen ohne Gemeinschaft gar nicht überleben. So waren alle daran interessiert, zusammenzuhalten und damit die eigene Existenz zu sichern. Das macht in rauhen Gebieten durchaus Sinn. Hätte früher jede Person nach eigenem Gusto gehandelt, wäre vielleicht die ganze Sippe untergegangen. Dies hätte niemandem genützt.

„Fischers Fritz"
"Fischers Fritz fischt frische Fische."
Der bekannte Zungenbrecher spiegelt die kollektive Denkweise.

Sesshaft geworden sah man sich deshalb weiterhin als „Teil von etwas", als unwichtiges und untergeordnetes Fragment einer grösseren Einheit. Wir begriffen uns nicht als Einzelwesen, die in sich ein eigenständiges Ganzes bilden, wie wir uns heute einstufen.

Damals war man als erstes Teil einer Grossfamilie, aber auch Teil eines Dorfes und einer Grafschaft auf dem Lande. Man war Teil einer Stadt und als Handwerker im Mittelalter Teil einer Zunft. Man war Teil der Kirche und natürlich Teil einer Nation. In neuerer Zeit war man bei der Arbeit Teil einer

Firma und in der Freizeit vielleicht Teil eines Vereins, einer politischen Partei oder der Feuerwehr.

Dabei war das Wohl der Gruppe wichtig, nicht das eigene. Seine persönlichen Wünsche musste man zurückstellen. Denn das Kollektiv traf die wichtigen Entscheidungen für den einzelnen Menschen. Das bedeutete, dass andere Menschen darüber bestimmten, was im Leben eines Individuums wichtig war. Sie übten also über unseren Kopf hinweg Autorität über uns aus. Wer immer innerhalb des Kollektivs die Machtbefugnisse innehatte – der Vater

beziehungsweise das Oberhaupt der Sippe, die Dorfältesten, der Graf, der Bürgermeister, der Zunftmeister, der Priester, der Firmeninhaber, der König oder der Kaiser –, die Entscheidungsträger hatten das Überleben der ganzen Gruppe im Auge, nicht das subjektive Wohlgefühl der einzelnen Personen. Die

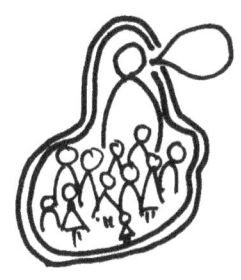

für uns heutigen Menschen so bedeutsamen Begriffe wie „Freiheit", „Selbstbestimmung" oder „Individualität" hatten in diesem Umfeld kein Gewicht. Im Namen der Gemeinschaft wurde man verheiratet, in einen Beruf gedrängt, in den Krieg geschickt. Auch die Religion konnte man nicht frei wählen. War man nicht gerade das Oberhaupt der Familie oder der Firmenpatriarch, blieb man de facto ein Leben lang ein Untertan. Frauen hatten es dabei besonders schwer, denn ein Kollektiv ist in der Regel patriarchalisch geprägt. Die Vorgesetztenfunktion bleibt Männern vorbehalten. Generell sind in diesem gesellschaftlichen Modell Männer mehr wert als Frauen.

Ich definiere:

> *Ein **Kollektiv** ist eine Zweckgemeinschaft, deren Mitglieder sich beim Überleben helfen. Sie teilen den Wohlstand miteinander und sorgen gemeinsam für die Sicherheit aller. Als Gegenleistung fügen sich die Einzelnen allen Anweisungen der Autoritätspersonen, die über das Wohlergehen der gesamten Gruppe wachen.*
>
> *Die kollektive Struktur ist heute noch in den Grossfamilien vieler Immigranten zu finden.*

Garant für Wohlstand und Prosperität

In den herumziehenden Stämmen oder den bäuerlichen Dörfern mussten alle zu essen und ein Dach über dem Kopf haben. So stellte die Sippe oder die Dorfgemeinschaft Mechanismen sicher, die für das wirtschaftliche Bestehen aller Mitglieder von Bedeutung waren. Deshalb hatten diese den entsprechenden Anordnungen Folge zu leisten.

So gab es keine freie Berufswahl. Der Sohn übte das Handwerk seines Vaters aus. Damit wurde gewährleistet, dass er eine gute Ausbildung von Kindsbeinen an erhielt. Er wuchs mit diesem Beruf auf und bekam sämtliche Kniffe und  Geheimnisse seiner Zunft mit. Diese Taktik garantierte, dass jedes Handwerk im Dorf weitergeführt wurde. Schliesslich benötigte die Gemeinschaft viele Bauern, einen Bäcker, einen Metzger, einen Schreiner, einen Zimmermeister, einen Wagner, einen Steinmetz, einen Schmied und andere Berufe mehr.

Ebenfalls aus wirtschaftlichen Überlegungen heraus wurden Ehen geschlossen. Besonders Frauen mussten wegen dem Nachwuchs versorgt sein. Um Liebe ging es nicht. Ganze Weltreiche wurden durch geschickt eingefädelte Ehen vergrössert und gefestigt. Sie waren Bestandteil einer Bündnis- und Expansionspolitik, deren Logik lautete: „Lass einen deiner Söhne eine Tochter deines Feindes heiraten, dann wird der Gegner dein Freund. Zudem bekommst du Zugang zu seinem Territorium." So entstand zum Beispiel das grosse Habsburger Reich. Auch Napoleon wandte dieses Mittel an. Um der Politik willen liess er sich scheiden und  heiratete in die österreichische kaiserliche Familie ein.

Im familiären Rahmen unterstützte das arrangierte Heiraten die wirtschaftliche Prosperität der einzelnen Familien oder auch des Dorfes. Durch die Verbindung zweier begüterter Sippen wurde das Vermögen zusammengehalten oder sogar vermehrt und eine entsprechende Nachkommenschaft gesichert. Manchmal diente diese Praxis nicht nur der kriegerischen Expansion, sondern half, Frieden zu bewahren.

Rituale und Traditionen

Das Kollektiv benutzte, nebst offenen Befehlen und häuslicher Gewalt, Rituale und Traditionen als Mechanismen, um ihre oft fein austarierten Herrschaftsverhältnisse aufrechtzuerhalten. Dabei spielten religiöse Zeremonien und Volksbräuche eine zentrale Rolle. So untermauerten die

kirchlichen Feste die Stellung der Kirche, indem sie Grundlagen der Religion lebendig machten und die kirchliche Hierarchie demonstrierten. Auch die farbenprächtigen Trachten an den Volksfesten zeigten die Zugehörigkeit zur

entsprechenden Gesellschaftsschicht oder Gruppe an. Es gab Männlichkeitsrituale wie zum Beispiel die Jagd und Anlässe, die nur geschlossenen Gesellschaften zugänglich waren. Weitreichende Entscheide für das Kollektiv konnten hinter solch verschlossenen Türen gefällt werden.

Dadurch, dass sich Rituale in regelmässigen Abständen wiederholten, wurden sie nicht in Frage gestellt. Diese Traditionen übernahmen oft die Stelle von explizit ausgesprochenen Befehlen: „Das haben wir schon immer so gemacht. Schon dein Urgrossvater..." Das hiess: „Mach dir keine Gedanken darüber, wie du es haben willst. Seit Generationen ist alles vorgespurt, und es hat sich bewährt. Deine Meinung und auch dein individuelles Wohlbefinden sind nicht von Belang."

Das Interesse an Brauchtum im Allgemeinen ist in den letzten Jahrzehnten

---

"The Pledge of Allegiance"

Ein Beispiel einer Programmierung ist das Treuegelöbnis an die Flagge der Vereinigten Staaten, das amerikanische Kinder in vielen Schulen jeden Morgen aufsagen. Sie geben damit ein „Versprechen von Untertanentreue" ab, wie „the pledge of allegiance" wörtlich übersetzt heisst, ein für einen demokratischen Staat etwas merkwürdiger Ausdruck, der noch aus ständischen Zeiten stammen muss.

Alle Schülerinnen und Schüler sprechen vor Unterrichtsbeginn im Chor: „Ich schwöre Treue auf die Fahne der Vereinigten Staaten von Amerika und die Republik, für die sie steht, eine Nation unter Gott, unteilbar, mit Freiheit und Gerechtigkeit für jeden." (usa.embassy.de/regierung-treueschwur, 22. Mai 2009)

Durch die tägliche Wiederholung des gleichen Satzes während der gesamten Schulzeit entsteht eine innere Einstellung, so dass sich die zukünftigen Staatsbürgerinnen und -bürger jederzeit als loyale Amerikaner sehen. Dieser Schwur soll vermutlich bei den neu Eingewanderten eine demokratische Vision verankern. Kollektiv denkende Verbände nehmen auf ähnliche Weise Prägungen an ihrem Nachwuchs vor, damit dieser sich den familiären Traditionen und dem bisherigen Ehrbegriff unterwirft.

stark zurückgegangen. Heute pflegen es nur wenige Menschen in ihrer Freizeit, während noch in den fünfziger und sechziger Jahren des zwanzigsten  Jahrhunderts oft das ganze Dorf an den entsprechenden Festivitäten teilgenommen hat. Damals waren Bräuche ein Bestandteil des Kittes, der die gesellschaftlichen Strukturen zusammenhielt. Die Ursache für diesen Rückgang liegt vermutlich darin, dass Rituale und Traditionen tragende Säulen einer kollektiv denkenden Gesellschaft und ihrer Hierarchie darstellen. Doch die Werte, für die sie damals gestanden haben, entsprechen heutzutage nicht mehr unserem gesellschaftlichen Selbstverständnis. Insofern ist es nur logisch, dass ihre Bedeutung und die Teilnahme daran seit 1968 sukzessive abgenommen haben. Aus dem gleichen Grund ist auch die Attraktivität der Freiwilligenarbeit zurückgegangen. Denn da wir nicht mehr kollektiv denken, hat auch das Ansehen, das die Übernahme eines Amtes ohne Bezahlung mit sich bringt, an Wichtigkeit verloren.[1]

„Im Namen der Ehre"

Der Begriff der Ehre ist ein weiterer Mechanismus, um die Entscheidungen eines Kollektivs zu schützen. Wie wir immer wieder durch Negativschlagzeilen in den Medien erfahren, hat er sich leider auch in unseren Breitengraden noch nicht überlebt.

In unserem Zusammenhang lautet meine Definition:

> *Die __Ehre__ ist die virtuelle Haut, welche das Kollektiv umgibt. Sie entsteht durch eine innere Programmierung, welche die erwachsenen Angehörigen dem Mitglied während seiner Kindheit vermitteln, mit dem Zweck, dass es sich ein Leben lang mit der Gruppe solidarisiert und den Anordnungen der Respektspersonen widerspruchslos gehorcht.*

Die Ehre garantiert die absolute Identifizierung mit dem grösseren Ganzen – der Familie, der Sippe, der religiösen Gruppierung oder der Nation. Ähnlich wie Kühe die Herde nicht verlassen können, weil elektrische Drähte sie mit schmerzhaften Stössen innerhalb der Weide behalten, entspricht die Ehre

einem „Gartenzaun". Sie hält die einzelnen Angehörigen in ihren individuellen Ansichten und Handlungen in eng gesteckten Grenzen, so dass sie nicht aus der Gemeinschaft ausbrechen können.

Dazu wird eine entsprechende innere Einstellung geschaffen, so dass die Person „linientreu" bleibt, wie man in den kommunistischen Regimes gesagt hätte. Dabei wird dem Individuum klar, dass es seine persönlichen Ansichten, Wünsche und Taten dem Weltbild und den Regeln der Gruppe unterstellen muss. Heute würden wir für diesen Prozess den Ausdruck „Gehirnwäsche" verwenden. Dazu dienen, wie oben ausgeführt, Wiederholungen von Handlungen oder im Chor aufgesagte Formulierungen innerhalb der Familie, in der Schule, in Vereinen oder im Rahmen von religiösen Jahresfesten und anderen dörflichen Bräuchen. Auch das Liedergut hilft mit, bestimmte Denkweisen in den Köpfen der Menschen zu etablieren und zu festigen. So singen wir zu Beginn von Sportereignissen oder am Jahrestag die Landeshymne und stehen dabei auf.

Durch den Begriff der Ehre kann ein Kollektiv seine Mitglieder dazu bringen, etwas für die Gruppe zu tun, was sie von sich aus lieber nicht tun würden. Die Ehre verlangt die vollständige Unterordnung unter die Glaubensvorstellungen und Maximen einer Gruppe. Sie ist quasi der Schutzpanzer, der um das Kollektiv geschlossen wird. Diese imaginäre Hülle kann in den Augen der Gruppenmitglieder sowohl von innen durchbrochen als auch von aussen angegriffen werden. Wer von ihnen mit den

überlieferten Vorstellungen nicht einverstanden ist oder sein Leben anders führen will, kann die Ehre der Gruppe verletzen. Wehe dem Teil, der diesen geheiligten Zaun übertritt! Will man ausbrechen, wird man aufs Härteste bestraft. Damit soll verhindert werden, dass ein Mitglied das Überleben der ganzen Gruppe

Zwangsehe heute: „Man hat den ganzen Clan gegen sich"

Gemäss dem schweizerischen Bundesamt für Migration werden jährlich über 5000 Secondos und Secondas von ihren Familien zwangsverheiratet. Die jungen Leute fahren als Single in ihr Heimatland und kehren nach den Sommerferien als Verheiratete in die Schweiz zurück, zusammen mit dem bisher unbekannten Gatten oder der von den Eltern ausgewählten Ehepartnerin.

Ein 19-Jähriger Mann erzählt: „Meine Eltern gehen zu einer andern Familie, die eine Tochter im gleichen Alter hat. Sie fragen: ‚Ist sie heiratsfähig?'" Nach einer kurzen gegenseitigen Vorstellung fragen die Väter einander, ob die Heirat nun

beschlossen sei. „Und dann muss es so sein." – Wieso? – „Aus Anstand, vielleicht aus Respekt gegenüber dem Vater."

Ein anderer junger Mann, der aus Angst vor seiner Sippe anonym bleiben will, verrät: „Das fängt von klein auf an." Die Verwandten hätten ihm eingeprägt: „‚Nimm ja keine Schweizerin, heirate eine Kosovarin, das ist besser für dich und die Familie.'" Schliesslich sei sie muslimischen Glaubens und spreche die einheimische Sprache. „Wenn du eine Schweizerin nimmst, brauchst du nicht mit ihr nach Hause zu kommen, und es kommt auch keiner an deine Hochzeit.'" Er beschreibt seinen Kampf: „Ich habe mich ein Jahr lang geweigert, aber man hat den ganzen Clan gegen sich, in der Schweiz und im Kosovo." In dieser für ihn wichtigen Frage hätten alle Recht, nur er habe nichts zu sagen gehabt. „An der Hochzeit habe ich genug getrunken, das half, es gab keine andere Lösung." Er habe nur zwei Möglichkeiten gehabt, fährt er bitter fort: „Die Wünsche der Familie zu akzeptieren oder keiner redet mehr mit dir." Die Familie habe ihm gedroht: „‚Du heiratest sie und hast Kinder mit ihr. Oder es wäre besser, du würdest dich umbringen, dann wärst du besser tot.'" Er folgert: „Schwarz oder weiss, kein Grau. Tun was sie wollen oder du bist allein auf der Welt." (Schweizer Fernsehen SF1, „Rundschau" 26. November 2008)

gefährdet. Die Ehre schützt die Gruppe auch gegen Attacken von aussen. Dabei ist Fremden nicht immer klar, was nun als Angriff interpretiert wird und warum. Oft wird die Ehre einfach als Vorwand für eine Schlägerei missbraucht: „Was gaffst du so, Mann?"

Obwohl ursprünglich als Massnahme zum Schutze aller gedacht, ist „im Namen der Ehre" viel Leid geschehen. Denn nicht alle Entscheide eines Kollektivs sind weise. Man kann deswegen verstossen werden, man muss für das Ansehen der Familie ungeliebte Ehegatten ertragen oder Tätigkeiten und Berufe ausüben, die man nie gewählt hätte.

Am meisten aber ist „im Namen der Ehre" getötet worden – und wird es noch. Ehemann und

Nebenbuhler schossen in Duellen aus Eifersucht aufeinander (mit der Durchsetzung der demokratischen Staatsform verschwand das Duellieren nach dem Ersten Weltkrieg und wurde in Westeuropa verboten). Brüder brachten ihre nicht mehr jungfräuliche Schwester um – und tun es manchmal auch heute. Es ist auffällig, dass Frauen die Ehre des patriarchalen Clans verletzen, wenn sie sich den gleichen Lebensstil erlauben, der den Männern seit Jahrhunderten zusteht.

In einigen Gebieten kennt man noch die Blutrache. Zwei Familien spielen, zum Teil über mehrere Generationen, ein nicht enden wollendes Pingpongspiel von Morden, wie es William Shakespeare vor über 400 Jahren in „Romeo und Julia" so trefflich

„Mord zur Wiederherstellung der Ehre"

Im Buch „Frauen dieser Welt" sprechen Frauen aus verschiedenen Ländern und Kulturen über ihr Leben. Das Porträt der Vertreterin Jordaniens erweckt den Eindruck einer Familie, in der es herzlich zugeht und die eine grosse Gastfreundschaft pflegt. Die Dame des Hauses scheint einen liebevollen Ehemann an ihrer Seite zu haben: „Er hat mich nie irgendwie eingeengt, sondern mir immer meine Freiheit gelassen.'" Das Paar hat fünf Kinder, davon zwei Mädchen. Die Älteste, Lena, ist vierzehn Jahre alt.

Es entspinnt sich folgender Dialog zwischen der westlichen Journalistin und der jordanischen Mutter: „‚Was passiert, wenn ein unverheiratetes Mädchen schwanger wird?' – ‚Bei uns

kann ein Vater seine Tochter töten, wenn das geschieht. Das ist ein ‚Mord zur Wiederherstellung der Ehre'." – Ob in diesem Fall ihr Mann wirklich fähig wäre, die gemeinsame Tochter Lena umzubringen? – „Ja, weil es der Tradition entspricht.'" – Und ob sie als Mutter ihm dabei helfen würde? – „Ja, wir würden sie töten. Unserem Glauben nach hätte sie etwas sehr Verbotenes getan, und es ist nicht verboten, eine Frau zu töten, die derart gesündigt hat.'" (Faith D'Alusio und Peter Menzel „Frauen dieser Welt", München 1997)

„Die Pest auf eure beiden Häuser!"

Wie solch tödliche Streitereien im Namen der Ehre vor sich gehen, hat William Shakespeare bereits 1595 in seiner weltberühmten Liebestragödie „Romeo und Julia" beschrieben, einmalig verfilmt von Franco Zeffirelli (1968).

Die adeligen Familien Montague und Capulet sind seit Generationen miteinander zerstritten. Der Fürst von Verona verbietet ihnen jegliche Schlägereien auf öffentlichem Boden. Romeo Montague, sechzehn Jahre jung, schleicht sich an den Maskenball der verfeindeten Familie, wo ihn Tybalt Capulet bemerkt und sich vornimmt, seine Anwesenheit zu rächen. Romeo lernt die Tochter des Hauses, Julia, kennen, die beiden verlieben sich ineinander. Obwohl Julia noch keine vierzehn ist, heiraten sie am nächsten Tag im Geheimen, der Familienfehde zum Trotz und ohne die Eltern zu fragen.

Benvolio Montague und Mercutio, Romeo Montagues Freunde, schlendern über den Marktplatz.

„Benvolio: Ich bitt dich, Freund, lass uns nach Hause gehen! Der Tag ist heiss, die Capulets sind draussen. Und treffen wir (sie), so gibt es sicher Zank, denn bei der Hitze tobt das tolle Blut.

Mercutio: Komm, komm, du streitest doch mit einem Mann, der ein Haar mehr oder weniger im Bart hat als du. Du zankst mit einem, der Nüsse knackt – aus keinem andern Grunde, als weil du nussbraune Augen hast. Dein Kopf ist so voll Zänkereien wie ein Ei voll Dotter. Du hast mit einem angebunden, der auf der Strasse gehustet und dadurch deinen Hund aufgeweckt hat. Hast du nicht mit einem Schneider Händel gehabt, weil er sein neues Wams vor Ostern trug? Mit einem andern, weil er seine neuen Schuhe mit einem alten Bande schnürte? Und doch willst du mir beibringen, vom Streiten abzulassen!"

Tybalt Capulet, Julias Cousin, tritt mit seinen Freunden auf.

„Tybalt: Ihr Herren, guten Abend. Ein Wort mit einem von euch.

Mercutio: Nur ein Wort mit einem von uns? Gebt noch was zu: Lasst es ein Wort und ein Schlag sein."

> **Wir bemerken:** Schon damals brauchte es keine wirklichen Gründe, um Prügeleien anzufangen. Das kommt uns doch sehr bekannt vor. Auch sehen wir: Ein Adeliger durfte sich in alles einmischen. Die Menschen konnten sich nicht einmal in ihren privaten Angelegenheiten vor ihnen sicher fühlen.

Romeo kommt hinzu. Er hat soeben seine heimliche Trauung mit Julia hinter sich und könnte die Welt umarmen, auch seinen bisherigen Feind und neuen Vetter Tybalt aus der Familie der Capulet.

Tybalt, der an Romeos Besuch am Maskenball denkt: „Hier kommt mein Mann. Romeo, du bist ein Schurke. Dreh dich zu mir und zieh dein Schwert.

Romeo: Tybalt, die Ursach, die ich habe, dich zu lieben, mildert sehr die Wut, die sonst auf diesen Gruss sich ziemt. Ich bin kein Schurke. Drum, guter Capulet, ein Name, den ich wert wie meinen halte, sei zufrieden.

Mercutio: Oh ruhige, unehrenhafte, gemeine Unterwerfung! Die Kunst des Raufens trägt den Sieg davon. Tybalt, du Rattenfänger, willst du dran?

Tybalt: Ich steh zu Diensten." Beide ziehen ihre Degen und kämpfen.

„Romeo: Haltet ein mit Wüten! Tybalt, Mercutio! Der Prinz verbot ausdrücklich solchen Aufruhr in Veronas Gassen!"

Er wirft sich zwischen sie, da sticht Tybalt zu.

„Mercutio: Ich bin verwundet! Mich hats erwischt, was diese Welt angeht! Die Pest auf eure beiden Häuser! Sie haben Würmerspeis' aus mir gemacht!"

Er stirbt in Benvolios Armen: „Romeo, der tapfere Mercutio ist tot!

Romeo: Mein Freund erschlagen! Entflammte Wut, sei jetzt meine Führerin! Nun, Tybalt, nimm den Schurken wieder, den eben du mir gabst. Mercutios Seele ist nur wenig über unsern Köpfen und wartet auf deine, um sie zu begleiten.

Entweder du oder ich oder beide müssen mit ihm gehen!"

Romeo Montague und Tybalt Capulet fechten. Romeo tötet Tybalt und flieht. Bald umringen der Fürst mit Gefolge und die beiden verfeindeten Familien Mercutios und Tybalts Leichen.

„Lady Capulet: Tybalt! Meines Bruders Kind! Oh, das Blut meines teuren Verwandten ist verschüttet! Fürst, so du wahrhaftig bist, für Blut von uns vergieße Blut der Montagues. Ich bitte um Gerechtigkeit. Romeo erschlug Tybalt, Romeo darf nicht leben.

Fürst: Romeo erschlug ihn, doch er erschlug Mercutio. Wer schuldet jetzt den Preis seines teuren Blutes?"

Montague, Romeos Vater: „Nicht Romeo, Fürst. Er war Mercutios Freund. Sein Fehler schließt nur ab, was das Gesetz beenden sollte: Das Leben Tybalts.

Fürst: Und für dieses Vergehen verbannen wir ihn sofort von hier! Lasst Romeo eilig weg, sonst, wenn er gefunden wird, ist diese Stunde seine letzte."

Wir wissen es: Romeo und Julia nehmen sich später hintereinander das Leben. Doch auf Geheiß des Fürsten versöhnen sich die entzweiten Sippen. (William Shakespeare „Romeo und Julia", Stuttgart 1969 und 1983. Ich habe mir erlaubt, die beiden Übersetzungen der besseren Verständlichkeit halber zu vermischen.)

> **Fazit:** Die Geschichte macht verständlich, warum es zwingend ist, dass der demokratische Staat über das Gewaltmonopol verfügt und allein Recht und Gewalt ausüben darf. Dürften Familien nämlich selber zu Gericht sitzen und über Leben und Tod ihrer Nachbarn entscheiden, nähme das Morden kein Ende.

**„Zum Ruhm
des Vaterlandes"**

Eine Dokumentation über ein chinesisches Elite-Sportinternat zeigt, wie Buben und Mädchen einer Programmierung ausgesetzt werden. Noch als kleine Kinder, ab drei Jahren, werden sie von ihren Familien weit weg von ihrem Zuhause ins Institut gebracht, wo sie täglich ein hartes Training absolvieren müssen. Die entsprechenden Umstände und Strapazen sehen wir hier im Westen seit 1968 nicht mehr als kindgerecht an. Doch sowohl ihre Trainer wie auch ihre Eltern reden ihnen zu, dass sie ihr Bestes für die Ehre Chinas geben müssten. Würden sie scheitern, brächten sie Schande über das Land. Also beissen die Kinder auf die Zähne...

Der Film endet so: Ein Olympiasieger im Geräteturnen erklärt: „Wir wollen, dass unsere Kinder unsere Ideale lernen, den Geist von Entschlossenheit, Mut und Stärke zum Ruhm ihres Vaterlandes. Ihnen wird beigebracht, das wie einen Slogan herauszuschreien.'" Ein vielleicht sechsjähriges Kind strahlt: „‚Ich kann das Lied der Sieger singen, die Nationalhymne. Hör mal!'" (Tay Siang Hui und Allan Baddock „Die grossen Träume der Kleinen – Chinas Kaderschmieden des Sports", ausgestrahlt 2008 in „Horizonte", Schweizer Fernsehen)

beschrieben hat. Abwechselnd töten sich die Männer der verfeindeten Sippen gegenseitig, um die Ehre ihrer Familie zu rächen.

Doch auch im Namen des Staates zogen Millionen von Männern in den Krieg – meist freudig. Für die Ehre des Vaterlandes oder für diejenige der „richtigen" Religion sind weltweit Millionen von Männern auf Schlachtfeldern  und in Schützengräben elendiglich gestorben. Dienstverweigerer und Deserteure – Soldaten, die das Gemetzel nicht mehr aushielten – wurden getötet oder schwer bestraft. Die Zivilbevölkerung ganzer Landstriche hat unter Angriffen und Gefechten gelitten, Frauen wurden vergewaltigt, Unschuldige und Kinder ermordet.

Auch heute finden gewalttätige Auseinandersetzungen aus religiösen und nationalistischen Gründen statt, meist in demokratiefernen Ländern. So opfern Eltern, religiöse Gruppierungen und ganze Nationen noch immer ihre Söhne auf dem Altar der Ehre und schicken sie ins Gemetzel.

Selbstmordattentäter und terroristische Banden greifen mit Bombenanschlägen in den zivilen Alltag ein. Daran sind die westlich geprägten Demokratien nicht ganz unschuldig, denn sie profitieren oft kräftig vom Waffenhandel mit Ländern in instabilen Verhältnissen.[2]

Das veraltete Konzept ist einer Demokratie unwürdig

Der Begriff des Kollektivs – und damit der Ehre – diente ursprünglich dazu, um das Weiterbestehen seiner Mitglieder zu sichern. In heutiger Zeit ist er wirtschaftlich aber nicht mehr notwendig, er ist durch die vielen technischen Errungenschaften seit der Erfindung der Dampfmaschine überflüssig geworden. Zudem berücksichtigt er die politischen und weltanschaulichen Entwicklungen nicht.

Ich halte fest:

> *Die __Aufgaben eines Kollektivs__ werden in einer Demokratie vom Staat übernommen, welcher der einzelnen Person zusätzlich grundlegende Rechte garantiert. Die Würde und die Verfassungsrechte aller Menschen – auch von Frauen und Kindern – haben in einem demokratischen Umfeld Vorrang vor den Interessen und der Ehre einzelner Männer oder der Stammesgemeinschaft.*

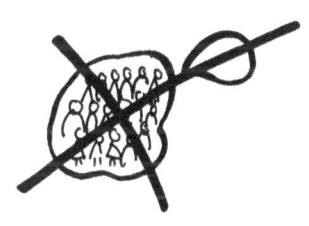

> *Die kollektive Denkweise hat dadurch ausgedient und damit auch der Begriff der Ehre. Beide sind mit einem rechtsstaatlichen Verständnis unvereinbar, denn sie behalten die Mitglieder des Kollektivs in einem ähnlich abhängigen und unmündigen Zustand, wie es der mittelalterliche Untertan in der Ständegesellschaft gewesen ist.*

Bedingt durch den jetzigen Wohlstand, der in der Menschheitsgeschichte einzigartig ist, setzen Individuen das Überleben der Gemeinschaft und damit der andern Gruppenmitglieder nicht mehr aufs Spiel, wenn sie mit ihren Handlungen die Erfüllung ihrer persönlichen Bedürfnisse anstreben. Auch hat durch die Demokratisierung und die Ereignisse um 1968 ein Wechsel von der

107

kollektiv denkenden zur individualisierten Gesellschaft stattgefunden. Heute hat nicht mehr die Gruppe überall Vorrang, die Rechte des einzelnen Menschen geniessen einen hohen staatlichen Schutz. Keine Gemeinschaft darf sich also in so umfassender Weise, wie dies in einem Kollektiv üblich ist, in das Privatleben eines Mannes oder einer Frau einmischen. Denn die schützenden Funktionen der ursprünglichen Stammesgruppe sind auf den demokratischen Staat übergegangen. So sorgt er mit seinen Sozialwerken dafür, dass alle zu

essen und ein Dach über dem Kopf haben. Auch besitzt er das Gewaltmonopol, das heisst, nur die staatlichen Organe dürfen Gewalt anwenden und Strafen aussprechen. Sie haben damit als einzige Instanz die Befugnis, mit gewalttätigen Mitteln Ordnung und Gerechtigkeit herzustellen. Die eigenmächtige Verteidigung von vermeintlichen eigenen Rechten oder von Ehrgefühlen einer Gruppierung ist heute verboten. Selber Justiz zu üben, ist den einzelnen Bürgern nicht erlaubt, das bleibt der Polizei und den Gerichten vorbehalten.

Die kollektive Denkweise widerspricht generell den Prinzipien der Rechtsstaatlichkeit und der Menschenrechtskonvention. Sie zeigt deutliche Parallelen zur Ständegesellschaft, weil das einzelne Mitglied den Anordnungen des Kollektivs und ihres Oberhauptes gehorchen muss wie im Mittelalter der Untertan den Befehlen seines Lehensherrn. Die Ungleichheit von Mann und Frau und die weitreichenden Eingriffe von Familienangehörigen in das Leben anderer Menschen, wie sie in einem Kollektiv üblich sind, verletzen die in der Verfassung garantierten Grundrechte. Damit haben auch jegliche Handlungen „im Namen der Ehre" ausgedient. Sie sind eines demokratischen Umfeldes unwürdig. An die Stelle der Ehre der Männer oder der ganzen Sippe ist die Würde jedes einzelnen Menschen – von Kindern, Frauen und Männern – getreten.

Die kollektiven Strukturen und das Konzept der Ehre lassen sich mit den Absichten, Grundsätzen und Gesetzen einer Demokratie nicht vereinbaren. Sie haben sich überlebt. [3] [4] [5]

Im Schnellzug durchs Kapitel

Ursprünglich aus der Denkweise der herumziehenden Stammessippe hervorgegangen, verstanden wir Einzelnen uns weiterhin als Teil eines Kollektivs, als wir schon längst sesshaft geworden waren. Das Leben in der Gemeinschaft sicherte das Wohlergehen der Mitglieder, sie sorgte für ihr Überleben und die Berufsbildung. Im Gegenzug traf die Gruppe beziehungsweise ihr Oberhaupt auch die einschneidenden Entscheidungen im Leben der einzelnen Angehörigen, zum Beispiel bei der Berufswahl oder der Heirat, bei Mord und Krieg.

Nebst direkten Befehlen und Gewalt sind Traditionen, Rituale und der Begriff der Ehre die Mechanismen, welche die Unterordnung des Individuums unter die Maximen des Kollektivs zum Zweck haben. Dabei wird von Kindheit an durch Wiederholungen von Sätzen, Liedern oder Bräuchen bei den Mitgliedern eine Programmierung vorgenommen. Die Ehre ist der virtuelle Schutzpanzer, der die Gruppe umgibt. „Im Namen der Ehre" wurde – und wird – vor allem viel getötet. Der Begriff ist in den heutigen demokratischen

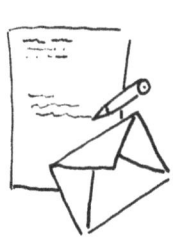

Der Absender

Die kollektive Denkweise hält sich noch immer hartnäckig in der Gepflogenheit, im Schriftverkehr zuerst den Nachnamen und dann den Vornamen zu schreiben. Der Absender eines Briefes – auf dem Briefpapier oben links – schreibt sich oft so: Familienname und Vorname, Strasse, Postleitzahl und Ort, also „Mischler Andreas, Alleeweg 3, 3781 Buchbaumen". Zuerst wird die Familie, das Kollektiv, genannt, dann erst das Einzelglied: „Von den vielen Mischlers bin ich der Andreas." Andreas Mischler definiert sich damit als der Sippe untergeordnet und sich selbst als zweitrangig.

Diese Schreibweise ist veraltet. Heute schreiben wir an erster Stelle den Vornamen: „Andreas Mischler". Dies ist nicht nur eine Formsache, es ist Ausdruck eines Gesinnungswandels. Wir können uns heute nicht mehr hinter der Gruppe verstecken, sondern müssen selber die Verantwortung für unsere Handlungen übernehmen. Aber dafür haben wir uns auch nicht mehr den Entscheidungen des Kollektivs unterzuordnen.

Der Schlüssel zur Integration

Die Schnittstelle zwischen kollektiver und individualistischer Denkweise scheint mir der Knackpunkt bei der Integrationsfrage zu sein. Als Bürger und Vertreterinnen langjähriger demokratischer Staaten, in denen sich kollektiv eingestellte Menschen niederlassen, müssen wir dieser Problematik viel mehr Aufmerksamkeit schenken als bisher. Oft zeigt es sich, dass sie noch zu wenig verstehen, dass hier das Individuum auf den Schutz seiner Grundrechte zählen kann und dass damit der Einmischung durch die familiäre und religiöse Gruppe Grenzen gesetzt sind. Wollen wir jedoch keine Parallelgesellschaften mit eigenen Regeln, müssen wir von den Immigranten klare Bekenntnisse zum Rechtsstaat einfordern. Denn auf ihm basieren unsere stabilen, friedlichen und wirtschaftlich prosperierenden Verhältnisse, von denen auch die Zugewanderten profitieren.

Deshalb müssen wir darüber nachdenken, wie wir ihnen die Menschenrechte besser verständlich machen und die Errungenschaften der Französischen Revolution nahe bringen können. Denn sie kommen häufig aus Gegenden, in denen unsere historische Entwicklung der letzten 250 Jahren noch nicht stattgefunden hat. Sie haben manchmal uralte, über Generationen weitergegebene Programmierungen aus der Heimat zu überwinden, zum Beispiel die mittelalterliche albanische Gesetzessammlung Kanun. Vielleicht benötigen wir auch Rituale sowie Hilfskonstrukte für die Ehre, so dass die Ausgewanderten bei ihren Verwandten in den Ursprungs-ländern nicht das Gesicht verlieren.

Besondere Aufmerksamkeit muss den Immigrantenkindern gelten, die zuhause und beim Schulbesuch den diametral entgegenstehenden Denkweisen aus-gesetzt sind: Kollektiv-patriarchal kontra rechtsstaatlich-individualistisch. Mit dem

täglichen Wechsel der Welten sind sie schlicht überfordert, was sich in Unangepasstheit oder Gewalttaten zeigen kann. Denn die unterschiedlichen Weltbilder bezüglich Freiheit und Unterordnung verlangen von ihnen jeweils ein ganz anderes Verhalten. Damit kommen gerade männliche Jugendliche häufig nicht klar. Zu Hause – ich karikiere ihre Situation etwas – geniessen sie oft Privilegien gegenüber den Schwestern und der Mutter und werden wie Prinzen gehalten. Daneben haben sie in wichtigen Dingen kein Mitspracherecht und bekommen vom Vater oder den Onkeln vielleicht auch Schläge. In der Schule hingegen darf ihnen eine weibliche Lehrperson Anweisungen erteilen, auch sind ihnen die Mädchen gleichgestellt. Sie werden aufgefordert, ihre eigenen Entscheidungen zu treffen und für ihre Handlungen die Verantwortung zu übernehmen. Dazu erfahren sie keine körperlichen Strafen.– Diese Gegensätze verwirren sie, sie kommen damit nicht zurecht.[6]

Industrieländern veraltet, in denen der Schutz und die Würde des Individuums zählen. Meist widersprechen Handlungen für die Ehre eines Mannes oder einer Gruppierung den Menschenrechten, ebenso dem Gewaltmonopol des verfassungsrechtlichen Staates. Dieser hat als einzige Instanz die Erlaubnis, durch seine Organe – Polizei und Gerichte – Ordnung und Recht herzustellen. Zudem steht er wirtschaftlich gut da und sorgt mit seinen Sozialwerken für seine Bürgerinnen und Bürger. Er ersetzt damit die ursprünglichen Aufgaben der Sippe.

Die kollektive Denkweise mit den weitreichenden Entscheidungen in das Leben ihrer Mitglieder und der Begriff der Ehre sind mit den rechtsstaatlichen Prinzipien einer Demokratie unvereinbar. Beide sind heute überholt.

Was der Blick ins Geschichtsbuch ergeben hat

Im historischen Rückblick haben wir gesehen, dass wir einer Gesellschaft entstammen, die einerseits hierarchisch strukturiert war – die wenigen Adeligen des ersten und zweiten Standes standen über den vielen bürgerlichen

Menschen aus dem dritten Stand. Andererseits waren wir als Einzelpersonen sogar in wichtigen Fragen dem Kollektiv unterstellt, weil die Gemeinschaft unser Überleben garantierte. In beiden Fällen durfte der adelige Lehensherr respektive die patriarchale Respektsperson des Kollektivs in gravierender Weise in unser Leben eingreifen und unsere Handlungen bestimmen. Durch den Demokratisierungsprozess nach der Französischen Revolution, die beiden Weltkriege und die Revolten vor vierzig Jahren veränderten sich die Staatsform und das gesellschaftliche und politische Selbstverständnis nachhaltig.

Wir gehen heute von der Gleichheit aller Menschen und der Würde des Individuums aus, welches das Recht hat, die weitreichenden Entscheidungen in seinem Leben selber zu treffen.

Jedoch spiegelt sich das ehemalige Gefälle von den höher gestellten Autoritätspersonen hinab zu den Menschen, die ihnen zu gehorchen

Die bedeutendste Errungenschaft des zwanzigsten Jahrhunderts

Die Abkehr von der kollektiven Denkweise sehe ich als eine der bedeutendsten Errungenschaften des zwanzigsten Jahrhunderts an.[7] Die zunehmende Demokratisierung hat sie uns ermöglicht.

Dabei ersetzte zweierlei die Identifizierung mit einer kleinen Gruppe, die bisher für unser Überleben gesorgt hatte. Zum einen sind wir als Staatsbürgerinnen und -bürger am Anfang des 21. Jahrhunderts in eine ungemein weiträumigere Gesellschaft eingebettet als in den früheren familiären oder dörflichen Kollektiven. Wir haben uns

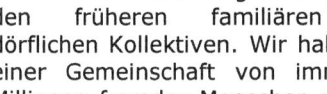

einer Gemeinschaft von immenser Grösse geöffnet und uns mit Millionen fremder Menschen verbrüdern dürfen oder müssen. (Heute hat sich diese Bewegung zur Globalisierung ausgeweitet.) Zum andern hat gerade diese Öffnung für das einzelne Individuum sehr viel mehr Freiheit – aber auch persönliche Verantwortung – gebracht. Parallel zur Solidarisierung mit unvorstellbar vielen Leuten fand eine Individualisierung statt.

Die Entwicklung ging also hin sowohl etwas Kleinerem, sie divergierte. profitiert. Allerdings ist sie bisherige Einfügung ins Kollektiv, die hat. Davon wird auch **Teil 2**

zu etwas Grösserem als auch zu Von dieser Zweiteilung haben alle komplexer zu handhaben als die einer Einbahnstrasse geglichen handeln.

hatten, weiterhin in den noch heute gültigen Umgangsformen. Dadurch, dass die „untere" Person der „oberen" zu dienen hat, sehen wir diese Benimmregeln als unvereinbar mit der Würde des Menschen an und wenden sie seit 1968 nicht mehr an. So sind sie langsam aus unserem gesellschaftlichen Leben verschwunden. Denn Verhaltensvorschriften sind eng mit der Anerkennung und Ausübung von Autorität verknüpft.

Allerdings haben wir den Anordnungen, die uns andere Menschen geben, im heutigen demokratischen Umfeld immer noch Folge zu leisten, zumindest in bestimmten Situationen. Denn wir bewegen uns weiterhin in Gemeinschaften, wenn diese sich auch anders definieren als früher und neue Aufgaben wahrnehmen. Trotzdem dienen zu ihrer Organisation wie bisher Fach- und

Führungspersonen, welche über Autorität verfügen und Anweisungen erteilen dürfen. Sollen Umgangsformen entstehen, die unserer modernen Lebensform entsprechen, haben wir der Entscheidungsfreiheit der einzelnen Person und der Vergabe von Machtbefugnissen besondere Beachtung zu schenken.

Aus diesen Gründen wenden wir uns differenziert den aktuellen Ansprüchen von Gruppen und von Individuen zu. Immer geht es dabei um die Frage: „Wer bestimmt über mich? Wann habe ich zu gehorchen?" Darum untersuchen wir von den nächsten Seiten an den Begriff der Autorität.

Quellen und weitere Bemerkungen

[1] Die ehrenamtlichen Gemeindepräsidentinnen oder –präsidenten geraten zur Mangelware. „Zwei von drei Schweizer Gemeinden haben Mühe, ihre Ämter zu besetzen. Das Engagement für die Allgemeinheit verliert generell an Attraktivität, und Gemeindepolitiker geniessen kein hohes Ansehen mehr." („Migros-Magazin" 35 Zürich, 24. August 2009)

[2] Die sogenannt „zivilisierten", demokratischen Staaten verdienen reichlich am Verkauf von Waffen an Länder mit kollektiven und diktatorischen Strukturen. Daraufhin bedauern ihre Regierungen die kriegerischen Folgen mit den vielen Toten und senden Soldaten, Blauhelme, UNO-Truppen und das Rote Kreuz in die gleichen Regionen...

[3] Wir können den Wechsel von der kollektiven zur individualistischen Struktur in demokratischen Staaten als Verschiebung innerhalb der Maslowschen Bedürfnispyramide wahrnehmen. Abraham H. Maslow, ein amerikanischer Psychologe, entwickelte 1977 ein hierarchisch gegliedertes Schema der menschlichen Bedürfnisse (nach de.wikipedia.org und anderen):

*   Schwerpunkt der westeuropäischen Demokratien
** Schwerpunkt vieler Migrantinnen und Migranten

Das Modell zeigt auf, dass nicht alle Notwendigkeiten gleich zu werten sind. Zuerst müssen die elementaren Erfordernisse wie Essen, Schlafen, Wohnen und Sicherheit am Sockel der Pyramide gedeckt sein. Erst darauf können wir an die eher „überflüssige" Befriedigung von persönlicher Anerkennung und Wertschätzung sowie von individueller Selbstverwirklichung an der Spitze denken. Sehen wir uns diese Aufstellung an, wird deutlich, dass sich im demokratischen Umfeld der Lebensmittelpunkt und die gesellschaftliche Ausrichtung innerhalb der Pyramide stark nach oben verschoben hat.

Gemeinschaften mit kollektiven Denkweisen haben meist mit den Grundbedürfnissen, den beiden unteren Stufen, zu kämpfen. Die Ebenen 4 und 5 spielen bei ihnen (noch) keine Rolle. In unseren demokratischen Systemen hingegen verhungert niemand mehr, auch herrscht seit Jahrzehnten Frieden. Die Bedürfnisse der ersten und zweiten Stufen sind damit erfüllt. Deshalb werden die Anerkennung der Würde und die persönliche Entwicklung der einzelnen Menschen ausdrücklich gefördert. Die Bemühungen, welche die demokratische Gesellschaft unternimmt, sind innerhalb der Maslowschen Pyramide um zwei Stufen höher anzusiedeln als die Bestrebungen vieler

eingewanderter Familien. Deren Lebensmodell umfasst häufig nur die ersten drei Ebenen. Die beiden Gruppen, die Einheimischen und die Immigranten, richten ihr Augenmerk demnach auf unterschiedliche Bedürfniskategorien. Dies spielt bei unseren Integrationsbemühungen eine Rolle!

In westlich geprägten, verfassungsrechtlichen Staaten hält die mittlere Ebene der Zugehörigkeit die Immigranten in einem unwürdigen Status. Sie wirkt wie ein Deckel, welcher die kollektiv eingestellten Sippen „verschliesst". – Die heutigen Demokratien versuchen das Paradox zu lösen, dass man sich sowohl einer Gemeinschaft zugehörig fühlen als auch selbstbestimmt leben kann.

[4] Der Nationalismus des neunzehnten Jahrhunderts scheint mir aus der kollektiven Denkweise gewachsen zu sein. Die Solidarität, die ursprünglich nur die Familie umfasste, wurde auf den damals neu entstehenden und verfassungsmässigen Staatsbegriff angewendet und ausgeweitet. Die „Sippe" vergrösserte sich in unserem Bewusstsein über die Dorfgemeinschaft hinaus und erstreckte sich nun auf das ganze Land. So wurde auch der Begriff der Ehre von der Grossfamilie auf den Staat übertragen. Fanden Staatsmänner die Ehre ihres Landes verletzt, griffen sie wie in einem Duell zu den Waffen und zettelten einen Krieg an.

Nationalismus sehe ich als eine Art geistigen Zwischenschritt, der historisch nicht umgangen werden konnte. Er ermöglichte uns, von der Identifikation mit der engeren Gruppe, in welcher wir alle Mitglieder kannten und die uns Halt bot, zum heutigen Demokratieverständnis zu gelangen. Nationalismus hat uns den Wechsel von der kleinen Zweckgemeinschaft zum unübersichtlichen und anonymen Staat erleichtert, der jetzt für unsere Sicherheit sorgt und dafür vorher nicht gekannte Freiheiten und Grundrechte garantiert.

[5] Zwei eindrückliche Beispiele von Missachtung der Grundrechte innerhalb eines demokratischen Staates sind die viel diskutierte chinesische Erziehungsmethode von Amy Chua („Die Mutter des Erfolgs", München 2011), USA, und die gefälschte Doktorarbeit des deutschen Verteidigungsministers Karl-Theodor zu Guttenberg (von „393 Seiten" habe er „270" aus fremden Texten kopiert („Neue Zürcher Zeitung", 1. März 2011)). Chua beschreibt den nicht kindgerechten und oft entwürdigenden Alltag ihrer Töchter, trotz sehr guter wirtschaftlicher Verhältnisse. Zu Guttenbergs Betrug illustriert, wohin eine solche Kindheit führen kann.

Eine Erziehung auf dem Hintergrund kollektiver Denkweise ist mit den verfassungsrechtlichen Grundlagen einer Demokratie nicht in Einklang zu bringen. Sie lässt Kinder nicht zu selbstbestimmten und sozialverantwortlichen Menschen werden, was jedoch eine Voraussetzung für die demokratische Staatsform ist. Sie bringt Erwachsene mit inneren Strukturen hervor, welche die Generation von 1968 mit Blick auf den Nationalsozialismus hat verhindern wollen.

Das Menschenbild, wie es sich in den letzten vierzig Jahren entwickelt hat, beinhaltet nicht mehr die Vorstellung des gut funktionierenden Befehlsempfängers. Im westlich geprägten Kulturkreis wollen wir unsere Kinder heute zu mündigen Bürgerinnen und Bürgern heranwachsen lassen, die sich eigene Gedanken machen und selbständig Schlüsse für ihr Handeln ziehen. Um dies zu erreichen, soll ein Kind Kind sein dürfen, es braucht Zeit für freies und selbsttätiges Spiel, allein und mit anderen Altersgenossen. Es hat das Recht, sich seinen Talenten gemäss zu entwickeln (dies hat bereits Maria Montessori (1870-1952) erkannt und mit ihrem pädagogischen Konzept an den Montessori-Schulen weltweit umgesetzt). Von Seiten der Erziehenden müssen ihm zwar ein klarer Rahmen, jedoch auch Anregungen und seinem Alter angepasste Entscheidungsmöglichkeiten geboten werden. Kinder in einem freiheitlichen Umfeld setzen sich innerhalb ihrer Möglichkeiten eigene Ziele und Wertvorstellungen und lernen, für ihre Entscheidungen und Taten die daraus erwachsenden Konsequenzen abzuschätzen und die Verantwortung zu tragen. (Ich verweise auf das eindrückliche Beispiel von André Stern: „... und ich war nie in der Schule! Geschichte eines glücklichen Kindes" (Gütersloh 2009).)

Im kollektiven Umfeld hingegen gilt es, sich in jedem Fall in das von den vorigen Generationen erstellte Weltbild einzufügen. Bei dieser Erziehung werden die Würde und die freie Entfaltung eines Kindes nicht respektiert. Die Erwachsenen biegen es im Gegenteil nach ihren Vorstellungen hin. Die Traditionen der Familie bewirken, dass die Fassade wichtiger zu sein hat als die Entwicklung dessen, was im Kind angelegt ist und was es selber erfahren möchte. Es muss nach fremden Massstäben leben und lernt nicht, sich eigene zu setzen. Es hat sich den familiären Pflichten zu beugen, dies wird von den Erwachsenen vorausgesetzt oder mit unfreundlichen bis harten Methoden eingefordert. Zu Ehren der Vorfahren oder der Gemeinschaft hat man einem perfekten Bild zu entsprechen. Auf Geheiss der Mutter mussten die Töchter Chua mit grossem Aufwand solange Klavier und Geige üben, bis sie Konzerte vor grossem Publikum geben konnten. Zu Guttenberg besserte seine Erscheinung mit einem ergaunerten Doktortitel auf, der ihm zu einer rasanten Politkarriere verhalf. Es ist sicherlich kein Zufall, dass zu Guttenbergs abgeschriebene Dissertation das Prädikat „Summa cum laude (Mit höchstem Lob)" trägt, während Amy Chua postuliert: Ein chinesisches Kind bringt nur Bestnoten nach Hause!

Die Parallelen zwischen den Familien Chua und zu Guttenberg stechen ins Auge, es handelt sich um Merkmale des kollektiven Weltbildes. Amy Chuas Töchter sind in jeder Minute dem Regime ihrer Mutter unterworfen, welches an eine Diktatur erinnert. In keiner Frage ihres Lebens dürfen sie mitentscheiden, nicht einmal bei etwas so Wichtigem wie der Wahl ihres Musikinstrumentes. Den Drill, den Chua ihren Töchtern täglich auferlegt hat, ist mit den heutigen psychologischen und pädagogischen Erkenntnissen und mit den Forderungen der Menschenrechte nicht vereinbar.

„In China sind Eltern, Lehrer und Professoren Respektspersonen. Es gehört sich nicht, sie infrage zu stellen." Denn „man tut, was einem gesagt wird, und stellt keine Fragen." Dadurch entstünden Roboter, die alles Angelernte ausspucken könnten, aber nicht fähig seien, eigenständig nachzudenken. „Das sind dann Nerds (Fachidioten), fachlich erstklassig, aber eben nur auf einem einzigen Gebiet. Und meistens sind dabei die sozialen Kompetenzen völlig auf der Strecke geblieben." (Belle Lee-Täuber, „chinesischstämmige Amerikanerin, im Geiste von Amy Chua erzogen", „Tages-Anzeiger", Zürich 2. März 2011)

Wie es aussieht, hält sich die kollektive Denkweise nicht nur in Einwanderer-, sondern auch in deutschen Adelskreisen, unter anderem zum Schutz der Vermögen („Die Zeit" Hamburg, 7. Oktober 2010). Welche Folgen eine Erziehung haben kann, die Amy Chua als „chinesisch" beschreibt, sehen wir an Aufstieg und Fall des Freiherrn zu Guttenberg. Karl-Theodors Diebstahl am geistigen Eigentum anderer scheint mir der Versuch eines Kindes zu sein, den unmöglichen und unmenschlichen Ansprüchen

seiner Eltern und der weiteren traditionsbewussten Verwandtschaft gerecht zu werden. Es ist die dem kollektiven Weltbild innewohnende Logik, welche sein betrügerisches Verhalten begünstigt hat. Sie liess ihn zu einem Blender werden, denn er wollte seiner adeligen Familie zur Ehre gereichen. So gesehen ist der abgedankte Politiker ein Opfer seiner kollektiv orientierten Herkunft.

Die von Amy Chua beschriebene Kindheit und zu Guttenbergs Verhalten zeigen auf eindrückliche Weise, dass die kollektive Denkweise im Widerspruch zu den demokratischen Grundsätzen steht. Denn eine solche Erziehung lässt die Bildung von Rückgrat und Integrität nicht zu. Die Wahl eines eigenständigen Weges, welcher den Vorstellungen des Kollektivs – beziehungsweise der Eltern – auch zuwiderlaufen darf, wird damit erschwert bis verunmöglicht. Dies jedoch war der Kernpunkt der Lehre, welche die Generation von 1968 aus den Geschehnissen von Nazideutschland ziehen wollte (ich befasse mich damit im nächsten Kapitel „1968: „Das wollen wir nie wieder!"). Ihr Ziel war es, in Zukunft – also heute – Fremdbestimmung zu verhindern. Jedes Individuum sollte fähig sein, sein Leben nach eigenen und nicht nach tradierten Vorstellungen zu gestalten. Im Gegenzug hat es für seine Handlungen auch die Verantwortung zu übernehmen. Doch gerade das hat der Ex-Verteidigungsminister nicht getan. Zu Guttenberg habe weder zugegeben noch sei er dafür geradegestanden, dass er „absichtlich getäuscht" hat („Süddeutsche Zeitung" München, 9. April 2011).

[6] Dieser Problemkreis betrifft häufig nicht nur die frisch Eingewanderten, sondern manchmal auch die seit Jahrzehnten ansässigen Ausländerfamilien.

Was Integration betrifft, haben die Immigrierten eigentlich eine Bringschuld. Doch es kann ihnen nicht bewusst sein, welche Veränderungen die mitteleuropäischen Länder in den letzten zwei Jahrhunderten – beziehungsweise seit der Reformation zu Beginn des sechzehnten Jahrhunderts – durchlaufen haben, denn bei ihnen zuhause war es nicht so. Die im Kapitel „Von der Unterordnung zur Gleichstellung: 1789 und 1968" beschriebenen Veränderungswellen im Nachgang von 1789 und um 1968 sind für unsere Gesellschaft von äusserster Wichtigkeit. Sie hatten Folgen für unsere Staatsform, die Gesetze und unser Menschenbild. Die meisten immigrierten Familien, mit denen Probleme entstehen, stammen aus Gegenden, in denen weder die eine noch die andere Entwicklung stattgefunden hat. Es ist deshalb an uns, ihnen diesen Wissens- und Bewusstseinsvorsprung in Richtung Demokratie, Grundrechte und Gleichheit zu vermitteln. In diesem Sinne haben wir eine Holschuld beziehungsweise sind wir es, die wir dafür besorgt sein müssen, dass die Eingewanderten unser auf den Menschenrechten basierendes System verstehen und akzeptieren. Wir sind gut beraten, sie vom ersten Tag an nachzubilden, nicht allein was die Sprache, sondern gerade was die Staatskunde betrifft. Wir dürfen sie damit nicht allein lassen, das büssen wir später alle, am meisten aber ihre Kinder. Speziell haben wir dabei auf diejenigen Frauen zu achten, die mit dem Familiennachzug oder aus Zwangsehen immer wieder neu als erste Generation hier auftauchen. Sie können oftmals nicht genügend lesen oder schreiben und haben kein Verständnis für demokratische Grundrechte, Bildung und Gleichstellung. Sie sind jedoch für die Erziehung ihrer Kinder und deren Unterwerfung unter die kollektiven, patriarchalen und religiösen Strukturen zuständig. – Am sinnvollsten schiene mir, wenn für die Nachbildung der Immigranten Menschen der zweiten Generation gewonnen werden könnten.

[7] Die Faszination von Thomas Manns „Buddenbrooks – Verfall einer Familie" (erstmals erschienen 1901) liegt in dieser Erkenntnis. Als junger Autor begriff er bereits an der Wende zum zwanzigsten Jahrhundert die Zeichen der Zeit und seine europäische Leserschaft mit ihm. Obwohl ich sie mehrfach las und heiss liebte, habe ich mich schon immer gefragt, was an dieser morbiden Geschichte über mehrere Generationen so spannend sein soll. Denn Manns Helden sind keine Lichtgestalten wie Lessings „Nathan", Goethes „Egmont" oder Schillers „Wilhelm Tell", die Rückgrat zeigen und in jeder Situation mutig „das Richtige" tun. Es ist die Auseinandersetzung mit der kränkelnden Struktur der kollektiven Denkweise, welche diesen Roman so aussergewöhnlich macht. Thomas Mann erhielt 1929 hauptsächlich dafür den Nobelpreis für Literatur.

Interessanterweise sind diejenigen, welche in dieser Geschichte den aufkommenden Individualismus vertreten, ebenfalls keine herausragenden Figuren – Senator Thomas Buddenbrooks Gattin Gerda, eine Musikerin, sein Sohn Hanno und sein Bruder Christian. Hanno stirbt noch als Kind, Christian ist ein Alkoholiker, der im Geschäft nichts taugt. Doch er nimmt sich das Recht heraus, eine Dame vom Theater zu heiraten. Alle, die sich gegen die rigiden Strukturen der gutbürgerlichen, wohlhabenden Lübecker Kaufmannsfamilie stellen und ihren individuellen Lebensweg fordern, haben einen Hang zum Künstlerischen. Ehre im bisherigen Sinne kümmert sie nicht. Die Traditionalisten hingegen sind mit dem körperlichen Überleben und demjenigen innerhalb der Gesellschaft, mit Handel und Ehre, beschäftigt. – Thomas Mann nimmt in gewisser Weise keine Stellung gegenüber seinen unterschiedlichen Protagonisten ein. Er beobachtet nur: Der traditionell eingestellte Senator Thomas Buddenbrook stirbt, sein Haus muss zuletzt verkauft werden. Das Kollektiv hat ausgespielt.

Auch Friedrich Hebbel setzte sich in „Agnes Bernauer" literarisch mit den Anforderungen des Kollektivs auseinander, allerdings fünfzig Jahre früher. Die – historisch wahre – Geschichte spielt 1425. Der junge Held, Herzog Albrecht, verteidigt leidenschaftlich sein persönliches Recht auf Liebe und Eheschliessung, heute eine Forderung der Menschenrechte. Ihm können wir Nach-68-er glühend nachfühlen. Doch er verliert den Kampf gegen seinen Vater, den regierenden Herzog von Bayern, und muss sich zurück in die Reihen der traditionellen Gemeinschaft stellen. Er hat nicht seine persönlichen, sondern die Interessen des Kollektivs wahrzunehmen. In seinem Fall hat er die Pflicht, Krieg zu verhindern. – Hebbel schrieb dieses Theaterstück in den Jahren nach 1848, als der Kampf um Freiheit und Demokratie ganz Europa erschüttert hatte. Er stellte sich mit seinem Stück auf die Seite der kollektiven Denkweise und gegen den Individualismus. Offenbar war die Zeit für die neuen Ideen in den monarchisch geprägten deutschen Ländern noch nicht reif.

(Thomas Mann „Buddenbrooks – Verfall einer Familie", Frankfurt 1989, Klaus Schröter „Thomas Mann", Reinbek bei Hamburg 1986. Gotthold Ephraim Lessing „Nathan der Weise", Stuttgart 2002, erstmals erschienen 1779. Johann Wolfgang Goethe „Egmont" von 1787, Stuttgart 1988. Friedrich Schiller „Wilhelm Tell", Stuttgart 1997, Erstdruck 1804. Friedrich Hebbel „Agnes Bernauer", Stuttgart 2005, Uraufführung 1852.)

Phönix
aus der Asche:
Der Begriff „Autorität"

1968: „Das wollen wir nie wieder!"

Unsere bisherigen Höflichkeitsformen sind aus unserem Alltag verschwunden, weil wir sie während Hunderten von Jahren hauptsächlich gegenüber adeligen Autoritätspersonen und den mit Befugnissen ausgestatteten Vertretern des Kollektivs anwenden mussten. Diese Herren übten Macht über uns aus. Umgangsformen sind aus diesem Grund eng an den Herrschaftsbegriff gebunden und dadurch mit unseren Vorstellungen von Autorität vermischt.

Um uns für ein zeitgemässes gesellschaftliches Verhalten entscheiden zu können, ist es wichtig, dass wir zu einem demokratischen Verständnis gelangen, was die Vergabe von Befehlsgewalt und die sie ausübenden Personen betrifft. Denn durch die Gründung verfassungsrechtlicher Staaten hat das

Wesen der Autorität einen gewaltigen Wandel durchlaufen, der sich erst seit 1968 so richtig zu zeigen begann. Wir werden uns deshalb mit der Definition von Autorität eingehend auseinandersetzen.

Zwanzig Jahre nach Beendigung des Zweiten Weltkrieges fing die bisherige Auffassung von Autorität zu bröckeln an.

Nach den KZs: Autorität blieb unhinterfragt

Das Ausmass der Gräueltaten, die in den deutschen Konzentrationslagern (KZ) geschehen waren und 1945 ans Tageslicht kamen, überstieg die bisher akzeptierten Verheerungen durch einen Krieg. Ihre Entdeckung hatte deshalb noch im selben Jahr die Gründung der Organisation der Vereinten Nationen

---

Die Ohrfeige

„Franz, du sollst dich beim Rektor melden!" Der elfjährige Junge besucht 1962 ein altehrwürdiges Progymnasium. Der Rektor ist ein Mann, vor dem alle ein wenig Angst haben. Er hat sein Büro im ersten Stock. Franz nimmt seinen ganzen Mut zusammen und klingelt. Er wartet. „Wo soll ich nun mit den Händen hin? Sie sind feucht." Er steckt sie zum Abtrocknen in die Hosentaschen. Endlich öffnet sich die Türe. Schon knallt es. Des Rektors Rechte klatscht auf Franzens Backe. Der Junge erschrickt zutiefst, getraut sich aber nicht, auch nur einen Mucks zu machen. Verängstigt hält er sich die rote Wange und tritt ins Büro ein.

Wie es sich herausstellte, war Franz aus administrativen Gründen zum Rektor gerufen worden. Er hatte also nichts ausgefressen gehabt. Die Ohrfeige erhielt er, weil er mit den Händen in den Hosentaschen einer Respektsperson gegenüberstand, was sich damals nicht schickte. (Private Überlieferung)[1]

Kinder durften in den sechziger Jahren noch geschlagen werden, besonders von Autoritätspersonen, auch wurde ihnen nichts erklärt. Heute würden wir – als Folge von 1968! – die Bestrafung (Ohrfeige) für das begangene Vergehen (Hände in den Hosentaschen) als unverhältnismässig ansehen. Zudem widersprechen körperliche Züchtigungen den Menschenrechten und sind in der Schule verboten, in manchen Ländern auch im familiären Umfeld.

(UNO) mit dem Ziel des Weltfriedens und drei Jahre später die Deklaration der Menschenrechte zur Folge. Einige führende Grössen des Nationalsozialismus wurden zwar angeklagt und zum Beispiel im Nürnberger Prozess verurteilt, aber die meisten Täter kamen ungestraft davon. Nach dem Krieg war Europa hauptsächlich mit dem Wiederaufbau beschäftigt. Nach den Bombardierungen standen in vielen Städten, besonders in Deutschland, statt

der Häuser nur noch Ruinen da. Die Bevölkerung hatte handfeste wirtschaftliche Probleme und wollte „nach vorne" sehen. Sie war nicht in der Lage, sich um philosophische Überlegungen zu kümmern. Sie musste zupacken! So stellte sie die bisherigen gesellschaftlichen Mechanismen und Tugenden wie zum Beispiel Gehorsam, Fleiss, Pünktlichkeit oder die Überzeugung „Arbeit macht frei" nicht in Frage, welche als Spruchband über dem Eingangstor des Konzentrationslagers Auschwitz geprangt hatte.

In der Zeit vor und während dem Krieg war „Autorität" allgegenwärtig gewesen, und so blieb es auch in den Nachkriegsjahren. Bis in die Sechziger konnte man an jeder Ecke jemandem begegnen, der glaubte, einen

kontrollieren, zurechtweisen oder demütigen zu können. Das ging von Polizisten über Lehrer bis zu Hausmeistern und Nachbarinnen, die überall ihr Auge hatten und keine Gelegenheiten versäumten, auf „Recht und Ordnung" zu pochen. Häufig geschah dies sehr unhöflich und von oben herab. Und natürlich fügten sich die Kritisierten den Anordnungen sofort und ohne Widerrede. Denn aus einer tief verwurzelten

Angst, die ursprünglich dem mittelalterlichen Herrschaftsgefüge entsprungen war, war uns das Gehorchen und Ducken zur Gewohnheit geworden. Dies war nicht verwunderlich, denn wir hatten es Jahrhunderte lang geübt! [2]

Der Autoritätsbegriff, wie er bis anhin verstanden worden war, hatte folgende Merkmale:

> **_Autorität früher_ ging von Oben-Unten-Paaren aus. Meist wurde sie von beiden Seiten als gegeben und lebenslänglich unveränderbar angesehen. Die vermeintlich Höhergestellten übten Autorität herablassend und oft verletzend aus, ohne Wahrung der Würde der Menschen, die ihren Befehlen nachkommen mussten. Diese hatten unbedingten Gehorsam zu leisten, auch wenn die Anordnungen auf nachhaltige Weise in ihr Leben eingriffen.**
>
> **Die so gelebten Machtverhältnisse hielten die Unterstellten faktisch in einem unmündigen Status.**

Auch noch im zwanzigsten Jahrhundert gestanden wir Führungspersonen weitreichende Befugnisse zu, wie sie früher nur den Adeligen gebührten. Diese Auffassung blieb trotz der politischen Veränderungen bis in die sechziger Jahre erhalten. Unsere Vorstellung von Autoritätspersonen verbanden wir immer

Das Milgram-Experiment

Der Psychologe Stanley Milgram untersuchte ab 1962, wie viele Elektroschocks eine Versuchsperson einem Opfer verabreichte, wenn eine in einen weissen Mantel gekleidete „Autoritätsperson" sie dazu drängte. Der wissenschaftliche Versuch war so angelegt, dass die Testperson zwar die Reaktionen des Opfers hören, es aber nicht sehen konnte. Die Schmerzensschreie wurden von einem Schauspieler simuliert oder kamen von einem Band. Das wusste die Versuchsperson natürlich nicht. Sie glaubte, sie seien echt. Bei welcher Reaktion des Opfers würde sie sich also weigern, weiterhin auf den Knopf für Elektroschocks zu drücken?

Milgram wollte herausfinden, ob die Neigung, einer Autorität zu gehorchen, eine ausschliesslich deutsche Eigenschaft sei. Seine Testreihen in verschiedenen Ländern entlasteten die Deutschen. Sie ergaben, dass sich Angehörige anderer Rassen und Kulturen nicht von ihnen unterschieden. Die Bereitwilligkeit, unter dem Druck einer befehlenden und kontrollierenden Respektsperson einem anderen Menschen Schmerzen zuzufügen, war überall erschreckend hoch – oftmals bis zum Todesstoss. (de.wikipedia.org und andere)

noch mit der Ausübung von Macht, auf die sie im Mittelalter durch ihre Geburt ein Anrecht gehabt hatten. „Autorität" und „Herrschaft über uns" waren Synonyme geworden.

Der Autoritätsbegriff fängt an zu wackeln

Es brauchte eine neue Generation, welche die Lehren aus der Hitlerzeit ziehen konnte. Einige Söhne und Töchter der Kriegsveteranen beschäftigte die Frage: Wie war es zum Massenmord im  Zweiten Weltkrieg gekommen? Die Konzentrationslager, deren Organisation vielen Deutschen Arbeitsplätze verschafft hatte, hatten deutlich gemacht, dass die bis anhin unangefochtene Machtausübung durch Respektspersonen auch gewaltige Nachteile mit sich bringt.

(Bedauerlich, dass dies in all den Kriegen vorher nur wenigen aufgefallen war! [3])

Fast zwanzig Jahre nach Friedensschluss bezeugten die Studien des Amerikaners Stanley Milgram die fest verwurzelte Autoritätsgläubigkeit von Angehörigen unterschiedlicher Nationen.

Er wies in einer Laborsituation nach, dass Menschen generell sehr schnell bereit sind, anderen Schmerz zuzufügen, wenn sie von jemandem, der für sie eine Autoritätsperson darstellt, dazu ermuntert werden. Den nach dem Krieg Geborenen wurde dadurch bewusst, dass Autorität, wie sie bisher definiert und angewendet worden war, ausgedient hatte. Sie assoziierten den herrschenden Autoritätsbegriff mit diktatorischen Verhältnissen, da sie einen Zusammenhang zwischen ihm und den Millionen systematisch getöteter Menschen sahen. Ihnen wurde klar: Der bedingungslose Gehorsam und das Abschieben von Verantwortung hatten die Konzentrationslager erst möglich gemacht. Denn viele Mitakteure des nationalsozialistischen Regimes hatten in den Prozessen erklärt, dass sie nur deshalb so gehandelt hätten, weil es ihnen von ihren Vorgesetzten befohlen worden war. Ihrem Gefühl nach mussten sie für ihre Handlungen keine Verantwortung übernehmen und für sie gerade stehen, denn sie hatten ja nur den Befehlen von Respektspersonen gehorcht.

Wir sind keine Roboter

Der Abbau der Autoritätsgläubigkeit hatte für die Bewegung von 1968 deshalb höchste Priorität: „Das wollen wir nie wieder!" Es sollte künftig nicht mehr möglich sein, dass uns fremde Menschen Befehle erteilen können, so dass wir wie programmierte Roboter zu Mord und Totschlag antreten.

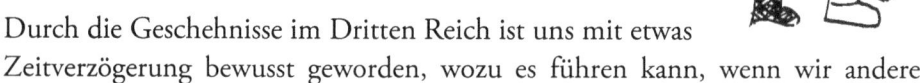

Durch die Geschehnisse im Dritten Reich ist uns mit etwas Zeitverzögerung bewusst geworden, wozu es führen kann, wenn wir andere

Menschen für uns denken lassen und ihre Anordnungen unhinterfragt ausführen. Vor vierzig Jahren wurde darum alles, was nach Autorität roch, angegriffen und lächerlich gemacht – zu Recht. Der Widerstand sollte Folter, Konzentrationslager und Massenmord verhindern. Sich einer Führungsperson – einem „Führer!" – unterzuordnen und ihren Anweisungen zu gehorchen, sich überhaupt irgendwie führen zu lassen zeugte von da an von Unterwürfigkeit, mangelndem Rückgrat und wenig Mut. Wir distanzierten uns damit von einem unmündigen, dienenden Verhalten. Uns sollte niemand sagen, was wir tun sollten! Wir versuchten zu jener Zeit mit respektlosem und unverschämtem Benehmen zu beweisen, dass wir selbständig handeln und Verantwortung übernehmen konnten.

Ich halte fest:

1968 nahm das <u>Misstrauen gegenüber Autorität</u> generell seinen Anfang. Denn durch das gestiegene Bewusstsein in jenen Jahren wurde das frühere Autoritätsverständnis untragbar. In der Folge griffen wir mit Respektlosigkeit jegliche Form von Autoritätsausübung an.

Damit hatte der bisherige Autoritätsbegriff ausgespielt. Hier fand die Abkehr vom kollektiven Denken in Westeuropa definitiv statt. Wir beschlossen, uns unsere eigenen Gedanken zu machen und die Entscheidungen in unserem Leben selber zu treffen. Wir hatten das Gefühl erwachsen zu werden. Dies war ein wichtiger Schritt, um den Weg freizumachen für die

---

„Ich hatte nichts damit zu tun!"
Der Schweizer Filmregisseur Hans Stürm (1942-2002), der in den siebziger Jahren an einem Dokumentarfilm über ein Konzentrationslager arbeitete, erzählte mir von einer Begebenheit, die ihn verstummen liess. Er wollte herausfinden, wieviel die Bevölkerung während des Krieges von den organisierten Verbrechen gewusst hatte. Deshalb interviewte er einen älteren Mann, der am Rande des früheren KZs wohnte. Er fragte ihn: „In welcher Verbindung standen Sie zu dem Konzentrationslager? Haben Sie bei den Massenmorden mitgemacht?" – Der Mann antwortete entrüstet: „Nein, mit den Morden hatte ich gar nichts zu tun! Ich transportierte mit dem Schubkarren die Leichen ins Krematorium."

Nach heutigem Verständnis hat dieser Mann seine Verantwortung nicht wahrgenommen, sondern sie an seine Arbeitgeber abgegeben. Für den Tötungsvorgang an sich war er nicht zuständig gewesen, deshalb fühlte er sich unschuldig. Dass er sich aber trotzdem an der Einrichtung „Konzentrationslager" und damit am Genozid von Tausenden von Menschen beteiligt hatte, war ihm nicht bewusst. Es fiel in seinen Augen nicht in seinen Handlungs- und Verantwortungsbereich. Dies ist heute undenkbar!

Eigenverantwortlichkeit der Individuen in unserer Gesellschaft.[4)] Der Ausdruck „Autorität" war zu einem Unwort geworden.

So eroberten wir uns das in der Verfassung schon zugesicherte Recht auf  Menschenwürde, welches im gelebten Alltag bislang nicht umgesetzt worden war. Dass jemand glaubte, über uns zu stehen, wie es in den Oben-Unten-Paaren und bei Befehlen zur Anwendung kam, wurde für uns unerträglich. Deswegen stiessen wir mit Frechheit und Rüpelhaftigkeit die Autoritätsperson vom Podest, wo immer wir meinten, sie anzutreffen. Unserer Ansicht nach hatte sie keine Berechtigung mehr. – Autorität war damit „out".

Von der sinnvollen Rebellion...

Was damals sinnvoll erschien, entwickelte über die Jahre eine unbeabsichtigte Eigendynamik. Irgendwann schwang das Pendel von der durch und durch autoritären Gesellschaft zu stark auf die andere Seite. Um 1968 wurde jegliche Autorität verteufelt. Seither sehen wir sie als die Wurzel allen Übels an. Dadurch ist sie zu einem Tabuthema geworden – auch dort, wo sie nötig wäre. Das Kind wurde mit dem Bade ausgeschüttet.

Ich habe Autorität und Autoritätsgläubigkeit noch in der alten Form erlebt. Niemals möchte ich in diese Zeit zurück! Ich beabsichtige also nicht, die damaligen Zustände wieder heraufzubeschwören. Doch die heutige Missachtung von Autorität, die in den letzten Jahrzehnten selbstverständlich geworden ist, übersteigt das Mass des Nützlichen. Mit der damaligen Rebellion bezweckten wir, zumindest bei den wirklich wichtigen Fragen in unserem Leben mitreden zu dürfen.

Ich erinnere mich an ein Gespräch an einem Mittagstisch, dem ich Ende der sechziger Jahre beigewohnt habe. Der Vater und die Mutter bereden im Beisein der Kinder die Zukunft ihres jüngsten Sohnes. Es ist den Eltern klar, dass er ins Gymnasium eintreten soll. Dabei sprechen sie in der dritten Person von ihm, über seinen Kopf hinweg, so, als ob er gar nicht anwesend wäre. Nach einer Weile wirft der Knabe schüchtern ein: „Und die Hauptperson,

„Der Hauptmann von Köpenick"

Die Oben-Unten-Paare, wie wir sie im vorletzten Kapitel kennen gelernt haben, und das entsprechend unterschiedliche Verhalten der beteiligten Personen sind Pfeiler der Autoritätsausübung. Diese Problematik war eines der Kernanliegen von 1968. Sie wurde schon 1931 von dem deutschen Schriftsteller Carl Zuckmayer  (1896-1977) erkannt und in seinem berühmten Theaterstück „Der Hauptmann von Köpenick" parodiert (Frankfurt am Main, 2003), im übrigen grossartig fürs Fernsehen verfilmt mit Harald Juhnke, unter der Regie von Frank Beyer (Deutschland 1997). Die Geschichte beruht auf einer wahren Begebenheit Anfang des zwanzigsten Jahrhunderts und spielt in Berlin.

Wilhelm Voigt wird aus dem Gefängnis entlassen. Er findet keine Arbeit, weil er keinen Pass hat, und er erhält keinen Pass, weil er keine Arbeit hat. In letzter Verzweiflung organisiert er sich eine Offiziersuniform, zieht sie an und befiehlt einem zufällig daher marschierenden Trupp, ihm zu folgen. Die Soldaten gehorchen dem fremden Offizier, ohne eine Erklärung oder Legitimation zu verlangen. Er besetzt mit ihrer Hilfe die Gemeindeverwaltung von Köpenick. Da er sich wie ein  Offizier verhält und im entsprechend schneidigen Tonfall herumschreit, fügen sich auch dort alle Beamten unverzüglich seinen Befehlen. Einzig der Bürgermeister wehrt sich für seine ebenfalls höhere Position und seine Befehlsgewalt. Voigt aber duldet keinen Widerstand, denn er will ja nur, dass ihm der Gemeindeschreiber einen Pass ausstellt, damit er endlich ein normales Leben beginnen kann. Doch leider muss er erfahren, dass in Köpenick gar keine Pässe ausgegeben werden und dass sein Geniestreich umsonst gewesen ist. Nach einem grossen Medienwirbel stellt er sich der Polizei, und so kommt er ins Gefängnis zurück. Zuletzt erhält er von Kaiser Wilhelm II. doch noch das gewünschte Papier.

> „Sie haben die Autorität der Uniform untergraben. Sie haben Schindluder getrieben mit dem Vertrauen in die gottgewollte Rangordnung der Monarchie. Sie haben ewige Werte in den Dreck getreten."
> Kriminaldirektor zu Voigt, als dieser sich stellt. (Filmversion)

In diesem Theaterstück werden uns die unterschiedlichen Verhaltensweisen des Oben-Unten-Paars an Hand der gleichen Person vorgeführt.

Als Sträfling wird Wilhelm Voigt vom Gefängnisdirektor geduzt und von jedem Beamten heruntergemacht. Sie behandeln ihn abschätzig. Er kämpft verzweifelt

→

wird die nicht gefragt?" Dies war eine Entscheidung, die langfristige Auswirkungen auf das weitere Leben des Zwölfjährigen haben würde. Den Erwachsenen kam es nicht in den Sinn, das Kind bei einem so folgenschweren Entscheid wie seiner eigenen Ausbildung und Berufswahl mit einzubeziehen. Das Verhalten, wie es die

Eltern als Respektspersonen an den Tag legten, erscheint heute undenkbar, aber zu jener Zeit war es nichts Aussergewöhnliches.

Auch die Pariser Maiunruhen von 1968 wurden von Studierenden ausgelöst, die einerseits mehr Mitsprache beim Aufbau ihres Studiengangs forderten. Sie hatten ihre eigenen Vorstellungen, was ihre berufliche Zukunft betraf, und wollten diese nicht fixfertig nach altem Rezept vorgesetzt bekommen. Andererseits störte es sie, dass sie keinen Besuch des anderen Geschlechts im Studentenwohnheim empfangen durften. Sie wollten zumindest als mündige Personen die Nähe ihrer Beziehungen und das eigene Sexualleben selber bestimmen können. Als diese Anliegen abgeschmettert wurden, gingen die jungen Leute auf die Strasse.

→ für eine menschenwürdige Behandlung, doch ist er sich bewusst, dass er als ehemaliger Knastbruder am unteren Rand der gesellschaftlichen Hierarchie steht. Damit hat er kein Recht, irgendwie aufzumucken. So verhält er sich seinerseits höflich und unterwürfig.

Doch durch eine entsprechende Uniform zum Offizier mutiert und damit in die höhere Kaste aufgestiegen, legt er ein ganz anderes Verhalten an den Tag. Er nimmt eine gerade Haltung ein und kritisiert sofort jeden, der ihm über den Weg läuft. Durch diese Einschüchterungen etabliert er sich in der Position eines „Oberen". Als Offizier kann er jedem beliebigen militärischen Zug und sogar dem Bürgermeister befehlen. Trifft er auf Widerstand, schnauzt er den Beamten, den jetzt „Unteren", an: „Haben Sie gedient?" Dieser Satz heisst: „Warst du denn nicht im Militär und hast dort gelernt, dass du in deiner tieferen Stellung immer zu gehorchen hast – auch wenn meine Befehle noch so widersinnig sind?" Und die vermeintlich tiefer gestellte Person versteht sofort und kommt seinen Anweisungen unhinterfragt nach.

Mit diesem Unfug räumte 1968 auf – zu Recht!

...zum Brett vor dem Kopf

Das waren die Situationen, unter denen wir litten. Mit den damaligen Forderungen beabsichtigten wir, bei den entscheidenden Weichenstellungen Autonomie zu erlangen. Wir stellten uns nicht vor, dass wir in jedem Moment  unseres Lebens über die kleinste Handlung selber entscheiden wollten. Eine permanente Selbstbestimmung, wie sie heute manchmal gelebt wird, wäre zu jener Zeit unverständlich gewesen. Denn dass die Gemeinschaft in Autoritätausübende und -empfangende eingeteilt war, entsprach über Jahrhunderte der sozialen Struktur. Schliesslich war sie das Gerüst, welches das gesellschaftliche Haus aufrechterhielt. Nie hätten wir uns zu jener Zeit träumen lassen, dass die Anerkennung von Autorität in einem solchen Ausmass aus unserem Alltag verschwinden würde, wie es heute der Fall ist. Denn ohne sie wäre das soziale Gebäude nach unserer damaligen Auffassung ja zusammengekracht und eingebrochen. Und in gewisser Weise ist dies nun geschehen – und zwar nicht nur mit positivem Ausgang.

Denn von der ursprünglichen Absicht, erwachsen zu werden und Verantwortung zu übernehmen, ist im jetzigen Alltag häufig nichts mehr zu spüren. Was unseren Umgang betrifft, sind wir in der Trotzphase stecken geblieben und haben uns in mancher Hinsicht als eine Gesellschaft von ichbezogenen Kindern etabliert. Die vor vierzig Jahren notwendige Rebellion gegen ein überholtes Autoritätsverständnis hat in vielen Situationen die Eliminierung des Respekts mit sich gebracht. Die  Bereitschaft, sich in die Gemeinschaft einzufügen und Anordnungen anderer zu befolgen, ging verloren. Dadurch funktionieren einige Mechanismen schlechter, als sie sollten, wie unser Blick ins Tagesgeschehen gezeigt hat. Unsere ehemals verständliche Furcht vor blinder Autoritätsgläubigkeit hat sich in ein Brett vor dem Kopf verwandelt, welches uns jetzt die Sicht auf unsere gesellschaftlichen Schwierigkeiten verstellt. Wir sind blauäugig und blind geworden für die

problematischen Zusammenhänge unserer Zeit.

Doch das dient uns nicht. In der ägyptischen Mythologie verbrennt sich der Gott Osiris und kommt daraufhin verjüngt als Vogel Phönix aus der Asche wieder hervor. So ähnlich muss der verschmähte und schon für tot erklärte Autoritätsbegriff auferstehen und für unsere aktuellen Verhältnisse eine neue Definition erhalten. Denn Achtung und Wertschätzung von Personen und ihrer Arbeit sind Grundvoraussetzungen für eine Demokratie.

Autorität muss wieder „in" werden.

Im Schnellzug durchs Kapitel

Die Entdeckung der deutschen Konzentrationslager rüttelte bei Kriegsende 1945 die Weltöffentlichkeit auf. Sie hatte die sofortige Gründung der Organisation der Vereinten Nationen (UNO) und später die Deklarierung der Menschenrechte zur Folge. Doch die Bevölkerung Europas stellte die bisherigen Tugenden und sozialen Mechanismen lange Zeit nicht in Frage, denn sie war mit dem Wiederaufbau der zerbombten Städte beschäftigt.

Dadurch blieb die Ausübung von Autorität unangefochten, so dass man ihr weiterhin überall ausgesetzt war. Aus einer tief verwurzelten Angst, die von den Adeligen des Mittelalters herrührte, gehorchten diejenigen sofort, denen mit lauter Stimme etwas befohlen wurde.

Anfang der sechziger Jahre untersuchte der amerikanische Psychologe Stanley Milgram, wie Menschen unterschiedlicher Nationen unter dem Druck von Autoritätspersonen handelten. Es war erschreckend, welche Schmerzen sie andern Menschen auf Befehl zuzufügen bereit waren – oder sogar den Tod. Unter anderem durch dieses Experiment erkannte die damalige junge Generation, dass zwischen den Konzentrationslagern der Nationalsozialisten und der immer noch üblichen Autoritätsgläubigkeit ein Zusammenhang bestand. Die Nachkriegskinder entschieden, nicht mehr fremden Befehlen zu gehorchen oder auf Geheiss zu unsinnigem Morden anzutreten. Sie wollten selber denken und eigene Entscheidungen treffen, zudem pochten sie auf Gleichheit und Würde. Sie verwarfen deshalb um 1968 jegliche Anerkennung von Autorität. Diese Verweigerung hatte vor allem die Selbstbestimmung in grossen Fragen, die damals nicht gewährt war, zum Ziel. In der Folge jedoch wurden in den letzten Jahrzehnten Respektlosigkeit und ichbezogenes Verhalten in jeglichen

Situationen des Alltags üblich. Auf diese Weise sind wir in der Rebellion stecken geblieben. Autorität wurde zum Tabuthema, mit heute bedenklichen Folgen. Fehlende Rücksichtnahme und die aktuellen Schwierigkeiten bei der Durchsetzung von Anweisungen sind auf jene Jahre zurückzuführen. Deshalb muss die totgesagte Autorität – wie der mythologische, schon verbrannte Vogel Phönix – frisch aus der Asche steigen und neu definiert werden.

Auch im 21. Jahrhundert benötigen Gemeinschaften die Anerkennung und Ausübung von Autorität, damit sie funktionieren. Daran ändert der schlechte Ruf nichts, welcher dem Autoritätsbegriff inzwischen anhaftet. Deshalb wollen wir es für die heutige, demokratische Gesellschaft wissen: Was genau ist denn nun Autorität?

Quellen und weitere Bemerkungen

[1] Mehr darüber im Schlusskapitel „Die Uhr auf demokratische Wertschätzung stellen".

Im Übrigen: Warum war das Verhalten des Jungen unschicklich? Gehen wir zu den Oben-Unten-Paaren und zum Ritter auf der Burg zurück. Aus welchen Gründen darf ein „Unterer" im Beisein einer höher rangierten Person seine Hände nicht in den Taschen lassen? Richtig: Er könnte ja eine Waffe, zum Beispiel einen Dolch, in den Kleidern versteckt haben und den Lehensherrn – hier den Rektor – damit töten.

[2] Die rüde und respektlose Art, anderen Menschen zu begegnen, hatte Methode. Die Adeligen hatten sie sich angewöhnt, sie wurde sozusagen ein Markenzeichen für Autorität. War diese jedoch bei ihnen in ihrem Stand begründet, geriet die Legitimation ab dem neunzehnten Jahrhundert ins Wanken. So sollte das Herumschreien und Kritisieren oft die fehlende Grundlage für die ausgeübte Autorität ersetzen. Der ruppige Umgangston und die verächtliche, abschätzige Behandlung wurden dazu benutzt, um der andern Person zu demonstrieren: „Ich bin hier der Boss! Mir musst du gehorchen!", ob dies nun wahr war oder nicht. Da die Angeschnauzten sich aus früheren Zeiten vor körperlicher Gewalt und Fronarbeit fürchteten, spurten sie sofort. – Der barsche Feldwebelton, zum Beispiel bei einer Reklamation, hat heute ausgedient. Er ist in jeder Situation fehl am Platz. Was wir sagen möchten, können wir auf freundliche Weise vorbringen.

[3] Zum Beispiel Heinrich Mann in „Der Untertan", bereits 1906–14 geschrieben; Kurt Tucholsky, unter anderem in „Deutschland, Deutschland über alles" von 1929 oder in „Schloss Gripsholm" von 1931; Carl Zuckmayer in „Der Hauptmann von Köpenick" von 1931 (siehe Kasten auf Seite 126).

[4] Seither wird in den Schulen grosser Wert auf selbständiges Denken gelegt und nicht nur auf korrekt wiedergegebenes Wissen und Auswendiglernen wie früher. Dies ist in den Lehrplänen so festgelegt.

Autorität heute: Ein Bumerang

Autorität ist nicht nur Schall und Rauch wie in Andersens Märchen vom König in den Unterhosen oder die Ursache allen Übels, wie die 68-er Generation uns damals glauben machte. Sie ist ein unabdingbarer Teil jeglicher gesellschaftlicher Organisation.

Wie wir bei den Oben-Unten-Paaren gesehen haben, regeln unsere bisherigen Benehmensvorschriften vor allem den Umgang mit Respekts- und Autoritätspersonen – bis ins kleinste Detail. Diese haben uns ungute Erinnerungen hinterlassen, die weiterhin nachwirken. Deshalb stellt sich zwangsläufig die Frage nach der Autorität. Was wir darunter verstehen, hat nachhaltige Folgen für ein wünschenswertes Sozialverhalten. Denn Umgangsformen und Autorität sind eng miteinander verflochten. Ausserdem müssen wir auch für das 21. Jahrhundert formulieren, wie wir Fach- und Führungspersonen begegnen wollen.

Aus diesem Grund untersuchen wir, was Autorität heute überhaupt ist. Worauf sie sich gründet und wie sie ausgeführt wird, ist in einer Demokratie nicht dasselbe wie in den früheren Monarchien oder einer Diktatur. Mit dem Demokratisierungsprozess hat sich auch ihr Wesen und damit ihre Definition stark verändert.

So entsteht Autorität

1.
Eine Gruppe beschliesst die Erledigung einer Arbeit, hier durch die gemeinsame Sprechblase dargestellt.
→

Macht, Überlegenheit, Ansehen

Das Wort „Autorität" stammt vom lateinischen „auctoritas", was „a) die zwingende Macht des Überlegenen; b) Ansehen; c) angesehene, massgebliche Persönlichkeit" [1] bedeutet. Eine Autoritätsperson ist demnach eine massgebliche Persönlichkeit, der Ansehen zusteht, weil sie zwingend und überlegen Macht ausübt.

Das erinnert uns stark an die Attribute des mittelalterlichen adeligen Ritters und Lehensherrn, dem wir schon begegnet sind. Seine Stellung war durch seinen Stand gegeben, er benötigte keine Qualifikation für seine Arbeit. Dabei standen ihm umfassende Machtbefugnisse über andere Menschen zu, die er meist

> **Im Lexikon ...**
> ...steht zum Begriff „Autorität": „Ansehen, Einfluss, Geltung; ursprünglich der Ausdruck sachlicher Überlegenheit und persönlicher Grösse. Soziologisch gesehen ist Autorität eine Form der Macht, die nicht auf Gewalt, sondern auf der Anerkennung von Werten oder Funktionen beruht." („Bertelsmann Universallexikon", Gütersloh 1991)

lebenslänglich ausüben konnte. Dasselbe gilt für die Entscheidungsträger eines Kollektivs. Dies ist der Grund, weshalb Autorität an sich für uns sofort einen fahlen Beigeschmack bekommt. Doch der so angeprangerte Begriff ist heute nicht mehr derselbe. Denn die Art und Weise, wie eine Stellung, die Ansehen beinhaltet, zustande kommt und wie die damit verbundenen Ermächtigungen ausgeübt werden, kann sehr unterschiedlich sein.

2.
Die Gruppe ernennt zur Ausführung ihrer Idee eine geeignete Fachperson aus ihrer Mitte. →

Ein Dorf von Spezialisten

Jede Gesellschaft benötigt Autorität, damit sie funktionieren kann. Dabei überträgt sie bestimmte Tätigkeiten an einzelne Personen oder Berufsgruppen. Es handelt sich dabei um eine Spezialisierung und dient der Effizienz. Funktionale Autorität, wie wir sie heute haben, ist nicht mehr in der Geburt begründet. Sie ist ganz natürlich aus dem dörflichen Leben gewachsen.

In einem Dorf müssen zum Überleben aller

verschiedene Arbeiten verrichtet werden. Es braucht Essen, es braucht Häuser, es braucht Kleider und, wie wir heute meinen, noch vieles andere mehr. Die Gruppe benötigt also Fachkräfte – hier aufgezählt, wie es während Jahrhunderten üblich war: Für die Nahrungsbeschaffung und -zubereitung sind Jäger, Landwirte, Bäuerinnen, Müller, Bäcker, Metzger, Händler und Köchinnen tätig, für das Dach über dem Kopf Maurer, Zimmerleute, Schreiner, Dachdecker, Ofen- und Brunnenbauer. Für die Bekleidung sind Baumwoll-, Hanf- oder Leinenbauern, Spinnerinnen, Weberinnen, Schneider, Kürschner und Schumacher zuständig,  für die Geburtshilfe, Betreuung und Unterweisung der Kinder Hebammen, Mütter, Schul- und Lehrmeister.

Wir sehen, dass für die unterschiedlichen Tätigkeiten entsprechende Berufsgruppen entstanden sind. Die Gemeinschaft bedient sich der langjährigen Erfahrung von Fachleuten. So wird der Bäcker keine Stoffe weben, der Zimmermann keinen Brunnen bauen und die Köchin nicht die Pferde beschlagen.

Hier kommt ein einfaches wirtschaftliches Prinzip zum Tragen. Funktionale Autorität erwächst ganz natürlich aus dem fachlichen Wissen, über das die einen Dorfbewohner verfügen, die andern aber nicht. Durch das Spezialistentum werden die verschiedenen Arbeiten delegiert. Will zum Beispiel jemand ein Haus bauen, beauftragt der Bauherr die entsprechenden Handwerker. Er vergibt damit dem Maurer und dem Zimmermann, dem Ofenbauer und dem Dachdecker ein Mandat und bezahlt sie dafür. Natürlich gesteht er ihnen dadurch auch angemessene Befugnisse zu,

3.

Was die Gruppe beschlossen hat, geht nun als Mandat an die gewählte Person. Der Auftrag – die Sprechblase der Gruppe – wandert zu ihr hinüber. →

133

damit sie ihre Arbeit zu seiner Zufriedenheit ausführen können. Dafür übernimmt der Handwerker in seinem Bereich das Kommando und die Verantwortung, er organisiert die Arbeitsabläufe und erteilt Befehle. Denn nur er allein weiss, welche Mitarbeiter, Materialien und Arbeiten zu einem bestimmten Zeitpunkt für diesen Bereich des Hausbaus die geeignetsten sind. Zieht die Familie in den Neubau ein, ist sein Auftrag ausgeführt, das Mandat ist mit der Fertigstellung des Hauses beendet. Er ist nun von seiner Funktion entbunden, seine Befehlsgewalt wird wirkungslos.

Die verschiedenen Arbeiten delegieren

Der moderne, demokratische Staat bedient sich für seine Organisation dieses einfachen Mechanismus aus der Wirtschaft. Denn wenn eine Gruppe eine ansehnliche Grösse erreicht hat, muss das Zusammenleben und -arbeiten als solches eine Struktur erfahren. Wie beim Hausbau werden dazu die passenden Berufsleute ernannt.

Nur ist es dieses Mal nicht ein einzelner Bauherr, welcher den Auftrag erteilt, sondern die Gemeinschaft. Sie delegiert die Ausführung ihrer Entscheide an einzelne Personen und stattet sie mit Vollmachten aus.

In einer Demokratie werden zum Beispiel die folgenden Arbeiten ausgesondert und Organe mit entsprechendem Fachpersonal ernannt:

4.
Dadurch wird der delegierte Wille der Gruppe zur Autorität der Auftragsperson. Die Sprechblase der Gruppe wird zu derjenigen der Fachperson. Hier verwandelt sich das Mandat in Anordnungen.
→

Wer macht die Gesetze?[2] Wer trifft die Entscheidungen im Alltagsgeschehen?[3] Wer urteilt, wenn es Streit gibt, und definiert bei Vergehen die Strafe und ihr Mass?[4] Wer ist für die Sicherheit im Innern zuständig und führt das Gewaltmonopol aus?[5] Wer vertritt die Gruppe in Friedenszeiten gegen aussen?[6] Wer stellt den Schutz der Gemeinschaft sicher, falls sie angegriffen wird?[7] Wer unterweist den

Nachwuchs in den Kulturtechniken und vermittelt ihm das nötige Wissen?[8] Wer sorgt dafür, dass sich alle finanziell daran beteiligen, dass die Gruppe auf diese Weise organisiert werden kann?[9]

Dies beschreibt nur einen Teil der Aufgaben, die zur Organisation einer Körperschaft anfallen. Doch in allen Bereichen werden Ermächtigungen an spezialisierte Berufsleute abgegeben. Die Gesellschaft überträgt ihnen die unterschiedlichen Arbeitsbereiche.

Autorität heute findet somit ihren Ursprung immer in einem Auftrag. Ich definiere sie im Rahmen dieser Überlegungen fürs erste so:

> ***1. Autorität im demokratischen Umfeld ist funktional. Sie entsteht aus einem zeitlich und inhaltlich begrenzten Mandat, das eine Gruppe einer Einzelperson für die Ausführung einer Arbeit übergibt. Der Auftrag kann verbunden sein mit klar definierten Machtbefugnissen über den Handlungsbereich einiger oder aller Gruppenmitglieder.***

Der Wille der Gruppe

In einer echten Demokratie ist Autorität der gemeinsame Wille einer Gruppe von Leuten, welche die Ausführung ihrer beschlossenen Idee an ein Individuum delegieren. Die ausgewählte Fachperson erhält damit den Auftrag, die entsprechende Arbeit für die Gemeinschaft zu erledigen. Das kann mit der Erlaubnis verknüpft sein, von einzelnen Gruppenangehörigen ein bestimmtes Verhalten einzufordern. Es handelt es sich dabei immer um einen eingeschränkten Arbeitsbereich, sowohl was den Inhalt, die Machtbefugnisse über andere Menschen als auch die Dauer betrifft. Ebenso muss sich

5.
Zur Erledigung des Auftrags gibt die gewählte Fachperson den Gruppenmitgliedern Anweisungen. Das ursprüngliche Mandat geht auf diesem Weg wieder an die Gruppe zurück. → →

das Mandat innerhalb der gesetzlichen Grenzen bewegen.

Nehmen wir einen Verein. Hier wählt die Jahresversammlung eine Person in  den Vorstand, welche sich um die Finanzen der Gruppe kümmert. Das ist – zumindest in der Schweiz – vom Gesetz so bestimmt. Sie hat nun bei den Mitgliedern den jährlichen Beitrag zuhanden der Vereinskasse einzutreiben. Das ist Teil des von ihr angenommenen Auftrags. Jede Person, die dem Verein angehört, hat ihr eine demokratisch festgelegte Summe zu bezahlen – sogar wenn sie nicht an der Versammlung gewesen ist oder wenn sie dagegen gestimmt hat. Sie untersteht in diesem Bereich – Bezahlung des Mitgliederbeitrags – der Befehlsgewalt der ernannten Kassiererin. Diese kann jedoch nur die bestimmte Geldsumme einfordern und nicht etwa das Zehnfache. Die ihr übertragene Befugnis erfährt also  deutlich bezeichnete Grenzen. Nach einigen Jahren tritt die gewählte Person von ihrem Amt zurück. Jetzt kann sie bei niemandem mehr einen Beitrag geltend machen oder sonstwie für Geld nachkommen. Denn ihr Auftrag ist erledigt. Damit erlöschen auch ihre Vollmachten gegenüber den Mitgliedern.

Wir können uns die Wirkungsweise von Autorität wie einen Bumerang vorstellen: Die Angehörigen einer Gruppe schicken gemeinsam einen Auftrag los, sie wollen etwas erledigt haben. Er fliegt zu der beauftragten Person, wo er sich in Anweisungen verwandelt und in dieser Form wieder an die Gruppenmitglieder zurückkommt. Müssen diese nun zur Erfüllung des  abgegebenen Auftrags gehorchen und den Anordnungen Folge leisten, ist es letztlich ihr eigenes Mandat, dem sie sich zu fügen haben. Es kehrt wie ein Bumerang zu den Auftraggebern zurück. Mit Beginn des Mandats steht der Fachperson auch das entsprechende Ansehen zu, so daß sie ihre Machtbefugnisse wahrnehmen und damit den Auftrag zufriedenstellend für alle durchführen kann.[10]

Wir müssen verstehen, dass wir als Gruppe keine Arbeit delegieren können, ohne dass entsprechende Anweisungen von der beauftragten Fach- oder Führungsperson zu uns Gruppenmitgliedern zurückkommen. Dies liegt in der Natur der Sache – so wie ein Bumerang, den wir mit einem kräftigen Wurf von uns schleudern, nach einem grossen Bogen doch wieder bei uns landet.

Überall wird abgewaschen – jedoch auf unterschiedliche Weise

Die vorgängig erwähnten staatlichen Aufgaben stehen zwar in jedem Land an, doch die Art, wie sie zustande kommen und verrichtet werden, kann sich je nach Staatsform gewaltig unterscheiden.

Dies ist ähnlich wie in einem Haushalt. Ob es sich nun um eine vierköpfige Familie, einen Single oder um eine Wohngemeinschaft handelt, überall muss Geld verdient werden, um die Miete zu bezahlen. Es muss eingekauft, gekocht, abgewaschen, gebettet, geputzt, die Wäsche gewaschen und gebügelt werden.

So verhält es sich auch in der Monarchie, der Diktatur oder der Demokratie. In jeder Staatsform finden sich in etwa dieselben zu erledigenden Aufgaben. Ebenso bleibt sich gleich, dass die definierten Funktionen einzelnen Personen, meist Fachkräften, übertragen und mit Machtbefugnissen ausgestattet werden.

Allerdings unterscheidet sich das Verfahren, wie Führungspersonen zu ihrem Einflussbereich kommen, in einer Demokratie wesentlich von demjenigen in einer Monarchie oder einer Diktatur. Auch die Form der Amtsführung ist eine andere.

Geht es in den Privathaushalten zum Beispiel um den Abwasch, entscheidet sich die stark beschäftigte Alleinstehende vielleicht dafür,

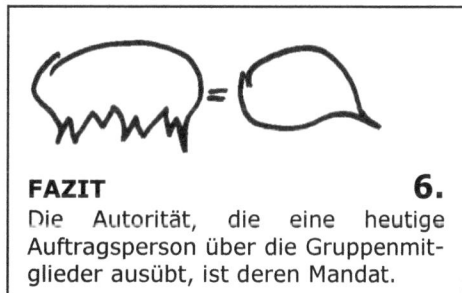

FAZIT   **6.**
Die Autorität, die eine heutige Auftragsperson über die Gruppenmit-glieder ausübt, ist deren Mandat.

Die einzelnen Personen führen über die Befehle der Mandatsperson ihren eigenen Willen aus.

professionelle Hilfe in Anspruch zu nehmen. Die Aufwartfrau macht sich nun zwei Mal die Woche in ihrer Wohnung zu schaffen. So findet die Single abends Geschirr und Besteck wieder sauber im Küchenschrank. In der Familie wird diese Aufgabe, zusammen mit anderen Ämtern, an der wöchentlichen Familienkonferenz besprochen und festgelegt. Sie könnte von den Kindern im Turnus erledigt werden. Gleich nach dem Essen räumt ein Kind die Abwaschmaschine aus und ein, welche die Eltern spätabends laufen lassen. In der studentischen Wohngemeinschaft hingegen sind die Bewohner übereingekommen, den Dingen ihren Lauf zu lassen. So stapelt sich das Geschirr. Jedes Mitglied wäscht dann einen Teller ab, wenn es ihn gerade braucht.

Auf ähnlich unterschiedliche Weise wird in den jeweiligen Staatsformen Macht

Das demokratische **Staatshaus**

Stellen wir uns einen demokratischen Staat wie ein Haus vor, welches drei Eingänge und mehrere Stockwerke aufweist. Die verschiedenen Treppenhäuser entsprechen der Gewaltentrennung. Hier haben die Abgeordneten der Exekutive, der Legislative und der Judikative ihren Arbeitsplatz. Sie nehmen jeweils ihren eigenen Eingang und haben in den andern beiden Hausteilen nichts zu suchen.

Die Stockwerke hingegen entsprechen den unterschiedlichen Machtbereichen, die geografisch immer grössere Gebiete umfassen, je höher sie sind: Gemeinde – Kanton/Bundesland/département – Bund/Staatsebene – in Europa: Europäische Union. Sie sind jeweils für andere Kompetenzen zuständig, zum Beispiel wird die Kehrichtabfur durch die Gemeindeverwaltungen im Parterre organisiert, die Volksschulen werden kantonal im ersten Stock geregelt, in der zweiten Etage ist der Bund für die Autobahnen und die Armee zuständig. Die Staatsgewalt wird also auf „Stockwerke" verteilt, dies nennt sich Föderalismus.

Das Schweizer Haus hat drei Etagen: Gemeinde – Kanton – Bund. Würden die Schweizerinnen und Schweizer beschliessen, der Europäischen Union beizutreten, müssten sie noch das Dachgeschoss als vierte Ebene ausbauen.

in Anspruch genommen, verteilt und ausgeübt. So lässt sich der Monarch sein Amt „von Gott" übertragen und vererbt es an seine Söhne weiter. Der Diktator setzt sich durch Notstandsgesetze oder einen Militärputsch selbst an die Spitze. Beide regieren von oben nach unten und vergeben die Machtbefugnisse. Eine Verfassung, an die sie sich halten müssen, ist nicht zwingend vorgesehen. Es ist vor allem ihr Wort, das zählt. Die betroffenen Untertanen, die ihren Befehlen gehorchen müssen, haben kein Mitspracherecht bei der Vergabe von Ämtern und bei den einzelnen Entscheiden.[11]

«L'état – c'est nous!»

Ganz anders läuft es in einem modernen demokratischen Staat. Er gibt sich bei seiner Entstehung eine schriftliche Verfassung als Grundlage. Durch die Annahme in einer Volksabstimmung wird sie für alle innerhalb der Staatsgrenzen verbindlich.[12] Darauf wählen die Bürgerinnen und Bürger in regelmässigen Abständen direkt die Personen, die eine Befehlsgewalt innehaben. Meist handelt es sich um

Die Gewaltentrennung
Den Titel des nebenstehenden Unterkapitels habe ich frei nach dem berühmten Spruch Ludwigs XIV. zitiert. Der Sonnenkönig – hier stellvertretend für die damaligen Könige – soll nämlich gesagt haben: „L'état, c'est moi!" – „Der Staat bin ich!" Das hiess bis ins achtzehnte Jahrhundert: „Ich, der König, mache die Gesetze, bin also die Legislative. Ich richte, bin demnach die Judikative, und ich befehlige die Tagesgeschäfte, bin so die Exekutive." Er allein hielt die Herrschaft über jeden Bereich in seinen Händen. Seine Entscheide waren oft parteiisch und willkürlich, sie hingen sowohl von seinem Befinden wie auch vom Stand des Bittstellers ab. Durch die demokratische Verfassungsidee wurden diese drei Aufgaben personell

getrennt. Die Gewaltentrennung verfügt, dass eine Person nur in einem dieser drei Bereiche tätig sein darf. Sie ist, neben der schriftlich festgehaltenen Verfassung, die Grundlage moderner Demokratien.

die Volksvertreter der Legislative. Die Stimmberechtigten ernennen in öffentlichen Wahlen die Abgeordneten, die sie im Parlament vertreten, und zudem oft diejenigen der Exekutive. Auch der amerikanische Präsident, der mächtigste Regierungsbeamte der Welt, wird vom Volk in unmittelbarer Wahl erkoren. In einem zweiten Schritt setzen die gewählten Abgeordneten Fachleute mit Befugnissen in

> **„Der Wille des Volkes"**
> „Der Wille des Volkes bildet die Grundlage für die Autorität der öffentlichen Gewalt; dieser Wille muss durch regelmässige, unverfälschte, allgemeine und gleiche Wahlen mit geheimer Stimmabgabe oder in einem gleichwertigen freien Wahlverfahren zum Ausdruck kommen."
> („Allgemeine Erklärung der Menschenrechte" der Vereinten Nationen (UNO), Genf 1948, Artikel 21)

entsprechende Ämter ein. In der Schweiz bestimmen zum Beispiel die Parlamentsmitglieder die Regierung – den siebenköpfigen Bundesrat – und den Oberbefehlshaber der Armee. In den meisten Ländern wählt das

Parlament auch die Bundesrichter und -richterinnen und übt die Kontrolle über sie aus. Ebenso ist die Legislative für die Staatsausgaben, das Budget, zuständig. Auf diese Weise treffen in einem demokratischen Staat die von den Stimmbürgerinnen und Stimmbürgern ernannten Abgeordneten die relevanten Entscheide, meist mit Mehrheitsbeschluss.[13) 14)]

Das Volk – wir – nimmt also durch die Wahlen direkt oder indirekt Einfluss darüber, wer die Gesetze macht, von wem es regiert wird und wer in den Gerichten wichtige Urteile fällt.

Damit schicken wir den Bumerang los. Auch wenn es nicht immer auf den ersten Blick ersichtlich ist, wird eine Demokratie von unten nach oben regiert, denn letztlich entscheiden wir als Gruppe, wer Autorität

ausüben darf und innerhalb welcher Grenzen. Durch den sogenannten Föderalismus, ein vielfältiges Parteiensystem sowie die Spielregeln des freien

Marktes wird ein hohes Mass an Freiheit, Durchlässigkeit und Chancen für alle gewährleistet, wie es in den andern Staatsformen so nicht vorkommt und in früheren Jahrhunderten unbekannt gewesen ist. Folglich sind wir es, welche heute die Rahmenbedingungen für Autorität definieren. Der demokratische Autoritätsbegriff ist in keiner Weise demjenigen in anderen gesellschaftlichen Systemen gleichzusetzen.[15)]

Der demokratischen Staatsmacht sind wir nicht mehr ausgeliefert, wir sind sie selber.

Im Schnellzug durchs Kapitel

Wir assoziieren Autorität mit dem mittelalterlichen Lehensherrn und dem patriarchalen Vertreter des Kollektivs, die beide früher unbeschränkt Macht über uns ausüben durften. Autorität heute ist jedoch funktional und nicht mehr in der Geburt begründet. In jeder Gesellschaft müssen bestimmte Arbeiten verrichtet und organisiert werden. Diese werden von der Gemeinschaft an spezialisierte Personen delegiert, wie wir an den Berufsgattungen in einem früheren Dorf oder beim Hausbau einer Familie sehen. Nach dem gleichen Prinzip werden die Aufgaben in einem Staatsgebilde vergeben.

Autorität, wie sie in einer Demokratie verstanden wird, ist

Erst die Absicht definiert ein Messer!

Autorität für sich allein gibt es nicht. Ihr Umfeld spielt eine Rolle, auch ist sie an einen Träger gebunden. Von ihm hängt es ab, ob sie zum Nutzen oder zum Schaden aller ausgeübt wird. Sie verhält sich wie ein scharfes

Messer: Im Besitz eines Mörders dient es ganz anderen Absichten mit ganz anderen Resultaten als in den Händen einer Spitzenköchin!

Im Gegensatz zu mittelalterlich geprägten Monarchien und zu Diktaturen sind in Demokratien hauptsächlich Köche und Küchenchefinnen am Werk, welche im weitesten Sinn Essen für alle sicherstellen. Allerdings sitzen nach wie vor solche am Tisch, die ihren Teller höher füllen als andere oder denen der Koch manchmal heimlich etwas zusteckt...

gekoppelt an ein zeitlich und inhaltlich begrenztes Mandat für eine Arbeit, verbunden mit eng definierter Machtbefugnis über andere Menschen. Sie kann mit einem Bumerang verglichen werden: Die Gruppe schickt einen Auftrag an eine einzelne Fachperson los, von wo er als Befehle und Anweisungen an einige oder alle Mitglieder zurückkehrt. In einer Monarchie oder einer Diktatur wird Autorität von oben nach unten in Anspruch

141

genommen und weitergegeben. Im Gegensatz dazu basiert sie in einer westlichen Demokratie auf der Verfassung. Die Bürgerinnen und Bürger wählen - direkt oder indirekt - die Staatsorgane und haben so Einfluss auf die Gesetze. Damit ist es das Volk, das die Staatsmacht definiert. Autorität entsteht in demokratischen Ländern von unten nach oben.

Wer Autorität ausübte, wurde früher eine „Respektsperson" genannt. Was wohl aus ihr geworden ist? Im nächsten Kapitel treffen Sie die berüchtigte „Autoritätsperson" an!

Quellen und weitere Bemerkungen

[1] Duden Herkunftswörterbuch, Mannheim 2007

[2] Parlamentsabgeordnete (Legislative)

[3] Ausübende der Regierung (Exekutive)

[4] Richterinnen und Richter (Judikative)

[5] Angehörige des Polizeikorps

[6] Diplomatinnen und Beamte des Aussenministeriums

[7] Soldaten und Soldatinnen beziehungsweise Offiziere der Armee

[8] Lehrpersonen

[9] Angestellte der Steuerbehörde

[10] Dieser Definition entgegengesetzt ist die Forderung nach „natürlicher Autorität", wie sie oft im pädagogischen Bereich postuliert wird. Sie suggeriert, dass eine Fachkraft, welche Befehle durchsetzen will, eine „natürliche Autorität" – also eine persönliche Strahlkraft, ein Charisma – besitzen müsse. Ansonsten solle man sich nicht wundern, wenn ihre Anordnungen nicht befolgt würden. Die beauftragte Person müsse sich bei dieser Vorstellung die Anerkennung ihrer Gruppenmitglieder jeden Tag neu erkämpfen, diese gehöre nicht automatisch bei der Auftragserteilung dazu. An die Fachperson, welche das Mandat ausführen soll, geht die Botschaft: „Du musst halt für eine ‚natürliche Autorität' sorgen, dann werden dir die Unterstellten schon gehorchen."

Ein so definierter Autoritätsbegriff kann in der Praxis keine Verwendung finden, denn er ist zu sehr von persönlichen Einschätzungen der Betroffenen abhängig und somit unklar formuliert. Vor allem kann er dahingehend missbraucht werden, dass diejenigen, die den Anweisungen einer mit Autorität und Machtbefugnissen ausgestatteten Fachkraft Folge leisten müssen, sich dem Befehl mit dem Hinweis: „Diese Person hat keine ‚natürliche Autorität'!" entziehen können. Man stelle sich eine solche Situation einmal im Gerichtssaal vor! Jemand, der wegen Mordes oder eines Kriegsverbrechens angeklagt ist, könnte seine Verurteilung abwenden und den Gerichtssaal unbehelligt verlassen mit den Worten, die Richterin strahle keine „natürliche Autorität" aus und sei folglich nicht befugt, über ihn zu richten... Für das Schulzimmer hingegen ist dies eine häufig geäusserte Ansicht: Wenn die Lehrperson

nicht über Charisma verfüge, dann müssten die Schülerinnen und Schüler ihren Anordnungen auch nicht nachkommen.

Nein! Damit würden die bereits erteilten Befugnisse wieder ausser Kraft gesetzt. Überreicht die Gruppe beziehungsweise ihre Behörde einer Person ein Mandat, darf es keine weiteren Einwände und Bedingungen mehr geben. Die beteiligten Gruppenmitglieder akzeptieren mit der Ernennung die (von ihnen indirekt selbst erteilten) Ermächtigungen. Sie anerkennen die besondere gesellschaftliche Stellung der Auftragsperson ohne Wenn und Aber. Das im Wort „Autorität" enthaltene Ansehen steht dieser nämlich bei Amtsantritt zu. Sie erhält damit die Legitimation, die ihr übertragenen Machtbefugnisse auch anzuwenden. Die entsprechenden Gruppenangehörigen befolgen von da an ihre Anweisungen sofort, freundlich und in angemessener Weise. – Im übrigen: Man sagte Adolf Hitler grosses Charisma nach. Seiner „natürlichen Autorität" halfen jedoch Notstandsgesetze, brutale SS-Schlägertrupps und Konzentrationslager nach!

[11] Was ich hier beschreibe, nennt sich „absolute Monarchie": Der König allein hatte die Regierungsmacht in Händen, sie war absolut. Auch wurde seine Stellung vererbt, es gab keine Verfassung in unserem Sinne, keine Gewaltentrennung sowie keine gewählte Legislative. Diejenigen Staaten in Europa wie England, Norwegen, Schweden, Dänemark, Holland oder Spanien, die sich noch immer ein Königshaus leisten, sind heute „konstitutionelle" oder „parlamentarische Monarchien", die meisten basieren auf einer Verfassung (Konstitution). Man könnte sagen, es sind als Monarchien getarnte Demokratien, sie haben ein gewähltes Parlament und eine ebensolche Regierung. Der Königsfamilie kommen fast nur repräsentative Pflichten zu.

Ganz demokratisch ist dies nicht, denn durch das erbliche Amt des Staatsoberhauptes muss die Königin oder der König wichtige demokratische Beschlüsse unterschreiben. Auch behält der demokratische Staat die königlichen Mitglieder bewusst in den veralteten kollektiven Strukturen. Ihre Grundrechte sind nicht gewährleistet, zum Beispiel die freie Berufs- und Partnerwahl, der Schutz der Privatsphäre oder die Religionsfreiheit. Ebenso stehen die Königskinder eine Kindheit lang im Rampenlicht und werden auf ihre Repräsentationspflichten hin erzogen (siehe dazu meine Ausführungen über Amy Chua und Karl-Theodor zu Guttenberg in den Bemerkungen von Kapitel „Das Kollektiv: Ein überholtes Sozialsystem"). Die kollektive Denkweise gilt hier von Gesetzes wegen, diese eine Sippe wird für viel Steuergeld aus der demokratischen Gemeinschaft ausgeschlossen. Dies ist ein inakzeptabler Makel der konstitutionellen Monarchie, denn in einer Demokratie müssen die Verfassungsrechte für alle Menschen ohne Ausnahme garantiert sein.

[12] Diesen Vorgang haben wir im letzten Jahrzehnt bei der Europäischen Union (EU) erlebt, auch wenn sie (noch) nicht als Staat im eigentlichen Sinn wie die Vereinigten Staaten von Amerika (USA) angesehen werden kann.

[13] In der Schweiz können die Stimmbürgerinnen und Stimmbürger zudem mehrmals im Jahr über wichtige Gesetze abstimmen und auf dem Weg der Volksinitiative selber Verfassungsänderungen vorschlagen.

[14] Das hier Ausgeführte beschreibt nur das strukturelle Grundprinzip staatlicher Autorität in einer Demokratie. In den meisten Fällen ist es etwas komplexer. Meistens übt die beauftragte Person ihre Machtbefugnisse nur über einen Teil der Gruppe aus.

Häufig existieren mehrere Hierarchiestufen, Autorität – die Sprechblase – wird dann weitergereicht. Damit können auch verschiedene Mandatspersonen und Gruppierungen ins Spiel kommen, die sich an den anstehenden Aufgaben beteiligen und im Auftrag der ursprünglichen Gruppe zusätzliche Personen zu ihrer Erledigung ernennen.

Nehmen wir als Beispiel die Wahl einer Lehrperson. Es ist richtig, dass die Schüler und Schülerinnen ihren Lehrer nicht direkt wählen können, obwohl doch sie die Gruppe sind, der er befiehlt. Hier wird weiter ausgeholt: Durch die Annahme eines entsprechenden Verfassungsartikels beschliessen die Stimmberechtigten eines Landes – beziehungsweise ihre Abgeordneten – mit Mehrheitsbeschluss, dass alle Kinder eine ausreichende obligatorische Bildung erhalten. Mit diesem Entscheid nimmt der Bumerang seinen Lauf. Der Auftrag geht in der Schweiz darauf an die Kantone, die nächstuntere Ebene, die den gesetzlichen Rahmen und zum Beispiel den Lehrplan festlegen. Dann wandert er zur Ausführung an die Kommunen. Deren ebenfalls demokratisch gewählter Gemeinderat und seine Verwaltung errichten als Beauftragte eine Schule und wählen die entsprechenden Lehrkräfte. Diese üben ihre Befugnisse nun nicht über alle Bürgerinnen und Bürger des ganzen Landes beziehungsweise deren Kinder aus, nicht einmal über alle aus ihrer Gemeinde. Ihnen werden alljährlich ihre Klassen zugewiesen, so daß der Kreis ihrer Befehlsgewalt nur die Kinder erfasst, welche ihren Unterricht besuchen – und auch nur während der Schulzeit.

Die Lehrerin wird ihren Schülerinnen und Schülern also durch ein ausgeklügeltes, demokratisches System auf Beschluss der erwachsenen Stimmberechtigten des ganzen Landes zugeteilt. Damit landet der Bumerang bei den Schulkindern der entsprechenden Klassen, welche die Anordnungen ihrer Lehrkraft im schulischen Umfeld befolgen müssen.

[15] Ein Beispiel sind die Polizeieinsätze, welche sich in allen Ländern ähneln: In mittelalterlich anmutende Rüstungen gesteckt, mit Helm, Schild und Knüppel ausgerüstet, gehen Polizisten gegen demonstrierende Menschen vor. So sahen wir einerseits, wie im Frühling 2011 die Polizisten von Tunesien, Ägypten, Libyen, Syrien, Bahrein und China die Volksmassen auf der Strasse zu zerstreuen versuchten. Andererseits hinderten deutsche Polizeiangehörige im Herbst 2010 AKW-Gegnerinnen und -Gegner daran, den mit Atommüll bestückten Castortransport aufzuhalten.

Die Bilder dieser Zusammenstösse scheinen dasselbe zu zeigen. Doch es handelt sich um zwei nicht vergleichbare Situationen. Die beiden Polizeigruppen gehen aus ganz anderen Gründen und mit unterschiedlichen Absichten gegen die Demonstrierenden vor. Ihre jeweils ausgeübte Autorität ist völlig anders legitimiert. Sie hat nicht denselben Ursprung und dient diametral entgegengesetzten Zwecken – einmal gegen Freiheit und Rechtsstaatlichkeit und einmal in ihrem Auftrag. Denn die Polizisten und Soldaten in den muslimischen Ländern und in China handelten im Interesse ihrer diktatorischen Machthaber, die nach Freiheit verlangenden Demonstranten sollten nicht zu demokratischen Rechten und Mitsprache im Staat kommen. Die deutsche Polizei hingegen führte aus, was auf der Basis von Rechtsstaatlichkeit von den Volksvertretern der Bundesrepublik beschlossen worden war – auch wenn dies nicht im Sinne der damaligen Minderheit war, die sich gegen Atomkraft stellte. Diese Polizeiangehörigen sorgten dafür, dass die demokratisch getroffene Entscheidung auch durchgeführt werden konnte. (Vermutlich ist hier das Mass der Mitsprache ungenügend und müsste neu diskutiert werden!)

Die Autoritätsperson ist tot
- lang lebe die Mandatsperson!

Wenn wir die bisherigen Umgangsformen anwenden und zum Beispiel im Bus für eine gebrechliche Dame aufstehen sollten, schwirrt uns noch das Oben-Unten-Schema im Kopf herum. Die höher gestellte Person, der wir in früheren Zeiten unseren Platz anbieten mussten, konnte einschneidend in unser Leben eingreifen. Deshalb geht es in diesem Kapitel um die Macht ausübende Person. Sie wird heute derart anders definiert, dass das Wort „Autoritätsperson" für das 21. Jahrhundert nicht mehr angebracht ist. Die grosse Angst vor Respektspersonen, die wir aus der ständischen und kollektiv denkenden Gesellschaft übernommen haben, besteht in einem demokratischen Umfeld zu Unrecht.

Die Zwei-Klassen-Gesellschaft

Wir erinnern uns: Autorität hatte früher zwei Hauptmerkmale: Sie war

einerseits gegeben und damit unveränderbar. Andererseits ging sie mit umfassenden Vollmachten über das Leben anderer Menschen einher. Durch diese Attribute wurde Autorität zu einem roten Tuch für uns. Denn sie galten auch für die sogenannten Autoritäts- oder Respektspersonen, wie man früher sagte. Damit sind uns die diejenigen Menschen suspekt geworden, die Entscheidungen über uns treffen dürfen.

Vor der Französischen Revolution war die ständische Ordnung nach den damaligen Vorstellungen „von Gott" eingesetzt. Deshalb konnte man an der

Stellung einer Autoritätsperson nicht rütteln. Man war im Mittelalter der Herrschaftsausübung der beiden oberen Stände in allen wichtigen Fragen unterworfen – ein Leben lang. Dieses Verhältnis findet sich auch in den Umgangsformen wieder. Die Angehörigen des unteren dritten Standes hatten

einer Autoritätsperson – dem ursprünglichen Ritter und Lehensherrn – ehrerbietig und gehorsam zu begegnen.[1)]

Das entsprechende Ansehen der Adeligen nahmen im neunzehnten Jahrhundert die nichtständischen Respektspersonen für sich in Anspruch. Damals waren zwar Demokratiebestrebungen im Gange, einzelne Staaten hatten sich bereits eine demokratische Verfassung gegeben. Trotzdem blieb das Zwei-Klassen-Denken bestehen.[2)] Auch als politisch die Stände schon abgeschafft waren, verharrte man weiterhin in der Gesellschaftsschicht, der man entstammte. In den meisten Fällen war es so, dass man entweder im Villenviertel aufwuchs oder im Arbeiterquartier seine Kindheit verbrachte, und man verblieb auch dort. Das zog sich wie ein roter Faden bis zum Ende des Lebens durch.

Als tiefer eingestufte Person konnte man zu jener Zeit dem Einflussbereich von

Autoritätspersonen nicht ausweichen. Man musste ein entsprechend untertäniges Benehmen an den Tag legen und ihren Anweisungen nachkommen, denn die höher Rangierten legten rund um die Uhr Wert auf die Anerkennung ihres Status. Sie nahmen die Befehlsgewalt über andere Menschen auch ausserhalb ihrer eigentlichen Funktion ganz selbstverständlich in Anspruch. Die Gebildeten und Wohlhabenden schauten abschätzig auf diejenigen mit geringerer Schulbildung oder auf die wirtschaftlich schlechter Gestellten herab. Sie stuften das „gemeine Volk" als zweitklassig ein. So galt die Würde des

Die Autoritätsperson ist tot
– lang lebe die Mandatsperson!

Menschen nur für sie. In diesem Weltbild wurde allein den oberen Schichten Respekt und Wertschätzung gezollt.[3]

Ich sah einmal einen biografischen Spielfilm der fünfziger Jahre über das Leben und die Verdienste von Prof. Dr. Ferdinand Sauerbruch (1875-1951). Als deutscher Arzt hatte er mit neuartigen Operationstechniken und Hand- und Beinprothesen Medizinalgeschichte geschrieben. Mit Erstaunen bemerkte ich, daß Sauerbruch als Chefarzt der Berliner Charité nicht nur seine Patienten aus unterschiedlichen Milieus, sondern auch die Ober- und Assistenzärzte sowie die Krankenschwestern duzte. Sie aber sprachen ihn mit „Herr Professor" an und siezten ihn! Sie schienen an der ungleichen Behandlung keinen Anstoß zu nehmen.

Ein Arbeiterbub erzählt

Die Berner Länggasse war herkömmlich ein typisches Arbeiterquartier. Dort stand die Schokoladefabrik, in der die berühmte dreieckige „Toblerone" ursprünglich hergestellt wurde. Ich erinnere mich, dass jeweils ein feiner Schokoladeduft durch die Strassen wehte.

In einer Radiosendung tauschten ehemalige Bewohner ihre Erlebnisse aus. Ein Mann erzählte, er sei hier Mitte des letzten Jahrhunderts aufgewachsen. Als einziger habe er die Sekundarstufe, die Volksschule auf höherem Niveau, besuchen dürfen. Allerdings musste er dazu einen langen Schulweg in einen besser gestellten Stadtbezirk auf sich nehmen, denn in der Länggasse selbst gab es nur die Primarschule. Höhere Bildung für intelligente Arbeiterkinder war behördlicherseits nicht vorgesehen.

Weiter erinnerte sich der Mann, dass einmal ein Mercedes in den Strassen parkiert war. Zusammen mit den Nachbarsbuben bestaunte er das edle Vehikel. Ihnen war klar, dass sie als Länggässler nie ein eigenes Auto haben würden. Er wünschte sich deshalb glühend, einmal – nur einmal in seinem Leben! – am Steuer eines solchen Fahrzeuges sitzen zu dürfen! Dass sich eines Tages alle Bevölkerungsschichten ein eigenes Auto würden leisten können, dies lag ausserhalb der Vorstellungskraft der damaligen Länggasskinder.

Hier sehen wir, welch grosse Veränderungen in den letzten fünfzig Jahren stattgefunden haben. Aus einer Gesellschaft aus zwei statischen Klassen haben wir eine Welt der Gleichheit von Bildung und Wohlstand geschaffen, von der die Menschen dazumal nicht einmal träumten, so unrealistisch schien sie.

„Wir trauern um Dr. med."

In meinem Umkreis verfügte ein fast 92-Jähriger, in seiner Todesanzeige solle vor seinem Namen noch sein Doktortitel stehen: „Wir trauern um Dr. med. Friedrich Margrittson...". Als er zwischen den Weltkriegen aufwuchs, hatte ihn eine ganz andere Zeit geprägt. Auch die Doktorwürde hatte er lange vor 1968 erworben, die Veränderungen seither hinterliessen wenig Spuren bei ihm. Sogar nach seiner Pensionierung leitete er seine Identität und sein Selbstverständnis weiterhin von seinem Beruf ab und wünschte sich offenbar, auch nach seinem Tod als

„Herr Doktor" in Erinnerung zu bleiben.

Diese unterschiedliche Anrede zwischen „oben" und „unten" charakterisiert die frühere Autoritätsperson sehr gut. So duzten früher auch die Priester die „Schäfchen" ihrer Pfarrgemeinde, während sie selber mit „Sie" angesprochen wurden.

Bis dass der Tod uns scheidet

Wurde man in den letzten zwei Jahrhunderten in eine wohlhabende, angesehene oder akademisch  gebildete Familie geboren, zählte man automatisch zur oberen Klasse. Gehörte man nicht zu diesem erlauchten Kreis, konnte man durch Bildung und politische Karriere, durch Unternehmertum und wirtschaftlichen Erfolg eventuell eine Position erlangen, der Machtbefugnisse und gesellschaftliche Anerkennung zustand. Einmal errungen, wurde Autorität als unveränderbar angesehen. Eine Autoritätsperson zu sein war in den meisten Fällen eine Position auf Lebenszeit.[4] Die andern, die „Untern", akzeptierten ihre nicht ebenbürtige Stellung – ebenfalls lebenslänglich.

Der ehrerbietige Umgang setzte sich auch ausserhalb des entsprechenden Umfeldes fort. Der „Herr Direktor" wurde noch im hohen Alter so angesprochen und entsprechend behandelt. Ein Arzt war nicht nur im Spital der „Herr Doktor", sondern auch privat. Im gleichen Sinne war „man"

Die Autoritätsperson ist tot
– lang lebe die Mandatsperson!

Offizier oder man war es nicht. Väter als Familienoberhäupter übten ihre Macht innerhalb der Familie ein Leben lang aus. Die Kinder hatten den Befehlen der Eltern bis zu ihrem Tod zu gehorchen, auch wenn sie selber  längst erwachsen waren. Eine Frau blieb immer die „Tochter", ein Mann der „Sohn", die sich beide jederzeit den elterlichen Anweisungen zu fügen hatten.

Die ererbte oder erreichte gesellschaftliche Stellung war untrennbar mit der eigenen Person verbunden. Eine Unterscheidung zwischen sich als Ausübende eines Berufes und als Privatmensch wurde nicht gemacht, denn das eigene Selbstverständnis und damit das Bild, das man von sich hatte, war früher fest mit dem beruflichen Wirken verknüpft. Die Berufsehre und die Zugehörigkeit zu einer Berufsgattung schimmerten deshalb privat ebenfalls durch: *„Ich bin* Gymnasiallehrerin." – *„Ich bin* Eisenbahner." – *„Ich bin* Jurist." – *„Ich bin* Hausfrau." Einmal erreichte Titel wie zum Beispiel die Doktorwürde wurden vom persönlichen Umfeld ebenfalls anerkannt und ehrfürchtig ausgesprochen. Die Titelträger konnten sie wie einen Triumph ausspielen, denn sie brachten Privilegien mit sich, zum Beispiel eine bevorzugte Behandlung in einem Hotel auf der Urlaubsreise. So wurde die Autorität, die man beruflich verkörperte, auch im familiären Kreis und in der Freizeit nicht abgelegt.

Ich sehe eine solche Respektsperson so:

> *Die* *frühere* *Autoritätsperson* *nahm eine privilegierte Stellung ein, welche aus dem Stand des mittelalterlichen adeligen Lehensherrn hervorgegangen war. Eine solche Position galt als unantastbar. Sie ging mit weitreichenden und oft willkürlichen Machtbefugnissen über andere Menschen und mit einem hohen Ansehen einher, welche ein Leben lang währten. Die Autoritätsperson konnte sich auch im Privatleben jederzeit darauf berufen.*

> *Die Untergebenen und Umstehenden stellten den höheren Rang der Respektsperson nicht in Frage. Sie gehorchten*

deren Befehlen jederzeit und nahmen Verletzungen ihrer Würde als unvermeidlich hin.

Die Bäuerin und die Arzttochter
Eine eben entbundene Mutter verbringt in den 1970-er Jahren die Nacht nach der Geburt neben einer Wöchnerin vom Lande, die zwei Tage vorher ihr fünftes Kind geboren hat. An Schlaf ist nicht zu denken, so kommen die beiden ins Gespräch und erzählen einander aus ihrem Leben. Als die erfahrene Bäuerin hört, dass die junge Frau die Tochter eines Arztes ist, meint sie versonnen und ungläubig zu sich selbst: „Und neben so jemandem liege ich hier!" (Private Überlieferung)

Diese Vorstellung geistert noch immer in unseren Köpfen herum und vergiftet unseren Umgang mit Autorität ausübenden Menschen. Nicht nur wollen wir nicht in den Bannkreis einer Respektsperson gelangen und uns ihren Anweisungen fügen, wir wollen auch selber unter keinen Umständen als „Autoritätsperson" angesehen werden! Seit 1968 empfinden wir diesen Ausdruck als Schimpfwort.[5]

Die Rebellion gegen diese Art von Autoritätsperson war uns in der zweiten Hälfte des zwanzigsten Jahrhunderts nützlich, doch bringt sie uns heute und auf Dauer in Schwierigkeiten. Denn da die Organisation einer Gemeinschaft ohne Autorität nicht denkbar ist, braucht es auch Menschen, denen sie zugestanden wird und die Führungsstärke zeigen. Ihre derzeitige Verunglimpfung, besonders im erzieherischen Bereich, hat schädliche Folgen für uns alle. Sie ist zudem unnötig. Was ich nämlich zum Begriff „Autorität" ausgeführt habe, gilt auch für die Autoritätsperson: Ihre Beschreibung entspricht nicht der aktuellen Wirklichkeit, die Merkmale treffen nicht mehr zu. Autorität heute ist veränderbar und darf lediglich in bestimmten Grenzen ausgeübt werden. Wie wir im vorigen Kapitel gesehen haben, wird man in einer Gesellschaft mit einem demokratischen Verständnis eine „Autoritätsperson", indem man von der  Gemeinschaft einen entsprechenden Auftrag erhält. Ein solches Mandat kann einem auch wieder entzogen werden.

Die Autoritätsperson ist tot
– lang lebe die Mandatsperson!

Im Namen des Gesetzes

Früheren Respektspersonen standen nicht klar definierte Bereiche zu, in welchen sie sich in das Leben anderer einmischen durften. Oft waren ihre Entscheide von purer Willkür geprägt.

In Demokratien hingegen müssen Mandate, die Macht über andere Menschen

beinhalten, auf den gesetzlichen Grundlagen beruhen. Die Verfassung und die Gesetze werden in parlamentarischen Auseinandersetzungen von den verschiedenen politischen Parteien erarbeitet. Nach langwierigen Vernehmlassungsprozessen der Legislative – in vielen Ländern gibt es zwei Kammern, welche die Gesetzesänderungen beraten – treten sie mit Mehrheitsbeschluss in Kraft. Die gesetzlichen Vorgaben dienen als Fundament für die Ermächtigungen und die Befehlsgewalt von Fach- und Führungspersonen. Dies gilt für Aufträge im öffentlich- wie auch im zivilrechtlichen und privatwirtschaftlichen Sektor. Gerade im staatlichen Bereich, wo weitreichende Entscheide über Bürgerinnen und Bürger gefällt werden können, wird die Machtausübung portionenweise und zeitlich begrenzt auf viele Schultern verteilt.

Während wir als Gehorchende früher die „Untertanen" waren, hat sich mit der

---

„Ein Paradigmenwechsel"
Der Schweizer Zoll sorgt für einen Drittel der gesamten schweizerischen Bundeseinnahmen (23 Milliarden SFr jährlich). Während diejenigen, welche die Grenze passieren und etwas zu verzollen haben, früher „Zollpflichtige" genannt wurden, würden sie heute als „Kunden" angesehen, erzählt der scheidende Zollkreisdirektor Rudolf Nebel, von 1963 bis 2008 beim Zoll tätig, und fährt fort: „Das ist ein Paradigmenwechsel, die Welt hat sich um 180 Grad gedreht. Ich verstehe mich heute als Dienstleistungsunternehmen für die Wirtschaft und die Bevölkerung." Kunden würden sowohl am Schalter bedient, „als Kunden gelten aber auch der Bundesrat und das Parlament. Wir müssen ihre Aufträge durchsetzen, aber auf eine Art, die die Wirtschaft versteht." (Schweizer Fernsehen SF1, „Schweiz aktuell" 12. März 2008)

Demokratisierung die Stellung umgekehrt. Auch wenn wir diejenigen sind, die  ihren Befehlen nachkommen müssen, sind wir heute die Auftraggeber einer „Respektsperson". Diese erhält nämlich auf Basis unserer Gesetze von uns ein Mandat und leitet ihre Befugnisse davon ab. Entziehen wir ihr den Auftrag, ist auch ihr Machtbereich verschwunden. Mit dieser Praxis ist die frühere „Autoritätsperson" in die Rolle des Dieners geraten und zu einer Funktionsträgerin geworden.

Die mit Autorität ausgestattete Führungs- oder Fachperson hat demnach durch den gesellschaftlichen Bewusstseinsprozess eine tiefgreifende Metamorphose durchgemacht. Um 1968 haben wir verstanden, dass das alte Weltbild ausgedient hat. In echten Demokratien erfahren die Vollmachten, die einer Position zugesprochen werden, und das damit verbundene Ansehen heute drei klar definierte Einschränkungen: Sie sind inhaltlich begrenzt und nur für einen bestimmten Zeitraum gültig.  Auch umfassen sie nur diejenigen Menschen, für welche der Auftrag gedacht ist. Damit jemand Macht über mich ausüben kann, muss ich zu seiner Gruppe gezählt werden. Wenn ich zum Beispiel bei meiner Freundin zu Besuch bin, habe ich mich nicht an die Anweisung ihrer Hauswartin bezüglich Sauberkeit in der Waschküche zu halten. Ich wohne ja nicht dort und benutze die

---

Der Bundesrat spielt eine Rolle
Der schweizerische Verkehrsminister von 1995 bis 2010, Bundesrat Moritz Leuenberger, unterschied zwischen sich als Privatperson und seiner Funktion als Mitglied der siebenköpfigen Regierung. In seinen Schriften gab er sich oft ironisch, was nicht immer gut bei den Leuten ankam. „Ich habe die Ironie deshalb in letzter Zeit massiv abgebaut", meinte er, doch „es ist meine Art, mich auszudrücken. Allerdings verwundert es mich, dass auch Selbstironie nicht toleriert wird, wenn ich mich zum Beispiel über mich und meine Rolle als Bundesrat lustig mache. Das mache ich immer mal wieder, denn ich versuche, mich und meine Rolle auch von aussen zu betrachten." („via" 8, Zürich und Bern 2009)

Die Autoritätsperson ist tot
– lang lebe die Mandatsperson!

Waschmaschine dieses Hauses gar nicht. Ebenso ist Queen Elisabeth II. für mich als Schweizerin eine Frau wie jede andere. Ich müsste mich also nicht vor ihr verbeugen, schliesslich ich bin keine Engländerin.[6]

Heutiger Autorität sind demnach deutliche Grenzen gesetzt. Dies betrifft sowohl Menschen mit einem Führungsauftrag als auch diejenigen, die ihrer Befehlsgewalt unterworfen sind, von wenigen Ausnahmen abgesehen. Das ist eine immense Veränderung gegenüber der früheren „Autoritätsperson".

Damit dieser Wechsel deutlich zu Tage tritt, werde ich von jetzt an von einer „**Mandats-**" beziehungsweise „**Auftragsperson**" sprechen (siehe Kasten auf der nächsten Seite). Sie lässt sich so beschreiben:

> *Eine **Auftrags- oder Mandatsperson** im demokratischen Umfeld leitet ihr Ansehen und ihre Machtbefugnisse aus einem Mandat ab, das ihr von der Gemeinschaft überreicht wird. Es kommt meist in einem Wahlverfahren zustande. Der gewährte Handlungsspielraum dieses Auftrags muss sich innerhalb der rechtsstaatlichen Vorgaben bewegen. Er ist definiert und wird kontrolliert.*

> *Obwohl ihr Autorität zusteht, nimmt die heutige Auftragsperson eine dienende Position gegenüber ihrer Gruppe ein.*

Die diktatorische Macht der Adeligen vor 1789, die unser Bild einer „Autoritätsperson" geprägt hat, existiert nicht mehr. Es sind heute keine einzelnen Menschen mehr, denen Autorität entspringt, sondern die gesetzlichen und verfassungsrechtlichen Grundlagen definieren sämtliche Ermächtigungen. Auf diese ist uns als Mitglieder einer demokratischen Gemeinschaft jederzeit ein Zugriff möglich.[7]

Eine Rolle wie im Theater

Das von der Gemeinschaft verliehene Mandat bringt eine Rolle mit sich, welche die beauftragte Person spielen muss. Diese muss mit ihrer privaten

Neue Begriffe für das 21. Jahrhundert

Das Wort „Autoritätsperson" habe ich hier meist umschrieben. Das alte Wort ist eigentlich nach wie vor richtig, denn es handelt sich um jemanden, der oder die Autorität ausübt. Nicht unwahr wäre auch „Respektsperson", schliesslich müssen wir einer Person, die ein Mandat übernimmt und deren Anweisungen wir zu befolgen haben, Respekt entgegenbringen. Doch beide Begriffe sind historisch überschattet und mit Altlasten verbunden. Sie sind zu stark mit dem  auf Lebenszeit und in alle persönlichen Bereiche eingreifenden, adeligen Lehensherrn, dem Patriarchen der kollektiven Sippe oder auch mit dem Fabrikanten des 19. Jahrhunderts verbunden. Ich sehe zudem den unfehlbaren Arzt alter Schule im weissen Kittel vor mir.

Diese Ausdrücke müssen ersetzt und den heutigen demokratischen Verhältnissen angepasst werden. Allerdings sind Begriffe wie „mit Autorität ausgestattete Person", „Person mit definierten Machtbefugnissen", „beauftragte Fach- oder Führungsperson" oder „Person, die ein Mandat innehat" im Alltag umständlich und nicht gerade praktisch. Es muss etwas Kurzes und Prägnantes her, das die Situation auf den Punkt bringt.

Ich schlage deshalb die Wörter „**Auftrags-**" beziehungsweise „**Mandatsperson**" vor, welche die bisherigen, nun etwas verstaubt wirkenden Begriffe  „Autoritätsperson" und „Respektsperson" ersetzen. Die neuen Wörter lassen uns verstehen, warum eine Auftragsperson Anweisungen erteilen und Befehle geben darf. Sie tut es nicht, weil sie einem Stand angehört oder eine Position innehat, wo ihr generell Anerkennung und Macht über uns zustehen wie der früheren „Autoritätsperson". Sie tut es, weil sie auf der Basis unserer Verfassung von uns dazu beauftragt worden ist. Sie ist eine Spezialistin mit Fachkenntnissen. Sie hat ein begrenztes Mandat erhalten und bringt es nun zur Ausführung. Damit wird sie dem Willen der Gemeinschaft gerecht. Gerade aus diesem Grund akzeptieren wir ihre Stellung und bringen ihr und ihrer Arbeit Wertschätzung entgegen. Denn als Gruppe, die ihr diesen Auftrag erteilt hat, sind wir daran interessiert, dass sie ihre Arbeit gut erledigt. Deshalb kommen wir ihren Anweisungen auch gerne nach.

So sind eine Polizistin, ein Richter, eine Parlamentsabgeordnete, ein Zollbeamter oder eine Lehrkraft staatliche Mandatspersonen. Eine Bahnschaffnerin, ein Sporttrainer, eine Warenhausdetektivin, ein Hauswart oder eine Verwaltungsrätin hingegen sind Auftragspersonen aus dem zivilrechtlichen beziehungsweise privatwirtschaftlichen Bereich.

Ich denke mir, dass im selben Aufwasch auch die Wortfamilie „befehlen, Befehl, Befehlsgewalt, Befehlsempfänger" wie auch das Verb „gehorchen" aus unserem Sprachgebrauch verschwinden werden. Ich benutze hier meist die Redewendungen „**Anweisungen erteilen**", „**Anordnungen geben**" beziehungs-weise ihnen „**nachkommen**" oder „**Folge leisten**".

Die Autoritätsperson ist tot
– lang lebe die Mandatsperson!

Meinung, ihren Vorlieben oder ihrem sonstigen Lebensstil nicht in allem übereinstimmen. Das Mandat bedingt, zum persönlichen Leben etwas Abstand zu schaffen und eine objektivere Haltung einzunehmen. Wer einen Auftrag annimmt, ist sich dieser Anforderung bewusst. Da ihre Position garantiert war,

glaubten Respektspersonen früher häufig, etwas Besseres zu sein. Oft vertuschten sie deshalb ihre Fehler. Eine der Errungenschaften von 1968 ist die Erkenntnis, dass auch eine Führungsperson nur ein Mensch ist. Sie hat Stärken und Schwächen sowie gute und weniger bewusste Momente – wie alle andern auch.[8] Übernimmt sie einen Auftrag, führt sie eine Funktion aus. Damit *„ist"* sie nicht ein Führer, sondern sie hat nur dessen Aufgaben auszuführen. Es geht nicht um sie als Mensch, sondern um ihre berufliche Stellung und um ihre Handlungen. Als Privatperson steht ihr keine Autorität zu, diese ist an das Mandat gebunden. Dies bedeutet weder kaltes Funktionieren noch einen Mangel an Authentizität, es handelt sich eher um eine gewisse Distanz, um Objektivität und Unbestechlichkeit, mit der jemand seinen Auftrag ausführt. Was hingegen die menschlichen Qualitäten betrifft, darf es keine Trennung zwischen Privatperson und Mandatsträgerin geben.

Der Vorgang ist ähnlich, wie wenn eine Schauspielerin für die Theatervorstellung in eine Rolle schlüpft. Wir klatschen ihr am meisten Beifall, wenn sie ihre Rolle mit Inbrunst darstellt. Trotzdem ist sie sich bewusst, dass sie sie nur spielt. Fällt am Schluss der Aufführung der

Vorhang, legt sie ihre Bühnenidentität ab wie eine Schlange ihre Haut. Dann wird die Aktrice S. Berner, die soeben als Julia tragisch gestorben ist, wieder die lebenslustige Privatperson Sarah B., die mit ihren Freundinnen in der Kneipe nebenan etwas trinken geht und nicht im Traum daran denkt, sich für die Liebe umzubringen.

155

Als erste Frau erhielt Kathryn Bigelow 2010 den Regie-Oscar. Bei der Überreichung der goldenen Statuette für ihr Irak-Drama „Tödliches Kommando" („The Hurt Locker") dankte sie den US-Soldaten für ihren Einsatz. Als ihr Werk im Laufe des Abends zusätzlich als bester Film ausgezeichnet wurde, fügte sie hinzu:

„Und vielleicht darf ich noch einen Dank aussprechen an die Männer und Frauen überall in der Welt, – auch wenn ich es jetzt wiederhole – die eine Uniform tragen, aber nicht nur Militäruniformen." Der Dank

gehe auch an „Krankenschwestern, Notärzte, Feuerwehrleute... Sie sind für uns da und wir für sie. Danke!" (Pro Sieben 8. März 2010)

Kleider machen Leute

In jeder Kultur wurden Autoritätspersonen mit speziellen Symbolen versehen, die ihre Stellung sichtbar machten. So liess sich im Mittelalter der Erbprinz unmittelbar nach dem Tod seines Vaters zum König krönen: „Der König ist tot, lang lebe der König!", wie man in England bei dieser Gelegenheit zu sagen pflegt. Neben der

Krone erhielt der junge König einen Reichsapfel und ein Zepter, die seine Befehlsgewalt darstellten. Im Amerika des neunzehnten Jahrhunderts, einem demokratischen Land, stand das Symbol des goldenen Sheriffsterns hingegen schon für ein Mandat in unserem Sinne. Er kennzeichnete im Wilden Westen einen Dorfbewohner als Auftragsperson für Recht und Ordnung, welche von allen Anerkennung genoss. Nahm er die Brosche wieder ab: „Ich bin euer Sheriff gewesen!", gab er damit seinen Auftrag, für welchen der Stern stand, an die Gemeinschaft zurück.

Nicht nur eine Brosche, sondern auch eine entsprechende Kleidung kann hilfreich sein, um die Verwandlung von der Privatperson zur Funktionsträgerin zu symbolisieren. Berufskleidung kann massgeblich mithelfen, dass die übertragene Aufgabe gewissenhaft und in objektiver Weise wahrgenommen wird.[9]

Die Autoritätsperson ist tot
– lang lebe die Mandatsperson!

Tragen wir als Auftragsperson eine Uniform, signalisiert diese: „Du bist nun nicht mehr in eigener Mission unterwegs, sondern agierst in einer Funktion. Du hast von der Gemeinschaft ein Mandat erhalten, du vertrittst sie. Deine Handlungen nimmst du für die Gruppe vor und nicht für dich selbst. Stelle deine persönlichen Gefühle, Sympathien, Abneigungen und Ansichten zur Seite." Die Berufskleidung erinnert die Träger an ihre Unbestechlichkeit und Neutralität. Ihnen ist ein Auftrag übergeben worden, und nun haben sie ihn unabhängig von ihrer persönlichen Situation nach bestem Wissen und  Gewissen zum Wohle der ganzen Gruppe auszuführen. Deswegen predigen Pfarrer in einem Talar, die obersten Richterinnen und Richter in Deutschland sind rot angezogen. Den Kopf ihrer Kollegen in England ziert offenbar noch immer eine Perücke wie im 18. Jahrhundert. Ordnungs- und Streitkräfte, Zivildienstleistende, Feuerwehrleute, Servicepersonal, Bahnangestellte, medizinische Fachkräfte vom Pflegeassistenten bis zur Chefärztin wie auch Pilotinnen und Flugbegleiter – sie alle arbeiten traditionsgemäss in Uniform. Ebenso macht sich jede Bank und jedes McDonald die Vorteile von genormten Arbeitskleidern zunutze, meist auch die Warenhäuser.

Die Empfänger von Autorität hingegen, also diejenigen, die der Autorität anderer unterworfen sind, soll der Sheriffstern oder die standardisierte Bekleidung ins Gedächtnis rufen: „Du hast es hier nicht mit jemandem auf privater Ebene zu tun, sondern mit einer von der Gesellschaft ernannten Mandatsperson." So macht im Gerichtssaal die altmodische Robe den Angeklagten besser bewusst, dass die Richterin hier nicht ihre persönliche Meinung äussert, sondern im Namen der Gemeinschaft ein Urteil spricht.

> **Thomas,**
> **der Feuerwehrmann**
> In einer Dokumentation über die freiwillige Feuerwehr Kirchzarten, Deutschland, diskutieren zwei Feuerwehrleute, wie sie sich in brenzligen Situationen verhalten.
>
> „In einem solchen Fall reagiere ich nicht als ich selber, als Thomas", meint einer. „In Uniform bin ich ein Mitglied des Feuerwehrcorps. Ziehe ich die Uniform aus, kommt der Thomas wieder zum Vorschein." (SWR Südwestrundfunk, Dokumentarfilmreihe Heimat „Für alle Fälle 112" 1. Juni 2010)

157

Natürlich bin ich mir im Klaren darüber, dass auch der Uniform der Geruch der alten Autorität anhaften kann. Zu was dies führen kann, hat uns literarisch

der „Hauptmann von Köpenick" vorgeführt, ganz zu schweigen von den realen Ereignissen in den beiden Weltkriegen. Aber hier gilt dasselbe wie für die Autorität selber: Der politische Hintergrund und der gesellschaftliche Kontext haben sich gewandelt, die Ursache für unsere ehemals berechtigten Bedenken gegenüber der Uniform existiert nicht mehr. Heutzutage sehen wir eine entsprechende Berufskleidung einzig als Hilfe an, um eine Person als Auftragsperson erkennen zu können. Tragen wir beruflich selber normierte Arbeitskleider, können sie dazu dienen, dass wir uns unserer Rolle besser gewahr werden und

das angenommene Mandat zur Zufriedenheit aller ausführen. Abends sind wir dann froh, sie wieder abzulegen und unsere privaten Klamotten anzuziehen.

Wir Verwandlungskünstler

Die ehemals unabänderliche Zwei-Klassen-Gesellschaft ist zu Ende. Durch verschiedene Mechanismen – zum Beispiel ein durchlässiges und vielfältiges Bildungssystem – ist es möglich, die früher

unüberwindlichen Schranken zu passieren. (So unpassend es tönt: Ich glaube, dass auch der Einbau von Badezimmern in jede Wohnung dazu beigetragen hat!) Heute kann das Märchen vom Tellerwäscher zum Multimillionär nicht nur im fernen Amerika wahr werden. Es ist praktisch allen möglich, auch aus ungünstigen Verhältnissen aufzusteigen. Allerdings ist das Umgekehrte ebenfalls Tatsache geworden: Hat man einen akademischen Grad oder eine Führungsposition in der Wirtschaft erworben, ist man nicht mehr davor gefeit, auf der Strasse zu stehen und beim Arbeitslosenamt oder der Sozialfürsorge für Unterstützung nachkommen zu müssen. Besonders auf dem Arbeitsmarkt ist in der jetzigen Zeit Flexibilität gefragt. Gemäss dem Diktat der globalisierten

Die Autoritätsperson ist tot
– lang lebe die Mandatsperson!

Wirtschaft und mit der heute möglichen Mobilität müssen wir alle jederzeit bereit sein, uns zu verändern. Meist kann dies auch einen Wechsel der Funktion, die wir innehaben, bedeuten.

Diese Entwicklung hat uns in unserem Denken beweglich gemacht. Es ist uns heute fremd, dass sich ein Umstand oder eine Auffassung über Jahrzehnte nicht verändern soll – wie der frühere Begriff der Autorität und der Respektspersonen. Infolgedessen ist die Position einer Führungs- oder Fachperson nicht mehr wie in früheren Zeiten in Stein gemeisselt. Auch wenn wir beruflich eine entsprechende Stellung einnehmen, identifizieren wir uns mit ihr keine 24 Stunden am Tag. Auf die Frage: „Was sind Sie von Beruf?" antwortet man heute: *„Ich arbeite* im Finanzsektor." – *„Ich habe* Kaminfeger *gelernt."* – *„Ich bin als* Medienschaffende *tätig."* Auf diese Weise wird ausgedrückt, dass dies nur ein Teil des Lebens ist und damit eine von vielen Funktionen, die man ausfüllt. Man ist sich bewusst, dass nicht das volle Selbstverständnis von gerade dieser Arbeit oder diesem Posten abhängt. Auch impliziert diese Ausdrucksweise die Einsicht, dass jede Rolle einmal zu Ende geht – sei es nun am Feierabend nach der Schicht, beim Stellenwechsel oder bei der Pensionierung.

So finden wir uns nicht nur während unseres Lebens in jeweils anderen Situationen wieder, sondern nehmen auch innerhalb von kleineren Zeitabschnitten unterschiedliche Funktionen wahr (siehe Fragebogen am Ende des Kapitels). Was Autorität betrifft, wechseln wir heute immer wieder die Seiten und verwandeln uns wie Chamäleons. Fast alle Menschen müssen im Alltag manchmal als Auftragspersonen handeln und andern Anweisungen geben oder Grenzen setzen. Umgekehrt geraten sie ein paar Momente später in

159

Umstände, wo sie den Anordnungen fremder Personen Folge zu leisten haben. Dies kann im Rahmen des Berufes, der Familie oder innerhalb einer Freizeitbeschäftigung sein. Wir alle wechseln im Laufe des Tages und des Lebens unsere Rollen. (Eine Ausnahme von dieser Regel gibt es jedoch: Wir Erwachsenen sind generell

gegenüber allen Kindern beauftragte Mandatspersonen – zu jeder Zeit![10])

Die noch vor Jahrzehnten gängige Vorstellung, welche es erlaubte, dass sich jemand den lieben langen Tag als „Respektsperson" aufspielen und alle Anwesenden herumdirigieren konnte, hat in der heutigen Realität keinen Platz mehr.

Integrität, Freundlichkeit – und Kontrolle

Die Übernahme eines Mandates erfordert bestimmte Bedingungen. Zum einen benötigt sie ein entsprechendes Umfeld, zum andern muss die Auftragsperson selber geeignete Eigenschaften mitbringen, unabhängig vom Fachwissen.

Anders als früher, als sich Louis XIV. und seine Kollegen nur vor Gott zu verantworten hatten, basiert die Ausführung eines Auftrags heute auf gesetzlichen Grundlagen. Im Interesse der Mandantengruppe muss es eine Überwachung der Arbeit von Personen geben, die Macht ausüben und das Leben anderer Menschen nachhaltig beeinflussen können. Es geht nicht an, dass Autorität missbräuchlich angewendet wird. Dem jeweiligen Aufgabenbereich sind Grenzen zu setzen und zwar zeitlich wie inhaltlich. Jede Position in Wirtschaft, Politik und Freizeitbereich, deren Entscheide Folgen für die Gesellschaft oder einzelne Mitglieder nach sich ziehen, muss definiert sein. Dabei werden sowohl die Kompetenzen wie auch die Beschwerde- und Kontrollwege festgelegt und daraufhin eingehalten. Die Arbeit der Mandatsperson wird in wiederkehrenden Abständen fachmännisch und in wohlwollender Absicht von einem

Die Autoritätsperson ist tot
– lang lebe die Mandatsperson!

Apropos Kritik...

Obwohl den Medien bei der Beobachtung von Menschen in einem öffentlichen Amt eine wichtige Rolle zukommt, sind die Herren und Damen der Presse und der Fernsehstationen oft schnell mit leichter Kritik zur Hand. Doch hätten sie selbst es wirklich besser gemacht? In vielen Fällen denke ich: Nein. Denn es ist keine leichte Aufgabe, eine Auftragsperson zu sein und ein Mandat zufriedenstellend auszuführen. Meist sind komplexere Umstände zu berücksichtigen, als sich dies Aussenstehende vorstellen. Die Mandatsperson hat ein Anrecht darauf, dass über sie und ihr Auftrag wertschätzend, fair und all seinen Anforderungen gerecht berichtet und geurteilt wird – im Übrigen nicht nur von Seiten der Medien, sondern von uns allen.

entsprechenden Gremium überprüft. Ein regelmässiges Feedback der Unterstellten, das ausgewertet wird und dem Konsequenzen folgen, muss selbstverständliche Praxis werden. Es ist wichtig, in einer Firma oder einer staatlichen Institution ein Bewusstsein für eine Fehlerkultur zu entwickeln. Es sind strukturelle Mechanismen für den Fall einzurichten, dass nicht beabsichtigte Verhaltensweisen vorkommen.

Ein solches Procedere verfolgt zwei Ziele. Zum einen muss der Einflussbereich einer Auftragsperson begrenzt sein. Falls sie ihren Machtbereich überschreitet, wird es damit möglich, ihr Fehlverhalten zu korrigieren. Zum andern muss sie vor ungerechtfertigten Angriffen geschützt werden. Denn als Fach- und Führungsperson hat sie oft Entscheidungen zu treffen, die nicht allen Gruppenmitgliedern genehm sind. Erhält sie nicht genügend Schutz, während

sie ihr Mandat wahrnimmt, öffnet dies Mobbing und Verunglimpfung Tür und Tor. Sie wird ihre Arbeit künftig nicht mehr gut erledigen oder sogar ganz ausfallen. Dies kann uns nicht nur volkswirtschaftlich, sondern auch im sozialen Bereich sehr teuer zu stehen kommen.[11]

Auch die Mandatsperson selber muss einigen Anforderungen gerecht werden. Sie hat neben der fachlichen Qualifikation über eine hohe Selbst- und Sozialkompetenz zu verfügen sowie über kommunikative Fähigkeiten. Es ist selbstverständlich, dass sie eine dem Mandat angemessene Integrität besitzt, die Folgen ihres Tuns nicht nur für die eigene Gruppe, sondern ebenso für die ganze Gesellschaft bedenkt und die Würde der ihr anvertrauten Menschen respektiert. Ein Verhalten, dem Augenmass, Höflichkeit und Anstand mangeln oder welches Verachtung zeigt, ist nicht tolerierbar. Gerade wer Autorität ausübt, begegnet anderen Menschen mit Freundlichkeit, Anerkennung und Wertschätzung.

Dazu gehört die Bereitschaft, sich als Führungsperson bei Betroffenen situationsgerecht zu entschuldigen, falls einmal etwas schief gelaufen ist, und entsprechende Korrekturen vorzunehmen. Wer sich also für ein Amt zur Verfügung stellt, ist sich dieser Eigenschaften gewahr und bringt sie mit. Auch obliegt es uns Wählenden, Verantwortungsbereitschaft, Ehrlichkeit, Zuverlässigkeit und Rückgrat einer möglichen Auftragsperson als erste Qualifikationskriterien bei der Wahl zu berücksichtigen.[12]

Damit sind die früheren Autoritäten entthront, vor denen wir uns Jahrhunderte lang gefürchtet haben. Die ehemalige „Autoritätsperson" ist tot, lang lebe die Mandatsperson!

Im Schnellzug durchs Kapitel

Autorität hatte früher zwei Merkmale: Sie war unverrückbar und an umfassende Vollmachten gekoppelt. Deshalb sind uns Autoritätspersonen suspekt geworden, denn sie rufen uns das Bild des mittelalterlichen Lehensherrn ins Gedächtnis. Dessen Ansehen ging im neunzehnten Jahrhundert auf nichtständische Respektspersonen über. Trotz den entstehenden Demokratien blieben wir bis 1968 in einem Zwei-Klassen-Denken hängen. Denn einmal errungen wurden Anerkennung und Machtbefugnisse der Höherrangierten weiterhin als unveränderbar angesehen. Es handelte sich um eine Position auf Lebenszeit mit entsprechenden Privilegien. Die eigene Person war mit dem beruflichen Ansehen auch privat verknüpft. So wurde die bessere Stellung der Autoritätsperson nicht nur von den direkt Unterstellten anerkannt, sondern auch im persönlichen und weiteren Umfeld respektiert.

Die Autoritätsperson ist tot
– lang lebe die Mandatsperson!

Diese Vorstellung vergiftet noch immer unseren jetzigen Umgang mit Autorität ausübenden Menschen. Doch in Demokratien ist Machtausübung nur auf der Basis von gesetzlichen Vorgaben möglich, die vom Parlament mit Mehrheitsbeschluss entstehen. Dies gilt für Fach- und Führungspersonen im öffentlich- wie auch im zivilrechtlichen Bereich. Die unverrückbare „Autoritätsperson" hat also eine tiefgreifende Metamorphose erfahren und ist zur „Mandats-" respektive „Auftragsperson" geworden, die von der Gemeinschaft einen Auftrag erhält. Deren heutige Befugnisse und Anerkennung sind inhaltlich und zeitlich

beschränkt, sie haben im privaten Bereich keine Gültigkeit. Zudem ist die Gruppe klar definiert, deren Mitglieder den Anordnungen nachzukommen haben.

Die Fach- und Führungsperson übernimmt heute eine Funktion. Dabei schlüpft sie wie eine Schauspielerin in eine Rolle. Eine standardisierte Bekleidung, wie sie traditionsgemäss in vielen Berufen üblich ist, kann mithelfen, ein Mandat in objektiver und unbestechlicher Weise wahrzunehmen, unabhängig von der persönlichen Situation.

Gerade die Verhältnisse auf dem Arbeitsmarkt haben uns in unserem Denken beweglich gemacht. Wir identifizieren uns heute nicht mehr 24 Stunden mit derselben Funktion und Rolle. Was Autorität betrifft, geraten wir alle in unserem Alltag in Umstände, wo wir selbst eine Mandatsperson sind, und im nächsten Moment haben wir der Anordnung eines anderen Beauftragten nachzukommen.

Die Stellung einer Auftragsperson muss bestimmten Anforderungen gerecht werden. Jedes Mandat erhält eine Beschreibung der Kompetenzen sowie Beschwerde- und Kontrollwege. Eine entsprechende Funktion wird also überwacht. Damit kann ein Fehlverhalten der Auftragsperson korrigiert werden, auch dient dies ihrem Schutz. Es ist selbstverständlich, dass sie selbst integer, verantwortungsvoll und dadurch vertrauenswürdig ist, die Folgen ihrer Handlungen bedenkt und einen freundlichen, wertschätzenden Umgang pflegt.

Dadurch hat die ehemals gefürchtete „Autoritätsperson" ihren Schrecken verloren.

Dass wir im Alltag Autorität begegnen, ist unumgänglich. Wie werden wir Heutigen damit konfrontiert? Halten Sie es für möglich, dass Sie sich ihr freiwillig unterwerfen? Es ist so, sehen Sie im nächsten Kapitel selbst...

Fragebogen: Rollenwechsel von morgens bis abends

Während eines Tages schlüpfen wir mehrmals in unterschiedliche Rollen. Altmodisch gesagt: Wir befehlen, wir gehorchen, wir befehlen, wir gehorchen... Die nachstehenden Aussagen sollen dies verdeutlichen. Falls Sie mögen, sehen Sie sie an und kreuzen links an, wenn Sie sich in der Rolle der Mandatsperson befinden, und rechts, wenn Sie Anordnungen zu befolgen haben. – Wir beginnen mit Situationen für Kinder, auch wenn diese grundsätzlich der Aufsicht aller Erwachsenen unterstehen.

Rollentausch für Kinder und Jugendliche

Ja	Bin ich die Auftragsperson?	Nein
	Für meinen Pfadfindertrupp heute Samstagnachmittag habe ich eine Schnitzeljagd im Wald ausgelegt.	
	Wir haben im Englisch einen Gruppenauftrag bekommen. Ich bin Gruppenchef und verantwortlich, dass wir unsere Resultate pünktlich abliefern. Ich seh schon: Dem Jonas werde ich hin und wieder Beine machen müssen!	
	Jeweils am Anfang des Fussballtrainings lässt uns unser Trainer schön ins Schwitzen kommen! Wir müssen das ganze Fussballfeld im Dauerlauf umrunden.	
	Ich gehe schon in den Kindergarten! Morgens verhalte ich mich im Kreis ruhig, damit wir schnell anfangen können.	
	Nächsten Samstag gibt es einen Unterhaltungsabend der Jugendriege. Ich werde am Eingang der Turnhalle stehen und die Eintrittkarten kontrollieren.	
	Auf dem Schulweg hindere ich meine kleine Schwester daran, noch kurz vor Mittag Süssigkeiten zu essen.	
	In der Dienstagsturnstunde dürfen wir jeweils selber bestimmen, was wir spielen. Davor wärmen wir uns an. Heute haben sich Veprim und Susan das Programm ausgedacht.	
	Unser Mathematiklehrer hat uns aufgetragen, die Übungen 4c bis 16a zu lösen. Also halt, dann gehe ich dahinter.	
	Heute Morgen bin ich im Kindergarten diejenige, die bei der Garderobe aufpasst, dass alle Kinder ihre Schuhe ordentlich hinstellen. So sage ich: „Stopp Amelie! Die Schuhe müssen gerade nebeneinander stehen! Du darfst sonst nicht reingehen."	
	Ich teile mit meinem Bruder ein Zimmer. Am Samstag scheucht er mich immer herum, denn er ist dafür verantwortlich, dass wir es aufräumen und staubsaugen.	

Die Autoritätsperson ist tot
– lang lebe die Mandatsperson!

Rollenwechsel für Erwachsene

Ja	Bin ich die Auftragsperson?	Nein
	Ich stelle mich im Supermarkt zum Zahlen bei einer Kasse an.	
	Ich kontrolliere als Bahnschaffnerin die Billette der Zugreisenden.	
	Trotz ihrem Geschrei bestimme ich, dass meine Tochter ihre Winterjacke anziehen muss, bevor wir spazieren gehen.	
	Ich warte auf dem Flughafen München auf meinen Flug in die Staaten. Über Lautsprecher wird mitgeteilt, dass er Verspätung haben wird. So muss ich mir noch länger die Zeit vertreiben.[13]	
	Im Karatetraining üben wir alle miteinander nach den lauten Rufen des Trägers des schwarzen Gurtes bestimmte Kampffolgen.	
	Als Vater halte ich morgens den Verkehr an, damit die Kindergartengruppe die Strasse überqueren kann.	
	Ich lasse mich von der Trainerin im Fitnessstudio in die Geräte einführen.	
	Wir gehen ins Restaurant essen. Am Eingang weist uns die Cheffe de service unseren Platz zu.	
	Ich warte bei der Ampel auf das grüne Licht, damit ich weiterfahren kann.[14]	
	Unsere Auszubildende hat das Werkstück fehlerhaft zugefeilt. Ich zeige ihr, was anders sein müsste, und ordne an, dass sie ein zweites, korrektes Teil zurechtschleift.	
	Ich bitte eine Kundin, in unserer Kleiderabteilung nicht zu essen.	
	Ich lasse mich im Bezirksspital röntgen.	
	Als Mitglied der örtlichen Feuerwehr demonstriere ich meiner Nachbarin, wie sie mit Sandsäcken den Kellereingang vor Hochwasser schützen kann.	
	Ich lerne Auto fahren, ich will den Führerschein machen! Meine Fahrlehrerin erklärt mir, wie ich korrekt einparke.	
	Bei einer Verkehrskontrolle will die freundliche Polizistin meinen Führerschein sehen.	
	Als Pflegeassistentin bette ich den Patienten neu.	
	Ich mache einen Jugendlichen im Tram auf eine weisshaarige Dame aufmerksam, damit er seinen Platz für sie freigibt.	

Quellen und weitere Bemerkungen

[1] Wir haben ein Überbleibsel der Ständegesellschaft noch immer in unserem Schriftverkehr. „Sehr geehrte Damen und Herren" ist die Anrede für den höheren Stand. Die „Damen und Herren" sind die Adeligen, die „geehrt" werden, „sehr" sogar, denen also grosse Ehre erwiesen wird. Die aufgekommene moderne Anrede „Guten Tag" scheint mir zwar noch keine wirklich gelungene Formulierung zu sein, doch bringt sie ein demokratisches Verständnis zum Ausdruck. – Im restlichen Brief ist die Ehrerbietung allerdings schon länger verschwunden und hat der Funktionalität Platz gemacht.

Auch das umgangssprachliche österreichische „gnä Frau" (gnädige Frau) spiegelt die früheren adeligen Verhältnisse.

[2] Die Zwei-Klassen-Gesellschaft ist heute noch im öffentlichen Bahnverkehr anzutreffen: Wir fahren im Zug erste oder zweite Klasse.

Ich kann mich zudem des Eindrucks nicht erwehren, dass auch das demokratische System von Regierungspartei und Opposition, wie wir es von Deutschland und den USA kennen, ein Abbild der Zwei-Klassen-Gesellschaft ist. Das heisst, auch hier könnte sich das früher übliche „Oben" und „Unten" spiegeln.

[3] Dass diese Ansicht noch immer tief in uns steckt, sehen wir an der Titelsüchtigkeit in einigen Ländern (letzthin im TV aufgeschnappt: „Herr Obergestütsmeister").

[4] Der Beamtenstatus auf Lebenszeit hat hier seinen Ursprung.

[5] Aus dieser Problematik heraus entstehen einige Schwierigkeiten in unserer Gesellschaft, zum Beispiel an den Schulen. Heutige Lehrkräfte wollen keine furchteinflössenden „Autoritätspersonen" wie früher sein. Allerdings geht es im Klassenzimmer aber auch nicht ohne klare Linie, schliesslich sind die Lehrpersonen den Kindern nicht gleichgestellt, sondern haben eine Führungsposition inne. An der Schnittstelle Grenzen-Ziehen kontra Laisser-Faire entstehen viele unliebsame Situationen im pädagogischen Bereich. Lehrkräfte unter sich beziehungsweise Eltern und Lehrerkollegium können sich seit 1968 nicht mehr immer auf eine gemeinsame Haltung einigen, was jedoch dringend nötig wäre.

[6] Im Film „Der Prinz von Zamunda" mit Eddie Murphy (Regie John Landis, USA 1988) gibt es wunderbare Szenen, die dies illustrieren: Auf der Suche nach seinem Sohn in New York versteht der König eines kleinen afrikanischen Staates nicht, warum die Amerikaner für seine Befehle kein Verständnis zeigen und ihn nicht wie seine Untertanen bevorzugt und ehrerbietig behandeln...

[7] Sind Gesetzeslücken vorhanden, gilt es, sie auf parlamentarischem Weg zu beheben. In einer sich verändernden Gesellschaft sind immer wieder neue gesetzliche Regelungen notwendig. Das bringt schon nur die wirtschaftliche Entwicklung mit sich.

Manchmal liegt ein Missstand auch an der fehlenden Integrität der Mandatsperson. In diesem Fall müssten sich die Wählenden, die den Auftrag an sie vergeben haben, an der Nase nehmen und das nächste Mal vor der Wahl genau hinsehen, wer die nötigen charakterlichen Eigenschaften mitbringt. Als Wählende obliegt es uns auch, für eine parteipolitische Ausgewogenheit und Vielfalt eines Gremiums zu sorgen. Eine einseitige Zusammensetzung kann zu schweren Problemen führen, wie der Abbau von

Die Autoritätsperson ist tot
– lang lebe die Mandatsperson!

demokratischen Strukturen in Ungarn seit April 2011 zeigt.

[8] Die Unfehlbarkeit, die der Papst als Oberhaupt der katholischen Kirche für sich beansprucht, ist mit einem demokratischen Verständnis nicht vereinbar. Der Papst muss wie andere Auftragspersonen für seine Fehler belangbar sein und die Konsequenzen für sein Handeln tragen.

[9] Kleidung von Mandatspersonen muss eine gewisse Neutralität ausstrahlen. Aus diesem Grund sind religiöse Kleidungsstücke oder Accessoires wie Mönchskutten, Käppis, Kopftücher oder grosse Schmuckkreuze bei Auftragspersonen zumindest im Staatsdienst und an Schulen nicht angebracht, ebensowenig privat motivierte Drucke auf T-Shirts, zum Beispiel mit Totenköpfen oder lässigen Sprüchen. Religiöse Symbole und andere Ausdrucksformen gehören in den Freizeitbereich.

Kleidung von Menschen, die ein Mandat ausüben, hat der Situation angepasst, ganz (auch nicht künstlich zerrissen), sauber und gebügelt zu sein. Dies gebietet der Respekt gegenüber den unterstellten Gruppenmitgliedern, welche schliesslich die Auftragsperson ansehen müssen, während sie ihre Anweisungen gibt.

Wenn wir schon bei der Kleidung sind: In einer demokratischen Gesellschaft ist zudem Vermummung ein absolutes No-Go für alle Menschen. Dies gilt für vermummte Demonstranten ebenso wie für burkatragende Frauen. Zum einen muss sich hier niemand verstecken – auch nicht die Frauen vor den Männern –, zum andern haben alle ein Anrecht darauf zu wissen, wer ihre Nachbarinnen und Nachbarn sind. Es muss ohne Ausnahme darauf geachtet werden, dass in einer Demokratie mit offenen Karten – und Gesichtern – gespielt wird.

[10] Was Kinder und Autorität betrifft, stecken sowohl die Erwachsenen als auch sie selbst in einer speziellen Situation. Da sie psychisch und körperlich nicht ausgewachsen sind, sind sie auf einen geschützten Rahmen angewiesen. Bis sie mit achtzehn Jahren selber voll urteils- und handlungsfähig sind, haben sie Anrecht auf Fürsorge und Unterstützung durch die erwachsenen Personen. In dieser Zeit sind sie im Gegenzug der Autorität aller mündigen Mitglieder der Gesellschaft unterstellt. Sie können sich ihr nicht entziehen.

Eltern fassen zwangsläufig bei der Geburt ihres Kindes einen fast zwei Jahrzehnte währenden Auftrag, der keine Pause kennt und sowohl Verpflichtungen als auch umfassende Vollmachten beinhaltet. Die Erziehungsberechtigten übernehmen die Aufgabe, ihren Kindern einen sicheren Rahmen zu bieten, der ihnen eine gesundes, altersgerechtes Aufwachsen ermöglicht. Auch treffen sie die wichtigen Entscheidungen für sie.

Die anderen Erwachsenen erhalten mit Eintritt ihrer eigenen Mündigkeit das Mandat, sich im öffentlichen Raum auch um fremde Kinder zu kümmern. Es tritt jeweils für kurze Zeit in Kraft, wenn sie einem Kind begegnen, das Hilfe oder Schutz benötigt oder das sich auffällig benimmt. Die ihm unbekannten Erwachsenen helfen ihm, suchen eine Lösung für sein Problem oder fordern von ihm freundlich, aber bestimmt ein gesellschaftlich kompatibles Verhalten ein. Dies stellt keine Einmischung in innerfamiliäre Angelegenheiten dar, sondern eine Hilfe für die Kinder und ihre Eltern.

Folglich sind alle Erwachsenen gegenüber Kindern und Jugendlichen generell Auftragspersonen, die für den Nachwuchs zu sorgen haben, denen aber auch die entsprechenden Befugnisse zustehen. Die Kinder ihrerseits treten den Erwachsenen freundlich gegenüber und kommen deren Anordnungen angemessen nach.

Diese Problematik kommt in **Teil 2** erneut zur Sprache.

[11] Weil Auftragspersonen seit 1968 bei ihrer Gruppe auf keinen Fall autoritär auftreten wollen, ist heute oft eine Führungsschwäche zu beobachten. Sie schadet der Gemeinschaft.

Es gehört zum Auftrag einer Mandatsperson, das Ziel der Gruppe und das Wohl der ganzen Gesellschaft im Auge zu haben und durchzusetzen. Tanzt nun jemand zu eigenen Gunsten aus der Reihe, hat die Auftragsperson dieses nicht korrekt betragende Gruppenmitglied zurückzuholen. Sie muss hinsehen, Rückgrat zeigen und seinem Verhalten Einhalt gebieten. Daran hapert es heute manchmal, mit oft weitreichenden und schädlichen Folgen für viele Beteiligte. Führungsschwäche muss mit dem Wechsel von der früheren Autoritätsperson zur demokratischen Mandatsperson ein Ende haben.

[12] Ich komme auf den deutschen Verteidigungsminister Freiherr zu Guttenberg zurück (siehe Bemerkungen am Schluss des Kapitels „Das Kollektiv: Ein überholtes Sozialsystem"). Nicht nur er und seine Kreise benötigen noch etwas Nachhilfe in Sachen Demokratie, sondern wir alle, die wir uns von ihrem adeligen Schein haben blenden lassen! Denn dafür, dass wir von glamourösen Auftritten beeindruckt sind, bezahlen wir einen Preis: Eine schlecht funktionierende Regierung, unzweckmässige Gesetze, Korruption, Skandale und unzeitige Rücktritte sind mögliche Konsequenzen. Damit ist uns nicht gedient.

Echte Integrität, auch wenn sie weniger glanzvoll erscheint, ist in jedem Fall jeglicher Inszenierung vorzuziehen. Die demokratische Staatsform funktioniert nicht mit einzelnen „boulevardfähigen" Übermenschen (Maybrit Illner in ihrer Talkrunde, ZDF 10. März 2011), die schimmernd aus der Masse herausstechen, sondern mit vielen gewöhnlichen Leuten, die – ganz unspektakulär – ihre Arbeitskraft der Gesellschaft für einen Auftrag zur Verfügung stellen. In der Schweiz beobachte ich hin und wieder Politikerinnen und Politiker, wie sie ihr Mandat unauffällig, auf integre Weise und nach bestem Wissen und Gewissen zu unser aller Wohl wahrnehmen. (Danke!) Sicherlich sind solche Auftragspersonen in jedem Land zu finden. Demokratie ist nur möglich mit vertrauenswürdigen Menschen und nicht mit solchen, von denen wir uns gerne eine geschönte Fassade vorgaukeln lassen, weil uns ihre Inszenierung wichtiger ist als ihre Arbeit.

[13] Manchmal muss man Anweisungen einer nicht sichtbaren Auftragsperson nachkommen.

[14] Oft übernehmen auch Maschinen die Aufgabe, Befehle zu erteilen – zum Beispiel Verkehrsampeln. Sie sind ebenfalls von Mandatspersonen programmiert und eingestellt worden.

Vertragssache Autorität

Wir haben uns mit der Autorität ausübenden Person und ihrem Wandel von der schlecht beleumdeten „Respektsperson" zur heutigen Mandatsperson befasst. Nun will ich die Auswirkungen von Autorität für die Gegenseite beleuchten, nämlich für diejenigen, die sich den Machtbefugnissen einer Auftragsperson fügen müssen, für die „Gehorchenden".

Denn wir treffen Autorität im Alltag täglich mehrmals in unterschiedlichen Situationen an und sind ihr unterworfen. Auch wenn es uns erstaunt: Wir tun dies freiwillig!

Autorität
von morgens bis abends

Autorität wird in zwei Feldern ausgeübt, im staatlichen und im nichtöffentlichen Bereich. Die häufigsten Situationen, in denen wir mit ihr im Laufe des Tages konfrontiert werden, sind zivilrechtlicher Natur. Die Deckung unserer Bedürfnisse – nach Nahrung, Kleidung, Unterkunft, Mobilität[1], bestimmten Dienstleistungen sowie nach Luxus – ist privatwirtschaftlich organisiert.

Wenn wir im täglichen Leben die Befehlsgewalt anderer zu spüren bekommen, haben wir die entsprechenden Umstände selber gewählt. Das bedeutet, dass wir als Erwachsene uns aus eigenen Stücken in den Machtbereich anderer Menschen begeben.

„Ich ordne mich freiwillig einer Autorität unter? Sind Sie sicher?"

widersprechen Sie vielleicht ungläubig. „Dies kann nicht sein!

- Schliesslich bin ich meinem Boss ausgeliefert. Jeden Tag befiehlt der mich herum: ‚Tun Sie dies! Tun Sie das! Geht es nicht schneller?' Jahrein, jahraus muss ich immer gehorchen und tun, was er will!

- Um zur Arbeit zu gelangen, muss ich täglich den öffentlichen Verkehr benutzen. Es geht nicht anders! Aber die dauernden Kontrollen der Bahnangestellten gehen mir auf die Nerven! „Nehmen Sie Ihre Schuhe vom Sitz!", befahl mir letzthin einer!

- Und dann beim Arzt, der mich belehrt, was ich essen und welche Medikamente ich einnehmen soll. Keine Diskussion! ‚Wenn Sie gesund werden wollen', sagt er, ‚machen Sie, was ich sage.' Darf ich die Schwarzwäldertorte nun nicht wegputzen?

- Im Strandbad, wenn ich schwimmen gehe, hat es einen  Bademeister. Sagt der mir doch, dass ich nicht von der Seite in den Pool springen und gefälligst meine Kippen entsorgen soll! Was meint er eigentlich, wer er sei?

- Auch wenn ich mit meinen Freundinnen ins Restaurant gehe, führt uns die Kellnerin zu einem Tisch. Nicht einmal unseren Platz können wir selber auswählen! Dann befiehlt sie mir noch, hier nicht zu rauchen. Ist die Kundin nun Königin oder nicht?

- Komme ich nach Hause, begegne ich schon unserer Hauswartin. Sie hat wohl nichts anderes zu tun, als mir aufzulauern! Ich hätte die Waschküche unordentlich hinterlassen. Das geht sie doch nichts an! Die macht das nur, um mich zu ärgern!

- Und dann muss ich am Samstagmorgen zur Weiterbildung. Die Chefin

meint, ich bräuchte noch ein bestimmtes Diplom, sonst hätte ich keine Aufstiegschancen. Den ganzen Morgen wird mir im Schulzimmer von einer Lehrperson mein Verhalten vorgeschrieben, sogar Hausaufgaben gibt sie mir und kontrolliert sie! Vor der Klasse weist sie mich zurecht, nur weil ich mit meiner Nachbarin etwas geplaudert habe. Nächsten Sommer muss ich eine Prüfung ablegen, bei der natürlich die Experten sagen, ob ich sie bestehe oder nicht."

Und so seufzen Sie: „Ich muss mich dauernd einer Autorität beugen!"

Ich will etwas – und bezahle dafür

In diesen Szenen kommen in unseren Augen „Autoritätspersonen" vor, die scheinbar mit uns umspringen, wie es ihnen passt. Wir sind deshalb geneigt, Widerstand zu leisten oder ihre Anweisungen nicht ernst zu nehmen. Dabei beachten wir nicht, dass es sich um Mitarbeitende von Firmen handelt, mit denen wir einen Handel tätigen. Wir bedienen uns ihrer Dienste oder kaufen ihre Produkte – gegen Geld. Die Unternehmen haben ihr Arbeitsvolumen in bestimmter Weise strukturiert und dabei Mandate mit entsprechenden Befugnissen ihren Angestellten übergeben. Diese führen als Auftragspersonen die Anweisungen ihres Arbeitgebers aus. Damit stellen sie sicher, dass wir die von uns geforderte Ware oder Dienstleistung auch in der entsprechenden Qualität erhalten.

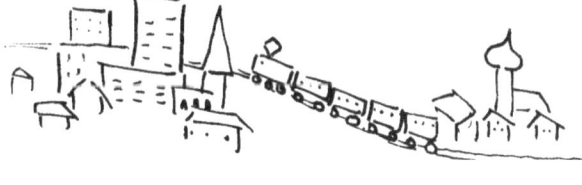

*   So nehme ich im obigen Fall als Pendlerin die Dienste der Bus- oder Bahngesellschaft in Anspruch. Sie bietet mir eine Fahrt von meinem Wohnort zu meinem Arbeitsplatz an. Es ist ein Kaufvertrag, der mir eine sichere und pünktliche Fahrt gegen Bezahlung gewährleistet.

- Als Patientin nehme ich die Dienste des Arztes in Anspruch, damit er mich  untersucht und mir zu meiner Heilung eine Diagnose stellt, Medikamente verschreibt und vielleicht einen Eingriff vornimmt.

    - Ich nehme die Dienste und Örtlichkeiten des Strandbades in Anspruch, wo ich in einem Bassin unfallfrei baden und mich auf einer sauberen Wiese ausruhen kann. Für meine Sicherheit und die Ordnung der Anlage ist der Bademeister zuständig.

- Als Gast nehme ich die Dienste des Restaurants in Anspruch, welches mir einen Tisch in gewärmten  Räumlichkeiten und gutes Essen bereitstellt. Die Restaurationsfachfrau garantiert mir und den anderen Gästen einen reibungslosen Ablauf und ein freundliches Ambiente.

- Ich nehme als Mieter die Dienste der Hausverwaltung in Anspruch. Die Hausmeisterin wird beauftragt, sich darum zu kümmern, dass die Räume, zu denen alle Mietparteien Zugang haben, einem bestimmten Standard entsprechen. Diese Dienstleistung ist Teil meines Mietverhältnisses.

- Als Lernende nehme ich die Dienste der Schule in Anspruch, die mir eine ausgezeichnete Vorbereitung für mein Diplom anbietet. Die Lehrperson hilft mir, effizient das Nötige für die Prüfung zu lernen.

    - Als Arbeitnehmerin sind die Umstände zwar umgekehrt, denn hier nimmt die Firma meine Dienste in Anspruch. Doch erhalte ich Lohn dafür. Es ist im Rahmen meines Arbeitsvertrages meine gesetzlich vorgeschriebene Pflicht, die Anordnungen meiner Vorgesetzten auszuführen.

All diese Situationen sind gegenseitige Absprachen, für die ich bezahle oder

bezahlt werde. Will ich haben, was die Firma mir anbietet, schliesse ich mit ihr einen Vertrag ab. Dabei begebe ich mich in ihre Abhängigkeit. Ich erhalte etwas, muss mich aber im Gegenzug an gewisse Spielregeln halten.

Autorität ist Bestandteil von Verträgen

Sind es noch kleine Firmen, kann ich mit meinem Geschäftspartner den Vertrag auf meine Umstände massschneidern. So habe ich letzthin an den

Ufern des Vierwaldstättersees ein Taxi bestellt, das mich in ein Nachbardorf bringen sollte. Da das Taxiunternehmen eine Ich-AG war und der Fahrer zugleich der Besitzer des Wagens, konnte er sowohl meine Wünsche berücksichtigen als auch die Fahrt nach seinem Gutdünken gestalten. So wurden wir

handelseinig. Auf meiner Reise bis dort hingegen musste ich die Zugsfahrt so nehmen, wie sie die Schweizerischen Bundesbahnen allen Passagieren zur Verfügung stellten. Ich konnte nicht mitbestimmen, unter welchen Bedingungen mich der Zug von Zürich in die Innerschweiz fahren sollte. Hier nahm ich ein vorgefertigtes Angebot einer unternehmerischen Gruppe in Anspruch und reihte mich damit in die Gemeinschaft der

Zugfahrenden ein. Mit diesem Akt habe ich mich verpflichtet, mich im üblichen Rahmen in diesem Umfeld zu benehmen, die Benutzerordnung einzuhalten und den Anweisungen der entsprechenden Mandatspersonen, den Bahnangestellten, nachzukommen.

Ich ergänze die schon bestehende Definition von Autorität. Wir haben sie bereits für diejenigen Menschen kennen gelernt, die – altmodisch gesagt – Befehle erteilen dürfen. Diesmal geht es um die andere Seite der gleichen Münze, nämlich um diejenigen, die ihnen unterstellt sind und ihren Anordnungen Folge zu leisten haben:

173

2. Autorität im demokratischen Umfeld entsteht für die *Einzelperson, die sich ihr zu unterziehen hat, aus einem Vertrag. Sie schliesst ihn mit einer Gruppe ab, um ein Produkt oder eine Dienstleistung zu erhalten. Bei Vertragsabschluss erklärt sie sich mit den Machtbefugnissen der Gegenpartei einverstanden. Damit unterstellt sie sich ihnen aus eigenem Willen und befolgt die Anweisungen der Mandatspersonen unverzüglich und freundlich.*

Die in diesem Vertrag eingeschlossenen Ermächtigungen sind Teil des Abkommens und gewährleisten eine reibungslose Organisation.

Wie in den obigen Beispielen gezeigt, sind es im zivilrechtlichen Segment meistens Kauf-, Miet- oder Arbeitsverträge, die uns in den Kreis von Personen mit einer Machtbefugnis bringen. Die Gegenparteien sind jegliche Art von Firmen – Läden, Unternehmen des öffentlichen Verkehrs, Dienstleistungsbetriebe, Arztpraxen, Liegenschaftsverwaltungen oder Arbeitgeber. Sie sind dabei frei, ihre Arbeitnehmenden für eine bestimmte Tätigkeit zu ermächtigen. Indem ich einen Vertrag eingehe, willige ich ein, die von der Firma gestellten Mandate und ihre Träger anzuerkennen. Das gilt auch, wenn ich mich auf das Terrain der Firma begebe. Dies geschieht zum Beispiel  beim Eintritt ins Restaurant oder in die Abfertigungshalle des Flughafens, wenn ich das Postauto besteige, mich zum Einkaufen in einem Warenhaus umsehe oder eine Skipiste hinuntersause.

Werfen wir einen Bumerang, kommt er zurück

Denn mit einem solchen Schritt trete ich einer Gruppe bei. Ich gehöre nun zu denjenigen, die eine bestimmte Arbeit erledigt haben möchten und dafür ein Mandat vergeben. Ich reihe mich in die Schar der Gruppenmitglieder ein, die mit einer gemeinsamen Sprechblase einer Fachperson laut sagen: „Erledige XY für uns!" Meist ist der Auftrag zu diesem Zeitpunkt allerdings schon an die Mandatspersonen übertragen, ich bin beim ursprünglichen Werfen des

Bumerangs noch gar nicht dabei. Wenn ich dazustosse, läuft das Ganze bereits. Doch der Bumerang kommt ja in Form von Anweisungen und Befehlen

wieder zurück, und jetzt, da ich auch zur Gruppe gehöre, trifft er mich ebenfalls. Wenn ich mich auf der Gartenterrasse eines Restaurants niederlasse, werde ich automatisch Mitglied einer Gruppe, die schon besteht. Ich kann deshalb nicht mehr mitbestimmen, wie hier die Organisation vonstattengehen soll oder was in die Hausordnung oder auf die Speisekarte zu stehen kommt. Dies alles ist längst entschieden. Diejenigen, die früher da waren, haben den Bumerang schon abgeschickt. Mich geht er nur etwas an, wenn er zurückkehrt. Ich habe mich also an die Anweisungen der Mandatspersonen, hier des Servicepersonals, zu halten und die üblichen Gepflogenheiten zu beachten, zum Beispiel in den Innenräumen Ipod und Klingeltöne des Handys auf lautlos zu stellen und leise zu telefonieren. Ich kann jedoch davon profitieren, dass ein fertig eingerichtetes,

---

Das Restaurant mit Blick auf den Zürichsee

Was ist eine Gruppe im privatwirtschaftlichen Sinn? Nehmen wir ein schön gelegenes Restaurant, hoch über dem Zürichsee. Hier möchte ich an einem sonnigen Frühlingstag das Mittagessen einnehmen und mich an der wunderbaren Aussicht über die Stadt, den See und die fernen Berge erfreuen. Damit trete ich der Gruppe „Restaurant" bei. Diese besteht aus den Restaurantbesitzern und -betreibern sowie den Kundinnen und Kunden. Zugegebenermassen ist sie nicht demokratisch organisiert wie der Staat, indem die Klientel direkt darüber entscheiden kann, wer die Patronne ist, wer kocht und serviert oder auch wie das Restaurant geführt wird. Trotzdem gehören sowohl Eigentümerin, Wirt, Küchen- und Bedienungspersonal als auch Gäste dazu, sonst funktioniert ein Restaurant nicht. Die Gruppe würde wirtschaftlich nicht überleben. Zwar ist das Restaurant aus der unternehmerischen Eigeninitiative der Betreibenden oder Besitzenden entstanden, aber die Gäste stimmen mit ihrem Besuch darüber ab, ob sie für die Dauer eines Essens dieser Gruppe zugehören wollen oder nicht, und damit auch, ob diese Institution weiterhin besteht.

funktionierendes Restaurant mit nettem Personal und exquisitem Essen auf mich wartet.

Dies ist mit privatwirtschaftlichen Angeboten häufig so: Zum einen bestehen die Waren oder Dienstleistungen der Firma und damit die entsprechenden Umstände bereits, zum andern gibt es im unternehmerischen Bereich kaum ein demokratisches Mitspracherecht.[2] Die von den Angestellten ausgeübte Autorität ist vorgängig definiert worden. Ich kann mich jedoch entscheiden, ob ich das vorgefertigte Angebot annehmen will oder nicht.[3]

Autorität im Alltag sehe ich so:

> **Die <u>Auswirkungen von Autorität im zivilrechtlichen Bereich</u> verursacht die ihnen unterworfene Person selbst und zwar zum Zeitpunkt, in welchem sie einen Kauf-, Miet- oder Arbeitsvertrag abschliesst. Sie entscheidet sich freiwillig, mit Firmen schriftlich, mündlich oder stillschweigend ein Abkommen einzugehen, und akzeptiert die damit verbundenen Machtbefugnisse.**
>
> **Deshalb hält sie ihren Teil des Vertrags mit einem zuvorkommenden Benehmen im entsprechenden Umfeld und gegenüber der Mandatsperson ein.**

„Billette bitte!"

Unternehmen wir zum Beispiel eine Bahnreise, haben wir mit Eintritt in den Zug einen Vertrag abgeschlossen. Zwar haben wir nichts unterschrieben, nicht einmal zu einem Handschlag oder einer mündlichen Vereinbarung ist es gekommen. Doch indem wir auf dem Bahnsteig unseren Fuss in den Waggon setzen, welcher der Eisenbahngesellschaft gehört, betreten wir fremdes Territorium. Damit erklären wir, dass wir zur Gruppe der Zugpassagiere zählen wollen. Wir bekunden in diesem Falle stillschweigend – also ohne mündliche oder schriftliche Absichtserklärung –, dass wir den Transport von uns selbst wünschen. Im Austausch dazu erklären wir uns

bereit, zusätzlich zur Bezahlung des vom Bahnbetrieb festgesetzten Preises uns sowohl der „Hausordnung" als auch den Anweisungen des Zugpersonals zu unterziehen. Das entsprechende Billett haben wir meist vorher gekauft, zum Beispiel am Automaten. Kommt nun eine Schaffnerin und verlangt zur Kontrolle unseren Fahrschein, ist sie keine „Autoritätsperson", die uns böse

will. Sie ist die von der Firma gestellte Mandatsperson, welche die Befugnis hat sicherzustellen, dass die Fahrgäste ihre Fahrt auch bezahlt haben. Sie sorgt mit ihrer Arbeit dafür, dass das Unternehmen finanziell bestehen und diesen Transport auch in Zukunft anbieten kann. Ausserdem ist sie für einen ordnungsgemässen und friedlichen Ablauf zuständig. Dass wir uns ihren Anweisungen fügen, ist neben angemessenem Verhalten und der Bezahlung der Fahrt unser Beitrag des getätigten Handels. Wir zeigen der Bahnangestellten also das Ticket ohne Umstände. Hält sie uns zudem noch an, unsere Musik auf lautlos zu stellen, sodass die Mitreisenden sie nicht hören, kommen wir auch diesen Anweisungen sofort nach. Wir haben im Voraus um diese Verpflichtungen gewusst.

Am häufigsten werden wir kontrolliert, ob wir die beanspruchten Serviceleistungen – oder die Ware – auch bezahlt haben. So zeigen wir im öffentlichen Verkehr, beim Eintritt ins Kino, ins Fussballstadion, ins Festivalgelände oder ins Schwimmbad unser Billett. Häufig geht es auch um Ordnungsdienste, damit eine ruhige Durchführung gewährleistet ist. So sorgen Securitasleute[4] bei einer Baustelle für einen reibungslosen Verkehr, die als Wachleute engagierten Hells Angels mahnen auf dem Festivalgelände Überbordende zur Ordnung, der Türsteher wirft in der Disco einen

betrunkenen Gast hinaus, die Warenhausdetektivin stellt eine Diebin. Hier haben wir es mit der Ausübung privater Autorität zu tun. Sie ist Teil der firmeninternen Organisation.[5]

Halten wir uns nicht an die Anweisungen, müssen wir entweder einen bussenähnlichen Zuschlag bezahlen oder wir werden gebeten, das Lokal zu

Privatrecht im Alltag

Unser Alltag ist von rechtlichen Handlungen geprägt, ohne dass wir es bemerken. Wie stark gesetzliche Grundlagen und Verträge unser Leben durchziehen, beschreibt die Werbung einer Rechtskanzlei:

"Sie wachen am Morgen auf in einem Bett, welches Sie nach Art. 184 ff Obligationenrecht (OR) gekauft haben. Das Bett steht in einer Wohnung, für die Sie wahrscheinlich nach Art. 253 ff OR Miete bezahlen." Sie würden sich wohlfühlen, denn Ihre Nachtruhe sei nicht von Ihren Nachbarn gestört worden. Schliesslich seien diese dazu „nach Art. 684 ZGB verpflichtet". „Dann bereiten Sie das Frühstück für Ihre Kinder, für welche Sie nach Art. 296 ff Zivilgesetzbuch (ZGB) zu sorgen haben und denen Sie nach Art. 276 ff ZGB zu Unterhaltsleistungen verpflichtet sind." Wenn Sie eine Zeitung abonniert hätten, fänden Sie sie auf Grund einer speziellen Art des Kaufvertrages frühmorgens in Ihrem Briefkasten vor.

„Wie Sie sehen, haben Sie schon vor dem ersten Schluck Frühstückskaffee einen Ausflug quer durch das Schweizerische Privatrecht gemacht." Denn „wir schliessen täglich Dutzende von Verträgen und erfüllen Hunderte von Pflichten." (www.advokatur-trias.ch 2008)

verlassen und die Dienste nicht mehr in Anspruch zu nehmen. Die Firma ist dann an uns als Klientel nicht mehr interessiert. Bei Betrug oder Diebstahl kann sie uns auch eine Strafanzeige androhen und die Polizei, die für Sicherheit zuständige Staatsmacht, einschalten.

Ich habe eine Wahl

Allen erwähnten Alltagssituationen ist gemeinsam, dass ich mich freiwillig in sie hineinbegebe. Niemand zwingt mich zu diesen Handlungen. Es steht mir offen, einen bestimmten Vertrag einzugehen oder nicht. Generell komme ich jedoch nicht darum herum, anderen Menschen zu begegnen. Nur wenn ich zu Hause bliebe, könnte ich solche Konfrontationen mit Macht umgehen. In der Konsequenz hiesse das, daheim in der Stube hocken zu bleiben. Dies ist jedoch unrealistisch, will ich nicht allein im Wald leben. Gehe ich also unter die Leute, treffe ich im Laufe des Tages immer wieder auf Gegebenheiten, die mich zwingen, mich einer fremden Autorität zu beugen. Allerdings entscheide ich mich vorher für die entsprechenden Umstände. Ich kann unter ver-

schiedenen Möglichkeiten auswählen, es bleibt mir hier ein gewisser Spielraum. Stets habe ich eine Alternative, es anders zu machen:

- So sagt mir keine „Autoritätsperson", der ich unbedingt gehorchen muss, dass ich genau an diesem Arbeitsplatz unter diesem Vorgesetzten zu arbeiten habe. Ich kann die Stelle wechseln oder mich selbständig machen.

  - Ich wähle selber, ob ich mit der Bahn zur Arbeit fahre. Ich könnte auch das Fahrrad nehmen oder so nahe wohnen, dass ich zu Fuss gehen kann.

- Ferner zwingt mich niemand, im Strandbad zu baden – wie wärs mit dem nahegelegenen Natursee oder Walking durch den Park?

- Ebenso muss ich nicht im Restaurant zu essen. Ein Picknick oder gemeinsames Kochen zu Hause wären auch sehr gemütlich.

- Ich entscheide mich freiwillig, mich untersuchen zu lassen, und auch bei welchem Arzt. Ich könnte mir Rat bei einer andern Ärztin holen, zu einem Spezialisten der traditionellen chinesischen Medizin gehen oder zu Großmutters Hausmittelchen greifen.

- Wenn mich zuhause die Abwartin ärgert, kann ich an einen Ort umziehen, wo der entsprechende Dienst anders organisiert ist. Vielleicht will ich sogar selber den Hausmeisterposten übernehmen?

- Selbst dann, wenn es mir von meiner Vorgesetzten ans Herz gelegt worden ist, will ich das Diplom von mir aus machen. Ich habe mich aus eigenem Antrieb dazu entschlossen, meiner Karriere durch Weiterbildung in einem schulischen Umfeld auf die Sprünge zu helfen. Ich könnte mich autodidaktisch auf die Prüfung vorbereiten oder einen Fernkurs belegen. Auch wäre es möglich, generell andere Wege der Karriereplanung zu beschreiten. Hat mir nicht letzthin eine Freundin von ihrem Auslandsaufenthalt geschwärmt?

Wir sehen, hier bleiben uns immer unterschiedliche Handlungsmöglichkeiten. Wir können jederzeit einen anderen Weg wählen. Doch als soziale Wesen kommen wir nicht darum herum, in Kontakt mit anderen Menschen zu stehen und uns ihnen hin und wieder anzuschliessen. Treten wir einer Gruppe bei – und sei es auch nur vorübergehend –, ist es nicht zu vermeiden, dass wir den Anordnungen fremder Menschen nachkommen müssen.

Wir treten in sichtbare Gruppen ein ...

Wenn mehrere Menschen beieinander sind, ist eine Führungsperson meist nicht weit. Wollen sie gemeinsam etwas erreichen, benötigen sie eine Leitung. Schliesslich muss eine Gemeinschaft ihr Zusammenleben organisieren.

Umgekehrt ist auch richtig, dass eine Auftragsperson in unserem Sinne ihre Befugnisse nur innerhalb einer Gruppe ausüben kann.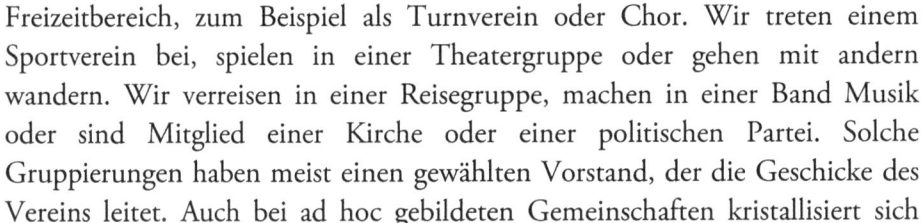

In den meisten Fällen sind Gruppen für uns gut erkennbar. Wir finden sie im Freizeitbereich, zum Beispiel als Turnverein oder Chor. Wir treten einem Sportverein bei, spielen in einer Theatergruppe oder gehen mit andern wandern. Wir verreisen in einer Reisegruppe, machen in einer Band Musik oder sind Mitglied einer Kirche oder einer politischen Partei. Solche Gruppierungen haben meist einen gewählten Vorstand, der die Geschicke des Vereins leitet. Auch bei ad hoc gebildeten Gemeinschaften kristallisiert sich

häufig eine Führungsperson heraus. In der Arbeitswelt ist eine Firma eine Gruppe. Dies ist uns als Arbeitnehmende bewusst. Meist ist hier Autorität in hierarchischen Stufen gegliedert, quasi auf unterschiedlichen Stockwerken. Oft arbeiten wir in Teams, in welchen ebenfalls jemand die Führungsrolle innehat.

Die uns am besten bekannte geführte Gruppe ist sicherlich im Bildungsbereich zu finden. Es ist die Schulklasse, der eine Lehrkraft vorsteht. Auch die Familie

ist eine Gruppe. Früher war der Vater „das Haupt der Familie" und entschied in allen relevanten Fragen allein. Unsere heutigen Gesetze bestimmen, dass die Eltern gemeinsam für die Belange der Kinder und der ganzen Familie die Verantwortung tragen.

In all diesen Fällen sehen wir deutlich, dass es sich um eine Gruppe handelt, deren Geschicke sichtbar von einer Mandatsperson geleitet werden. Uns ist klar, dass die Gruppenmitglieder ihren Anordnungen Folge leisten müssen.

... und in unsichtbare

Doch nicht in jeder Situation ist uns bewusst, dass wir Teil einer Gemeinschaft sind und damit einer ordnenden Auftragsperson unterstehen. Denn die Gruppen scheinen sich uns nicht als solche zu präsentieren. Trotzdem sind sie da. So bin ich aus meiner Sicht allein und als Privatperson im Zug, im Hotel, im Warenhaus, in der Disco oder an einem Festival unterwegs. Ich bemerke gar nicht, dass ich mich damit in eine grössere Einheit einreihe. Für die entsprechende Mandatsperson ist dies aber offensichtlich. Aus ihrer Sicht bin ich eine von vielen innerhalb ihres Auftragsbereichs. Für die Bahnangestellte gehöre ich zur Gruppe der Zugfahrenden, für den Concierge zur Gruppe der Hotelgäste, für die Kassiererin zu derjenigen der Käuferschaft, für den Türsteher zur Gruppe der Discobesucher, für die Hells Angels zur Gruppe der Festivalteilnehmenden. Ohne es zu merken, begebe ich mich unter die Fittiche einer Auftragsperson. Ich unterstehe ihrer Leitung und Kontrolle und muss ihren Anweisungen nachkommen.

Auch das geht vorüber

Jedoch sind alle diese Umstände zeitlich begrenzt, wie wir bereits früher gesehen haben. Die entsprechende Auftragsperson kann ihre Machtbefugnis uber mich nur wahrend einer definierten Zeitspanne und In Inhaltlich beschränktem Mass über mich anwenden.

Ich komme auf die oben erwähnten Situationen zurück, wie wir Autorität im Alltag erfahren. Im Laufe eines Tages erleben wir oft mehrere in Folge. Damit wird klar: Ihre Wirkungszeit ist nicht von Dauer:

- Mein Arbeitstag währt acht bis neun Stunden. Abends und am Wochenende kann mir mein Vorgesetzter nicht dreinreden. Vermutlich bleibe ich auch nicht ein Leben lang in der gleichen Firma.

- Den Arzt sehe ich nur während einer Konsultation. Sogar wenn ich mich operieren liesse, bliebe ich nur einige Tage im Spital. Ob ich zuhause seinen Anweisungen nachkomme und zum Beispiel Medikamente schlucke, ist meine eigene Entscheidung.

- Die Fahrt mit dem öffentlichen Verkehr dauert vielleicht eine halbe Stunde. Danach kann mir die Schaffnerin oder der Buschauffeur nichts mehr anhaben.

- In der Badeanstalt hüpfe ich ins Wasser, lege mich etwas an die Sonne und verlasse bald darauf das Gelände wieder. Damit entziehe ich mich dem

Einflussbereich des Bademeisters.

- Ebenso halte ich mich im Restaurant höchstens einige Stunden auf. Habe ich bezahlt und stehe wieder auf der Strasse, braucht mich die Kellnerin nicht mehr zu kümmern.

- Auch der Hausmeisterin begegne ich nur kurz. Innerhalb meiner eigenen vier Wände oder wenn ich abwesend bin, hat sie mir nichts zu befehlen.

- Sogar die Weiterbildung ist nach Kursende fertig, sowohl am Samstagmittag als auch, wenn ich nach monatelangem regelmässigem Besuch das Diplom in Händen halte. Die Lehrkraft und die Prüfungsexperten können nun nichts mehr von mir verlangen.

Jedes Mal hat die entsprechende Mandatsperson daraufhin keine Möglichkeit mehr, in mein Leben einzugreifen.

Die Auswirkungen von Autorität im zivilrechtlichen Bereich sind selbst gewählt und fakultativ. Ich erfahre sie freiwillig als Folge von  privatwirtschaftlichen Verträgen, die ich gewünscht und abgeschlossen habe. Dem Machtbereich anderer Menschen bin ich nur innerhalb einer bestimmten Zeitspanne unterstellt und auch nur in ihren definierten Funktionen als Auftragspersonen. Dass ich ihre Anordnungen befolge, ist Bestandteil des Vertrages auf meiner Seite. Ich komme ihnen deshalb gerne und gelassen nach. Denn dies hilft mit, mir und den andern Gruppenmitgliedern die Dienstleistung oder Ware in einer erstklassigen Qualität zu verschaffen.

Kein Flecken Erde ist mehr staatenlos

Doch Autorität wird nicht nur im zivilrechtlichen Bereich ausgeübt, sondern besonders auch von staatlichen Organen. Hier sind wir ebenfalls einen Vertrag eingegangen. Allerdings ist unsere Wahlfreiheit umständehalber stark eingeschränkt.

Denn zivilrechtlich steht uns eine Auswahl zur Verfügung. Nehmen wir an, wir liebäugeln mit dem Gedanken, eine neue Jacke zu kaufen. Noch auf der Strasse stehend, können wir nun entscheiden, ob wir in dieses Shoppingcenter

oder in jene Schickimicki-Boutique hineingehen wollen. In beiden Läden haben wir die Hausregeln zu beachten und uns den Anordnungen der Mandatspersonen zu unterziehen. Vielleicht entschliessen wir uns auch, von einem möglichen Kleiderkauf abzusehen und weiterzugehen. Schliesslich befinden wir uns noch ausserhalb dieser

Läden. Deshalb können wir unter verschiedenen Möglichkeiten eine aussuchen.

Was jedoch den Staat betrifft, liegt es nicht in unserer Hand, ob wir in ihn eintreten wollen oder nicht. Denn wir befinden uns bereits in einem „Haus". Es ist in der heutigen Zeit nicht mehr möglich, sich ausserhalb von Staatsgebieten aufzuhalten, da im neunzehnten Jahrhundert im Zuge des Kolonialismus jeder Flecken dieser Erde Teil eines staatlichen Territoriums geworden ist. Es gibt kein Niemandsland mehr. Wir können nirgendwo hingehen, wo es keinen Staat gibt, und uns damit der Staatsmacht entziehen. Das war früher anders, als unsere Vorfahren als Siedler in unbekannte Landstriche eindrangen. Doch in unseren Tagen ist dies unmöglich geworden, wir können nicht mehr – quasi von der Strasse aus –

wählen, ob wir in dieses oder jenes Haus eintreten wollen oder lieber doch nicht. Wir sind schon in einem „Staatsladen" geboren! Wir kommen bei unserer Geburt zur bestehenden Einwohnerschaft hinzu. Wo immer wir uns aufhalten, sind wir

zwingend Teil der Staatsgemeinschaft, auf deren Boden wir uns befinden. Deshalb müssen wir uns auch an die jeweilige „Hausordnung" halten. Diese

besteht bereits.

Der Grundsatz aus dem zivilrechtlichen Bereich, dass wir als Einzelpersonen zu einer Gruppe stossen, ist also auch hier gegeben. Entweder werden wir in sie hineingeboren oder wir entschliessen uns, in einen andern Staat einzureisen, in welchem auch schon eine Gemeinschaft besteht. Auf diese Weise sind wir heute überall den Gesetzen eines Landes unterworfen – egal wo wir leben. Wir können uns ihnen nicht entziehen. Wir haben aus der Tatsache, dass wir uns immer in den Grenzen eines Staates befinden – und befinden müssen – keine Wahl. Denn innerhalb des Hoheitsgebietes eines Landes gilt für alle Menschen die jeweilige staatliche Autorität. Was den Staat angeht, sind uns zwar durch diese Gegebenheiten die Hände gebunden, doch das Grundprinzip bleibt das Gleiche.

Auch eine Verfassung ist ein Vertrag

In Demokratien ist die Verfassung die „Hausordnung". Sie ist auch ein Vertrag. Frühere Generationen haben diesen „Gesellschaftsvertrag", wie ihn die Philosophen des 18. Jahrhunderts entwickelten, miteinander abgeschlossen. Er hat für die ganze Gemeinschaft Gültigkeit. Aus ihm leiten wir die parlamentarisch ausgehandelten Gesetze und Verordnungen und damit die Befugnisse der Staatsorgane ab. Unsere Wahlmöglichkeiten bezüglich des Staates sind deshalb stark reduziert. Werden wir geboren oder reisen wir ein, hat die bestehende Gemeinschaft schon Gesetze und gesellschaftliche Regeln erlassen, an die wir uns halten müssen.[6] Selbstverständlich können wir, falls wir die Staatsangehörigkeit besitzen, als Erwachsene mithelfen, diese Gesetze zu verändern.

Das heisst demnach:

Die <u>Auswirkungen der staatlichen Autorität</u> entstammen in Demokratien demjenigen Vertrag, welchen die Bürgerinnen und Bürger – beziehungsweise ihre Vorfahren – miteinander geschlossen haben: Die Verfassung. Die einzelne Person kommt daher

185

den parlamentarisch ausgehandelten Gesetzen und den Anordnungen der gewählten behördlichen Mandatspersonen angemessen nach.

Da sich die Länder heute über das ganze Erdterritorium erstrecken, sind alle Menschen zwingend einer Staatsmacht ausgesetzt. Aus diesem Grund ist im öffentlichrechtlichen Bereich die Wahlfreiheit, die zivilrechtlich besteht, eingeschränkt.

In einer Demokratie garantiert uns die rechtsstaatliche Ordnung, der alle unterstehen, individuelle Freiheit, Sicherheit und geregelte Abläufe. Wir können auf ein funktionierendes Rechtssystem wie auch auf viele Grund- und Menschenrechte zählen – zum Beispiel auf körperliche Unversehrtheit, selbstbestimmte Sexualität und Heirat, Meinungsfreiheit und politisches Mitspracherecht, Religionsfreiheit sowie die Möglichkeit, unseren Wohnsitz frei zu wählen[7]. Als Staatsbürgerinnen und -bürger haben wir damit Rechte, im Gegenzug aber auch Pflichten.

Wer Rechte hat, hat auch Pflichten

Was unsere Pflichten betrifft, haben wir keine Wahl. Auch wenn einige Massnahmen von Gesetzes wegen einschneidende Konsequenzen auf unser Leben haben, können wir uns ihnen nicht entziehen. Es handelt sich hauptsächlich um drei Entscheidungsfelder:

Erstens geht es darum, wer sich überhaupt in diesem Land aufhalten darf. Die Verfassung eines modernen Staates gilt innerhalb eines bestimmten Territoriums, sie ist an ein Staatsgebiet gebunden. Also muss definiert werden, wer einen Pass und das Stimmrecht erhält, wer einreisen darf – sei es zu Ferienzwecken, zum Arbeiten oder als Asylsuchende – und auch, wer wieder gehen muss. Es geht also um Aufenthaltsbewilligungen, Einbürgerungen oder Ausweisungen.

Sind wir einmal auf Staatsboden akzeptiert, sorgt der Staat zweitens für unser Überleben. Er kümmert sich um Frieden gegen

Aussen. Zudem unterhält und schützt der Sozialstaat diejenigen, die nur eingeschränkt am Arbeitsleben teilnehmen können – die Unmündigen, Arbeitslosen, Behinderten und Alten. Als Gegenleistung haben wir alle unseren Beitrag zu leisten. Wir müssen als Kind die Schule besuchen[8] und als Erwachsene Steuern und Sozialabgaben bezahlen. In Ländern mit einer Milizarmee kümmern sich meist die Männer um die Sicherheit aller, das heisst, sie haben Militärdienst zu leisten. Die Mandatspersonen der staatlichen Behörden organisieren darum das Schul- und Steuerwesen und ziehen die jungen Leute zur Armee ein. Sie sprechen Arbeitslosen- und Rentengelder und treffen Entscheidungen im Vormundschaftswesen.

Drittens sorgt der Staat für Ruhe und Ordnung. Deshalb haben wir uns auf Staatsgebiet an die Verfassung zu halten und die Gesetze zu befolgen, sonst machen wir uns strafbar. Es kann zu Festnahmen und Untersuchungshaft bei kriminalpolizeilichen Ermittlungen kommen. Gerichte können Urteile fällen. Wer die Gesetze nicht einhält, kann mit Geldbussen, sozialen Einsätzen oder Freiheitsentzug bestraft werden. Wir müssen uns bewusst sein, dass durch das Gewaltmonopol die Staatsorgane allein das Vorrecht haben, derartige Strafen aufzuerlegen und die gesetzliche Ordnung notfalls mit Gewalt durchzusetzen.[9]

Kurze Begegnungen ohne gravierende Folgen

Natürlich können all diese Entscheide nachhaltige Folgen für unser Leben haben. Im Alltag jedoch kommen wir erfahrungsgemäss nur wegen kleinerer Organisations- und Vollzugsmandaten mit behördlichen Auftragspersonen in Kontakt. Deren Anweisungen müssen wir zwar auch in diesen Fällen zwingend einhalten, wie zum Beispiel Strassenverkehrsgesetze oder Baubestimmungen, doch tangieren sie unsere Grundrechte nicht im Kern.

Die häufigsten Begegnungen mit staatlichen Mandatspersonen, deren Vollmachten unsere Verhaltensweisen beeinflussen könnten, verlaufen nur kurz und haben keine gravierenden Konsequenzen für unser Leben. Sie dienen

187

der flüssigen Abwicklung von gesellschaftlichen Massnahmen und der Kontrolle, dass die Gesetze eingehalten werden. Sie garantieren uns, dass unser Zusammenleben rund läuft.

Wir müssen uns vor Augen halten, dass der Staat für Frieden, Sicherheit, Ordnung und den Schutz aller zu sorgen hat. Wer zum Beispiel wegen zu schnellen Fahrens von der Polizei eine Busse erhält oder sogar den Fahrausweis verliert, wird in seinen Verfassungsrechten nicht geschmälert, wohl aber diejenigen Personen, die der Raser vielleicht angefahren und in den Rollstuhl oder zu Tode gebracht hätte. Hier handeln die Ordnungskräfte präventiv, um nachteilige Situationen gar nicht entstehen zu lassen und mögliche Opfer zu vermeiden.

Willkür und Ungerechtigkeit
Treten beim Vollzug durch staatliche Mandatspersonen Fälle von Willkür auf oder kommen Ungerechtigkeiten vor, deutet dies auf Gesetzeslücken oder mangelndes Demokratieverständnis hin. Hier müssen wir auf parlamentarischem Weg Abhilfe schaffen. Orten wir fehlende Integrität oder Unfähigkeit der Auftragsperson, ist das entsprechende Wahlgremium, welches das Mandat vergeben hat, gefragt.

Typische Vertreter staatlicher Autorität, die uns im Alltag begegnen, sind Beamtinnen und Beamte, zum Beispiel in der Gemeindeverwaltung, auf dem Arbeitslosenamt oder der Steuerbehörde. Sie haben unterschiedliche Befugnisse, mit denen sie in unser Leben eingreifen könnten. Ebenso übt die Polizei Macht aus, zum Beispiel zur Regelung des Strassenverkehrs oder als Ordnungshüter bei Demonstrationen und Grossereignissen wie der Europäischen Fussballmeisterschaft. Wir treffen Autorität beim Grenzübergang oder auf Flughäfen an, wo Zollbeamte nicht nur unsere Pässe, sondern auch das Gepäck kontrollieren. Die Mitglieder des Parlaments, der Regierung und der Gerichte gehören zum Staatspersonal, ebenso die Lehrpersonen an den Volksschulen.

Zudem dürfen wir nicht vergessen: Auch im staatlichen Bereich gilt der
Grundsatz der zeitlichen Beschränkung in denjenigen
Fällen, in denen die Staatsorgane Massnahmen
ergreifen müssen. Es ist dasselbe Prinzip, wie ich es
oben für den zivilrechtlichen Alltag ausgeführt habe.[10)]

Dennoch kommen wir nicht darum herum
festzuhalten: Wo immer ich mich aufhalte – ob in meinem Heimatland oder
ausgewandert, ob bei geringfügigen Entscheiden oder solchen mit grossen
Folgen für mich –, der Verfassung sowie den Gesetzen eines Landes und deren
Vollzug bin ich jederzeit unterworfen. Ich kann mich einer staatlichen
Autorität nicht entziehen. Trotz ihrer Mängel ist
die demokratische Staatsform jedoch nicht mit
derjenigen der mittelalterlich geprägten
Monarchien oder von Diktaturen zu vergleichen.
Denn gemeinsam mit meinen Vorfahren und
meinen Mitbürgerinnen und Mitbürgern habe

letztlich ich die ausgeübte Autorität definiert. Es sind also meine eigenen
Anweisungen, denen ich mich nun füge.

Unser heutiger Gebrauch von Autorität ist unintelligent

Auch in unseren Tagen ist Autorität nicht wegzudenken. Eine Gemeinschaft
oder eine Organisation ist ein komplexes Gebilde, besonders in der aktuellen,
hoch technologisierten Zeit. Wie ich im vorletzten Kapitel dargelegt habe,
würde ein Staatswesen oder eine privatwirtschaftliche Firma ohne Delegation
und Spezialisierung gar nicht funktionieren.

Anfang des 21. Jahrhunderts sind die westlich geprägten
Länder demokratische Staaten. Das heisst, wir haben uns
gemeinsam für ein System entschieden, in dem wir als
Gruppen klar definierte Befugnisse an Fachpersonen für
einen begrenzten Zeitraum vergeben. Diese Gesellschaftsform
gelingt jedoch nur, wenn alle dabei mitziehen. Nicht nur die Mandatsperson
hat ihren Auftrag verantwortungsvoll wahrzunehmen. Auch die

Gruppenmitglieder, denen sie vorsteht, müssen ihren Teil beitragen. Sie haben die Stellung ihrer Auftragsperson anzuerkennen und deren Anordnungen sofort und freundlich zu befolgen.

An diesem Punkt sind gesellschaftliche Probleme von ungeheurer Grösse und Konsequenz entstanden, wovon wir uns im Kapitel „Die Probleme wachsen uns über den Kopf" und in den Medienberichten im Anhang überzeugen konnten. Zwar wird die Fachperson von der Gruppe mit einem Mandat betraut. Ihre Aufgabe ist es, deren Wünsche umzusetzen und einen flüssigen Ablauf zu gewährleisten. Dies ist Sinn und Zweck ihres Auftrages. Dafür wird sie von der Gemeinschaft mit der Befugnis ausgestattet, einzelnen Gruppenmitgliedern Anweisungen geben und bestimmte Handlungen von ihnen einfordern zu können.

Der junge Schiedsrichter

In einer Stellvertretung unterrichte ich Turnen. Die Klasse darf spielen. Ich übergebe die Pfeife einem Schüler: „Du übernimmst die Aufgabe des Schiedsrichters!" Er nickt erfreut, die beiden Mannschaften fangen an. Der junge Schiedsrichter gibt sein Bestes,

dringt aber mit seinen Pfiffen nicht bis zu seinen Klassenkameradinnen und -kollegen durch. Nach einiger Zeit bringt er mir die Pfeife zurück: „Sie hören ja doch nicht", meint er resigniert.

In der Nachfolge von 1968 jedoch wurde jegliche Autoritätsausübung verunglimpft. In den letzten Jahrzehnten hat es sich eingebürgert, den Direktiven von Beauftragten gar nicht oder nur widerstrebend nachzukommen oder die Mandatsperson persönlich anzugreifen. In unserer Gesellschaft wird Autorität generell für tabu erklärt. Obwohl sie das Prinzip der Spezialisierung verkörpert, wird niemand dazu

angehalten, die Anordnungen einer Auftragsperson zu befolgen. Wenn diese das ihr übertragene Mandat ausführen will, wird sie von Mitgliedern der Gemeinschaft gehindert, beschimpft oder sogar tätlich angefallen – obwohl sie von ihnen den Auftrag erhalten hat. So

190

geschieht es zum Beispiel den Polizeibeamtinnen und -beamten. Wir haben sie beauftragt, für die Sicherheit aller zu sorgen. Doch bei der Durchführung widersetzen wir uns und machen Schwierigkeiten.

Nun ist es aber sinnlos und widersinnig, jemanden für eine bestimmte Arbeit mit Vollmachten auszustatten und im gleichen Atemzug Autorität generell als lächerlich hinzustellen. Auf diese Weise wird der Mandatsperson jede Grundlage entzogen. Ihre von der Gemeinschaft überreichten Befugnisse werden dadurch unwirksam. Das unkooperative bis böswillige Verhalten von Gruppenmitgliedern verunmöglicht es ihr, überzeugende Resultate zur Zufriedenheit aller zu liefern.

Die eine Hand weiss nicht, was die andere tut

In dieser Situation stecken wir als Gesellschaft heute. Mit der einen Hand vergeben wir Ermächtigungen, mit der andern streichen wir sie wieder durch. Mit unserer Haltung, den damit verbundenen Anweisungen nicht Folge leisten zu wollen, wird das ganze Mandat hinfällig.

Eine besondere Rolle nimmt dabei die Erziehung ein. Wir lehren unseren Nachwuchs viel zu wenig, sich in die bestehende Gemeinschaft einzugliedern, die Grenzen anderer zu respektieren und die Arbeit und Kompetenz von Erwachsenen zu achten. Sich den Anordnungen von leitenden Personen zu fügen, wird in der Erziehung widersprüchlich behandelt. Wir geben eine zweifache Botschaft ab. Zur beauftragten Person sagen wir: „Hier hast du ein Mandat, erledige diese Arbeit für uns. Du trägst die Verantwortung dafür!" Unsern Kindern jedoch geben wir zu verstehen: „Autorität ist unsinnig und überholt.

> **„Lass dir nichts gefallen!"**
> „Tschüss Kleine, lass dir von der Tante nichts gefallen!", sagt der alleinstehende Vater zu seiner achtjährigen Tochter, nachdem er die Nachbarin gebeten hat, ein paar Stunden auf sie aufzupassen (Fernsehfilm „Schneemann sucht Schneefrau", Regie Marco Serafini, Deutschland/ Österreich 2002)

191

Haltet euch nicht an die Anordnungen von Mandatspersonen!" So lernen sie, sich als entsprechende, später auch erwachsene Gruppenmitglieder ins Fäustchen zu lachen: „Wer seid ihr denn, uns Anweisungen zu geben?! Wir haben ja nicht die Absicht, ihnen nachzukommen!"

Mit einem solchen Benehmen boykottieren wir die Durchführung einer Arbeit, die wir selber an eine Fachperson delegieren und nun erledigt haben wollen. So streuen wir Sand ins Getriebe. Daraufhin wundern wir uns über die Konsequenzen und Auswüchse in unserer Gesellschaft. Unser Verhalten ist doppelbödig und unintelligent.

In den Jahren um 1968 war der Mangel an Respekt hilfreich, um zu einem anderen Verständnis von Autorität zu gelangen. Der damalige Widerstand galt dem Abbau der blinden Autoritätsgläubigkeit, die den Herrschaftsverhältnissen des Mittelalters entsprungen war und besonders im nationalsozialistischen Deutschland unvorstellbares Leid gebracht hatte. Doch die Rebellion hat ihren Zweck erreicht. Denn die heutige Definition von Autorität ist nicht mehr die gleiche wie früher. Dies aufzuzeigen war der Zweck von **Teil 1** meiner **Umgangsformen für das 21. Jahrhundert**. In unseren Tagen ist ein aufmüpfiges Verhalten in keiner Weise zeitgemäss. Jetzt ist es an der Zeit, den Sand wieder zu entfernen – zuerst einmal in unseren Köpfen.

Im Schnellzug durchs Kapitel

Alle Situationen in unserem täglichen Leben, in denen wir die Autorität von Mandatspersonen zu spüren bekommen, sind letztlich selbst gewählt und an sich fakultativ. Wird in einer Demokratie Autorität über uns ausgeübt, entsteht sie im zivilrechtlichen Bereich aus einem Vertrag mit einer Gruppe, den wir freiwillig abschliessen. Es handelt sich meist um Kauf-, Miet- oder Arbeitsverträge, die wir mit Firmen eingehen. Wir kaufen Waren von ihnen und nehmen ihre Dienste in Anspruch, für die wir bezahlen, oder wir arbeiten für sie. Unsere Geschäftspartner statten ihre Angestellten mit bestimmten Ermächtigungen aus. Zur Erledigung ihres Auftrages üben diese als Mandatspersonen Autorität aus und geben Anweisungen, denen wir nachzukommen haben. Ihr Einfluss über uns währt nur kurz, zudem haben

wir dabei die Wahl, genau diese Abmachung zu treffen oder einen alternativen Weg einzuschlagen.

Mit Vertragsabschluss treten wir als einzelne Kundin oder als Kunde in eine Gruppe ein. Es gibt sichtbare und unsichtbare Gruppen, denen eine Auftragsperson vorstehen kann. Sie sind entweder deutlich erkennbar, wie zum Beispiel die Schulklasse, oder nicht auf den ersten Blick auszumachen, wie etwa eine Schar von Hotelgästen. In beiden Fällen leisten wir den Anordnungen der entsprechenden Mandatspersonen freundlich Folge, als unseren Beitrag zum abgeschlossenen Vertrag.

Autorität wird nicht nur im zivilrechtlichen, sondern auch im staatlichen Feld ausgeübt. In einer Demokratie ist die Verfassung der Vertrag, den die Bürgerinnen und Bürger beziehungsweise ihre Vorfahren miteinander ausgehandelt haben. Allerdings ist die Wahlfreiheit im öffentlichrechtlichen Bereich stark eingeschränkt. Wo wir uns auch befinden, wir gehören zwingend einer schon bestehenden Staatsgemeinschaft an, deren Verfassung und Gesetze wir anerkennen müssen. Wir haben den Anordnungen der behördlichen Auftragspersonen nachzukommen.

Ein demokratisch organisiertes Land garantiert uns Wohlergehen, Frieden und Sicherheit, dazu viele Grund- und Menschenrechte sowie politisches Mitspracherecht. Im Gegenzug müssen wir uns allgemein an die Gesetze halten. Dies gilt sowohl für nachhaltige Entscheide wie auch in weniger gravierenden Angelegenheiten, doch tangieren hier die Anweisungen der staatlichen Auftragspersonen unsere Grundrechte nicht im Kern. Im öffentlich- wie im zivilrechtlichen Bereich gilt generell das Prinzip der inhaltlichen und zeitlichen Begrenzung. Als Bürgerinnen und Bürger von Demokratien sind wir uns bewusst, dass wir alle es waren – wenn auch durch unsere von uns gewählten Vertreter –, welche die Gesetze bestimmt haben. Deshalb fügen wir uns gerne in unsere eigenen Anordnungen.

Autorität ist im 21. Jahrhundert nach wie vor unabdingbar, wenn die Organisation einer Gemeinschaft flüssig und zum Wohle aller vonstatten gehen soll. Wir vergeben als Gruppe Mandate an Fachpersonen und  ermächtigen diese, notwendige Handlungen einfordern zu können. Dieses System funktioniert nur, wenn die Gruppenmitglieder ihren Teil dazu beitragen. Sie haben die Auftragsperson anzuerkennen sowie deren Anordnungen Folge zu leisten. Seit 1968 jedoch wird Autorität gesellschaftlich geächtet. Damit senden wir eine Doppelbotschaft: Wir vergeben zwar Aufträge, beschliessen aber, den daraus entstehenden Anweisungen nicht nachzukommen. Besonders unsere Kinder lehren wir zu wenig, die Kompetenz von uns Erwachsenen zu achten. Oft genug bestehen wir nicht darauf, dass sie tun, was wir als ihre Auftragspersonen anordnen. Durch diesen Widerspruch in der Erziehung wird ein reibungsloser Ablauf in weiten Teilen stark erschwert. Unser Verhalten verunmöglicht zufriedenstellende Resultate bei der Arbeit von Mandatspersonen. Die Respektlosigkeit hat über die Jahrzehnte eine unintelligente, äusserst problematische Situation geschaffen – auch wenn sie ursprünglich als sinnvolle Rebellion gegen ein überholtes Autoritätsverständnis begonnen hat. Sie gilt es nun zu bereinigen.

Wie Phönix aus der Asche: Autorität entsteht neu demokratisch

Der Autoritätsbegriff bildet eine wichtige Grundlage für ein reibungsloses Zusammenleben. Er hat sich sehr stark gewandelt. In den heutigen Demokratien hat er nur noch wenig gemein mit demjenigen in den früheren Monarchien, wo er „von Gott" legitimiert war, oder mit demjenigen in

Diktaturen. Den gesellschaftlichen Ereignissen seit 1968 verdanken wir eine tiefgreifende Veränderung dieses früheren Autoritätsverständnisses. Als Reaktion auf die Autoritätsgläubigkeit, welche die Konzentrationslager der deutschen Nationalsozialisten ermöglicht hatte, verwarf eine Generation später Autorität generell. Sie wollte sich nicht mehr herumbefehlen und zum Töten abkommandieren lassen, sondern eigene Entscheide fällen.

Wir haben verstanden, dass Autorität im demokratischen Umfeld aus einem Auftrag entsteht, den wir als Gemeinschaft einer spezialisierten Fachperson aus unseren Reihen vergeben. Dabei verändert sich das von der Gruppe definierte Mandat, indem es als Direktiven und Anweisungen von der Auftragsperson zu uns Gruppenmitgliedern zurückkommt. Es ist eine Art Bumerang. So ist die bisherige „Autoritätsperson" auf Lebenszeit und mit weitreichenden Befugnissen zu einer Funktionsträgerin geworden. Ich nenne sie von jetzt an „Auftrags-" oder „Mandatsperson". Ihre Möglichkeiten, in das Leben anderer Menschen einzugreifen, sind inhaltlich und zeitlich beschränkt. Ihr Handeln muss sich zudem auf die gesetzlichen Grundlagen stützen.

Das gesellschaftliche und leider schädliche Tabu, das die Autorität seit Jahrzehnten umgibt, findet hiermit sein Ende. Denn in einer Demokratie gibt es keinen Ritter und Lehensherrn mehr, ebensowenig die einschüchternde „Respektsperson" des 19. und frühen 20. Jahrhunderts. Wie wir selber auch, ist Autorität durch all die Jahrzehnte flexibel geworden: Manchmal üben wir sie aus, ab und zu müssen wir die Anweisungen anderer befolgen.

Im zivilrechtlichen Alltag entstehen die meisten Situationen mit Autorität aus freiwillig abgeschlossenen Kauf-, Miet- und Arbeitsverträgen, die wir mit  Firmen tätigen. Dass wir den Anordnungen ihrer Angestellten nachkommen, ist unser Teil der vertraglichen Abmachung. Dabei haben wir immer die Wahl. Den Auswirkungen staatlicher Autorität hingegen können wir uns nicht entziehen, da wir uns überall auf dem Territorium eines Landes befinden. Deshalb haben wir die dort herrschenden Gesetze einzuhalten, auch wenn die Staatsorgane nachhaltige Entscheide treffen. In einer Demokratie ist die Verfassung jedoch auch ein Vertrag, den wir – beziehungsweise die Generationen vor uns – miteinander eingegangen sind. Er sieht von uns gewählte behördliche Mandatspersonen vor und gewährt dem einzelnen Individuum viele Rechte. Mit politischer Arbeit können wir ihn jederzeit abändern und mitgestalten.

Allerdings sind wir seit 1968 nicht mehr gewillt, uns in die Anordnungen anderer Menschen zu fügen. Das lehren wir auch unsere Kinder. Damit wird eine korrekte Ausführung der Mandate, mit denen wir unsere Auftragspersonen betraut haben, erschwert bis verunmöglicht. Dieser Widerspruch in unserem Autoritätsverständnis hat schwerwiegende Konsequenzen auf unsere Gesellschaft, die es künftig zu verhindern gilt.

Welche Schlüsse lassen sich nun nach diesen Ausführungen ziehen? Was können wir von **Teil 1** der **Umgangsformen für das 21. Jahrhundert** für die Zukunft mitnehmen? Es ist Zeit für ein Fazit.

Quellen und weitere Bemerkungen

[1] Auch wenn Bahn- oder Busunternehmen oft nur halb privatisiert oder sogar staatlich sind, gehören sie in diese Überlegungen hier hinein.

[2] Auch im wirtschaftlichen Bereich gilt der Grundsatz, dass eine Arbeit als inhaltlich und zeitlich begrenzter Auftrag definiert, an entsprechende Mitarbeitende delegiert und mit Ermächtigungen versehen wird. Zudem muss sie sich innerhalb der gesetzlichen Grenzen bewegen.

Siehe auch Kasten „Das Restaurant mit Blick auf den Zürichsee".

[3] Auf diesen Punkt weisen Konsumentenvereinigungen immer wieder hin: Mit Ihrem Einkauf bestimmen Sie, was in die Läden kommt und angeboten wird und was nicht. Indem Sie Gemüse aus biologischem Landbau und Freilandeier kaufen und bei allen Waren auf anständigen Löhnen und guten Arbeitsbedingungen – auch im fernen Osten – bestehen, geben Sie als Konsumentinnen und Konsumenten die nächste Bestellung ab: „Wir wollen Biogemüse aus der Region, Eier von glücklichen Hühnern, Schokolade und Kaffee ohne Kinderarbeit, Holzmöbel aus aufgeforsteten Wäldern und fair hergestellte Kleider und Computer!"

[4] Privater Sicherheits- und Bewachungsdienst, der oft für die Verkehrsregelung bei Baustellen eingesetzt wird.

[5] Die technische Entwicklung erspart uns manchmal die – wie wir meinen – unangenehme Begegnung mit einer kontrollierenden Auftragsperson: Bei der U-Bahn oder den Skiliften zum Beispiel hat dieser Dienst ein Automat übernommen.

[6] Das Prinzip, dass Einzelne auf eine schon bestehende Gruppe stossen und sich ihr anzupassen haben, ist in der Integrationsdebatte von besonderer Konsequenz. Migrantinnen und Migranten sind in einer Situation, die derjenigen der Privatwirtschaft gleicht: Sie kommen freiwillig her und treten von aussen, quasi von der Strasse, in das neue „Staatshaus" ein. Das gilt auch für Flüchtlinge und Asylsuchende, welche das von ihnen gewählte Land als menschenfreundlicher und daher begehrenswerter einstufen als die von ihnen verlassene Heimat. Die zugewanderte beziehungsweise asylsuchende Person kann bei den Bedingungen ihres Aufenthalts in diesem Land zwangsläufig nicht mitreden. Denn die einheimische Gemeinschaft hat als Gruppe bereits eine staatliche Organisation errichtet und damit auch die Umstände definiert, unter denen fremde Staatsangehörige einreisen dürfen. Es ist an den „Neuen", die hiesigen Strukturen zu respektieren und – falls sie bleiben können – die Gesetze einzuhalten und sich der Lebensart der ansässigen Bevölkerung anzugleichen.

Vermutlich kommen wir nicht darum herum, von den Immigrierten klare Bekenntnisse zur rechtsstaatlichen freiheitlichen Ordnung mit ihren Rechten und Pflichten einzufordern und die Aufenthaltsbewilligungen von ihren Integrationsbemühungen abhängig zu machen. Natürlich müssen auch wir, die wir hier schon länger leben, zu einer geglückten Integration beitragen (siehe auch Kapitel „Das Kollektiv: Ein überholtes Sozialsystem").

[7] Die Freiheit, die Religion selber zu wählen und auszuüben, sowie die freie Wahl des Wohnsitzes waren im Mittelalter nicht gegeben. Diese Entscheidungen sind heute in

die Verantwortung des einzelnen Individuums gelegt und in den Menschenrechten und unseren Verfassungen verankert. Das war nicht immer so.

Früher lebten die Menschen in Europa auf Landstrichen, welche vom König her einem adeligen Fürsten zugeteilt waren. Da sie sich von den Erträgen dieses Bodens ernährten, „gehörten" sie ihm als seine Untertanen. Der Adelige wiederum lebte von ihrer Arbeit und ihren Abgaben. Deshalb konnten sie nicht einfach wegziehen, wie sie wollten, denn das hätte bedeutet, dass er Untertanen und seine Einkünfte verloren hätte. So hätte niemand das Land bestellt. Er musste ihren Wegzug deshalb bewilligen.

Nach der Reformation vor fast 500 Jahren hatte das einfache Volk die gleiche Religion auszuüben wie ihr Herr. Wechselte dieser vom katholischen Glauben zum reformierten über (was einige Veränderungen im Kirchengebäude und im Gottesdienst nach sich zog), mussten auch seine Untertanen protestantisch werden. Wurde er wieder katholisch, hatten sie erneut zum Katholizismus zurückzukehren. Der Fürst bestimmte also die Glaubensrichtung für uns alle, wir kannten keine Religionsfreiheit wie heute.

8 Das ist eigentlich ein Recht! Die heutige Volksschule findet ihre Ursprünge in der ersten Hälfte des 19. Jahrhunderts, um 1830. Vorher mussten alle, auch die Kinder, auf dem Feld arbeiten oder mit andern Arbeiten wie Weben ganztags zum Unterhalt der Familie beitragen. Der Schulbesuch ist eine Freistellung von diesen Aufgaben, er bedeutet Nicht-arbeiten-Müssen, also Freizeit (das lateinische „schola", von dem unser Wort „Schule" abstammt, bedeutet „Musse"). Im Laufe der modernen Arbeits- und Kinderschutzgesetze wurde in den letzten 150 Jahren die Kinderarbeit verboten, der Unterricht kam an ihren Platz. Wenn wir die hohen Analphabetenzahlen in den armen Ländern ansehen, wird deutlich: Er ist weiterhin ein Privileg!

Gesetzlich ist der Schulbesuch als Pflicht definiert, damit alle davon Gebrauch machen. Wir haben uns entschlossen, eine Gemeinschaft von gut ausgebildeten Menschen zu sein. Nur so ist ein entsprechender Wohlstand möglich, zudem funktioniert die demokratische Staatsform nicht ohne informierte Bürgerinnen und Bürger. Deshalb sollen alle lesen, schreiben und rechnen lernen. Zu diesem Zweck haben wir den Unterricht für Kinder obligatorisch erklärt. Wir sollten ihn zwingend auf diejenigen Eingewanderten ausweiten, welche über keine oder zu wenig Schulbildung verfügen.

9 Einer aufgeklärten Demokratie nicht würdig sind hingegen die Todesstrafe, Folter und andere willkürliche staatliche Eingriffe. Ebenfalls mit den Menschenrechten nicht vereinbar sind entwürdigende Zustände oder Verhaltensweisen von Auftragspersonen, zum Beispiel in Gefängnissen, in Kinderheimen oder anderen Institutionen.

Von den Entwicklungen seit 1789 wenig berührt scheinen mir die Zustände im Militär zu sein. Wir führen heute auf ganz andere Weise Krieg wie noch Napoleon in der Schlacht zu Austerlitz 1805, als die Truppen im Karré aufeinander losgingen. Doch die Strukturen und Praktiken in unseren Kasernen stammen immer noch aus dieser Zeit: In Reih und Glied stramm stehen, im Gleichschritt marschieren, wie Roboter alle gleichzeitig und blitzschnell auf zackige Schreikommandos reagieren... Dies sind Formen, welche der kollektiven Denkweise entsprechen. Viele Übungs- und Befehlssituationen, welche die Soldaten und Soldatinnen im militärischen Umfeld und in der Kaserne erleben und durchführen müssen – ich spreche nicht vom Ernstfall –, sind mit unserer heutigen Auffassung von Menschenwürde nicht in Übereinstimmung zu bringen. Dieses Leck an Rechtsstaatlichkeit scheint mir für demokratische Staaten höchst bedenklich zu sein.

Es ist für mich offensichtlich, dass hier die Ursache zu suchen ist, warum die jungen Leute den Militärdienst verweigern oder sich ihm entziehen. Sicherlich tun sie gerne etwas für die Sicherheit ihres Mutterlandes und für den Weltfrieden – aber nicht auf Kosten ihrer Würde und Intelligenz. Es ist nicht einzusehen, warum sich militärische Ausbildung von jeder anderen Aneignung von Kompetenzen – zum Beispiel beruflichen – unterscheiden soll. Deshalb wäre es durchaus möglich, die Rekrutenschule wie eine sonstige zivile Berufs- oder Weiterbildung im Stil einer Fachhochschule anzubieten – ausserhalb des 24-Stunden-Internats in einer Kaserne. Die Soldaten könnten ihre Fertigkeiten wie in jedem anderen Kurs oder Seminar lernen und einüben. Für Übungen im Gebirge, Nachtmärsche oder sonstige Tätigkeiten im Freien würden wenige Blöcke, die sie als Projekttage zu besuchen hätten, vermutlich genügen. Damit würde dem schädlichen Militarismus, der zum Ersten und Zweiten Weltkrieg geführt hat, der Riegel geschoben. Er passt nicht mehr ins 21. Jahrhundert.

[10] Die zeitliche Beschränkung muss als Grundsatz in einer echten Demokratie auch dann gelten, wenn es sich um längerfristige und nachhaltige Entscheide handelt. Dies wird in der Regel auch auf diese Weise gehandhabt, bis auf wenige Ausnahmen. So werden Mandatspersonen wie zum Beispiel Parlamentsabgeordnete oder solche der Exekutive nur für eine Amtsperiode gewählt. Nach Ablauf dieser Zeit müssen sie in ihrem Amt bestätigt und wieder gewählt werden. Meist sind sie auch verpflichtet, nach einer gewissen Dauer zurückzutreten. – Ebenso werden Strafen in der Praxis meist nur für eine bestimmte Zeit verhängt, zum Beispiel fünfzehn Jahre Freiheitsberaubung für einen Mord. Zudem verjähren nicht gesetzeskonforme Taten nach einigen Jahren, sie können dann nicht mehr vor Gericht verhandelt und bestraft werden.

Fazit:
Die Respektlosigkeit
hat sich überlebt

Umgangsformen
mit eingebauter Autoritätsperson:
Ein Abschied

Die Untertitel meiner **Umgangsformen für das 21. Jahrhundert** lauten: **Warum wir keine Manieren mehr haben – wie wir einander neu respektieren lernen**. Wie sieht bisher unsere Bilanz aus?

Wir haben uns in **Teil 1** mit dem gesellschaftlichen Wandel von der Monarchie zur Demokratie in den letzten 230 Jahren befasst. In dieser Zeit veränderten sich sowohl unser Menschenbild als auch die Staatsform und unsere Gesetze. Die Umgangsformen jedoch haben sich nicht mitentwickelt. Dies erklärt, **warum wir keine Manieren mehr haben**.

Auf der Basis dieser Überlegungen werde ich in **Teil 2** ein der heutigen Zeit angepasstes Sozialverhalten definieren. Vorher erweisen wir hier der über Jahrzehnte üblichen und oft beklagten Respektlosigkeit die letzte Ehre. Wir machen ihr den endgültigen Garaus, denn dies ist eine zwingende Voraussetzung dafür, **wie wir einander neu respektieren lernen**.

Die Ladenhüter

Bisher ist unser Verständnis von Autorität massgeblich vom Bild der früheren Respektsperson geprägt worden. Unseren Umgangsformen ist der mittelalterliche Lehensherr und Ritter quasi eingraviert. Er ist der Urahne der gefürchteten Autoritätsperson. In jeder noch so kleinen höflichen Handreichung taucht er vor unserem inneren Auge auf. Seine höhere Stellung, sein abschätziger Blick auf uns, „das gemeine Volk", und die schwerwiegenden Eingriffe in unser Leben haften den Benehmensvorschriften noch immer an. Für ein demokratisches Umfeld eignen sie sich deshalb nicht.

Könnten wir die Benimmregeln im Supermarkt als Produkt aus dem Regal

ziehen, müsste auf der Packung stehen: „Mit eingebauter Autoritätsperson – es gibt sie gratis dazu!" Die veraltete Definition von Autorität und die noch heute gültigen Umgangsformen sind ohne einander undenkbar. Sie sind gemeinsam über die Jahrhunderte gewachsen und gehören zusammen wie siamesische Zwillinge. Aus diesem Grund sind seit 1968 nicht nur die zu respektierende Autoritätsperson, sondern auch Verhaltensregeln generell zu einem Ladenhüter geworden.

Ich halte fest:

__Autorität und Umgangsformen__ sind eng miteinander verflochten. Der Gebrauch von Benimmregeln kam über Jahrhunderte dem Einverständnis gleich, dass die andere Person eine Respektsperson sei, deren höhere Stellung wir mit den höflichen Gesten anerkannten. Ihr hatten wir jederzeit zu gehorchen.

Ein solches Weltbild ist in einer Gesellschaft mit demokratischem Verständnis unhaltbar. Deshalb war unsere Weigerung, die bis anhin gültigen Umgangsformen weiterhin anzuwenden, seit 1968 folgerichtig.

Früher hatten wir in Demutshaltung gegenüber jedermann verharrt, der sich wie eine Autoritätsperson gebärdete. Doch der Wechsel von der monarchischen zur demokratischen Staatsform hatte für unseren Autoritätsbegriff

einschneidende Folgen, was wir in den 1960-ern endlich bemerkten. So kehrten wir in den letzten vierzig Jahren den Spiess um: Ein Mangel an Achtung, Wertschätzung und Einfühlungsvermögen machte sich allmählich in unserer Gesellschaft breit. Rüpelhaftes Benehmen war nun Trumpf, egal, wer vor uns stand.

Unsere Respektlosigkeit
stürzte den Ritter vom Sockel

Es war der adelige Ritter, den wir mit unserem respektlosen Verhalten meinten. Bei jeder Gelegenheit streckten wir ihm quasi die Zunge heraus. Denn Respekt an sich musste über Jahrhunderte immer einer Autoritätsperson entgegengebracht werden, der höher gestellten Partei im Oben-Unten-Paar. Ihr allein hatten unser devotes Betragen und die zuvorkommenden Handreichungen gebührt. In den Jahren um 1968 wurde uns klar: „Diese Art von Gehorsam und Respekt wollen wir nicht mehr!" In der Folge nahmen wir uns das Recht auf Aufmüpfigkeit und schlechte Manieren heraus.

Respektlosigkeit war jedoch nicht nur eine logische, sondern auch eine zwingend notwendige Begleiterscheinung unserer Ablehnung des bisherigen Autoritätsbegriffs. Mit dem frechen Benehmen stürzten wir die ungeliebte Respektsperson vom Sockel, mitsamt ihren nicht legitimierten Machtbefugnissen und den entwürdigenden Begleiterscheinungen. Das Verschwinden der bisherigen Umgangsformen ging damit Hand in Hand.

Diese jahrzehntelange Verweigerung der bis anhin üblichen Gehorsamkeit hat Wirkung gezeigt: Unser Verständnis von Autorität hat sich fundamental gewandelt. Durch unser ruppiges Verhalten haben wir begriffen, dass die ehrwürdige Autoritätsperson

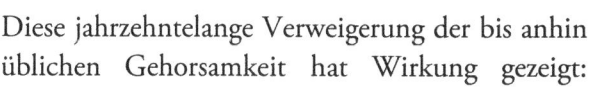

des 19. und frühen 20. Jahrhunderts mit ihrer unverrückbaren Position auf Lebenszeit heute nicht mehr existiert. Auch ihre weitreichenden Befugnissen sind verschwunden. Schliesslich haben die demokratischen Gesetze dem adeligen Ritter, der unbeschränkt Macht über uns ausüben durfte, bereits vor langer Zeit das Handwerk gelegt.

Somit stellt sich heraus:

> *Sowohl die <u>Verweigerung der Umgangsformen</u> als auch die zum Ausdruck gebrachte Respektlosigkeit galten letztlich dem mittelalterlichen Lehensherrn.*

> *Doch unserer Angst vor seiner Autorität ist schon lange die Grundlage entzogen, die Rahmenbedingungen haben sich mit der demokratischen Staatsform verändert. Wir brauchen uns deshalb nicht mehr vor ihm zu fürchten.*

Die Respektsperson und unsere Gefügigkeit haben gemeinsam die Basis für den bisherigen, höflichen Umgang gebildet. Sie sind heute beide überholt. Damit finden auch die aufrührerischen Prozesse, welche um 1968 in Gang gesetzt worden sind, ihren Abschluss.[1]

Wir verabschieden den Ritter – und die Respektlosigkeit

Durch meine Darlegungen haben wir verstanden, dass wir nicht mehr in einem hierarchisch aufgebauten Gesellschaftssystem mit einem von Gott eingesetzten König leben, in welchem wir keine Rechte haben und den Befehlen anderer in jeder Situation Folge leisten müssen. Wir begreifen, dass in einer Demokratie Autorität auf gemeinsamen Absprachen beruht. Denn heute sind wir selbst diejenigen, welche die Gesetze machen und andere Menschen mit Machtbefugnissen ausstatten. Es ist deutlich geworden: Niemand bestimmt „über uns". Deshalb müssen wir uns auch nicht mehr gegen eine nicht mehr existente Autoritätsperson auflehnen.

Wir nehmen abschliessend zur Kenntnis:

> *Unsere <u>Respektlosigkeit</u> hat ihr Ziel erreicht. Die Rebellion ist im 21. Jahrhundert überflüssig geworden.*

Heute haben sowohl die passive Verweigerung von höflichen Gesten als auch das aktive, ungezogene Benehmen ihren Sinn verloren. Wir haben es nicht mehr nötig, respektlos zu sein, weil sich der Anlass dazu erübrigt hat. Denn wir treffen mit dem ungehobelten Betragen nicht mehr den über uns bestimmenden Lehensherrn, sondern nur die uns gleichgestellten Mitmenschen. Sie aber haben unsere Rüpelhaftigkeit nicht verdient.[2] Schliesslich nehmen wir ja auch für uns selbst in Anspruch, von jedermann mit Würde behandelt zu werden – eine Errungenschaft des modernen demokratischen Staates.

So ist einerseits das unterwürfige Verhalten gegenüber der autoritären Respektsperson passé geworden, wie es in den bisherigen Umgangsformen

angelegt ist. Es gibt die Rolle des befehlenden „oberen" Herrn und diejenige des ihm gehorchenden „unteren" Dieners nicht mehr. Wir verabschieden uns darum von den altmodischen Benimmregeln mit ihrem unzeitgemässen Oben-Unten-Paar: „Adieu Ritter, du hast ausgedient. Wir ducken uns nicht mehr vor dir, deine Zeit ist um!"

Andererseits geben wir aber auch der Respektlosigkeit und unserem unangepassten und oft asozialen Benehmen den Laufpass. In den heutigen Demokratien macht jeglicher Aufstand gegen die Vorstellung einer vom

---

Ganz neu: Respektvoller Umgang gegenüber Gleichgestellten!
Wie wir in <u>**Teil 2**</u> sehen werden, leiten die <u>**Umgangsformen für das 21. Jahrhundert**</u> eine Wende ein. Heute benötigen wir freundliches Benehmen nicht nur gegenüber Auftragspersonen. Viel häufiger sind angepasste Sozialkompetenzen gegenüber Gleichgestellten gefragt – wie sich dies in einer Demokratie gehört. Das ist ein absolutes Novum in der Geschichte des gesellschaftlichen Umgangs! Bisher mussten respektvolle Gesten einzig von „unten" nach „oben" erbracht werden.

Mittelalter geprägten Autoritätsperson keinen Sinn mehr. Die Rebellion von 1968 ist zu einem donquichottischen Kampf gegen Windmühlen geworden. Wir trennen uns aus diesem Grund ebenfalls von unserer despektierlichen  Einstellung und dem unhöflichen Verhalten der letzten Jahrzehnte und winken ihnen zum Abschied: „Danke, dass ihr uns geholfen habt, die Respektsperson zu entmachten! Doch nun habt ihr euren Zweck erfüllt. Wir kommen von jetzt an ohne euch aus!"

In Zukunft Respekt auf gleicher Ebene

Es gilt jetzt, unsere Energie in einen freundlichen und wertschätzenden Umgang zu lenken, der alle Frauen, Männer und Kinder, Alte und Junge, Einheimische und Zugezogene einbezieht. Mir bleibt noch, folgenden Hinweis zu geben:

> *Ein __friedliches Zusammenleben__ wird künftig unter anderem davon abhängen, ob wir uns auf einen demokratischen Autoritätsbegriff einigen können. Nur so werden Umgangsformen auf der Basis der Würde aller Menschen möglich.*

Wollen wir die heutigen gesellschaftlichen Probleme in den Griff bekommen, spielt die korrekte Wahrnehmung von Auftragspersonen und ihren begrenzten Machtbefugnissen eine zentrale Rolle. Schliesslich sind in einer Demokratie wir selber es, die als Gruppe Autorität in Form von Mandaten definieren, zudem sind alle Menschen einander gleichgestellt. Es wird in Zukunft entscheidend sein, dass wir ein demokratisches Verständnis von Autorität haben. Allein damit können wir ein für alle gültiges Wertesystem etablieren.

Dadurch wird es machbar, dass wir uns wieder auf einen gemeinsamen Teppich stellen. Wir werden uns einig, welchen Umgang wir miteinander pflegen und unsere Kinder lehren wollen. Auf diese Weise schaffen wir eine

Grundlage, die es uns erlaubt, den Respekt vor anderen Menschen einüben und trotzdem unsere eigenen Ziele verfolgen zu können.

Haben wir dies verstanden, ist der Weg für ein neues, zuvorkommendes Sozialverhalten geebnet, mit dem wir alle glücklich sind.

Im Schnellzug durchs Kapitel

In **Teil 1** haben wir gelernt, dass sich die staatlichen Strukturen seit der Französischen Revolution grundlegend verändert haben. Trotzdem blieb der gesellschaftliche Umgang weiterhin vom Bild der früheren Autoritätsperson geprägt. Autorität und Umgangsformen sind über die Jahrhunderte untrennbar wie siamesische Zwillinge geworden. Die höhere Stellung des mittelalterlichen Lehensherrn, seine Abschätzung gegenüber uns und die tiefgreifenden Entscheidungen über unser Leben haften den Benehmensvorschriften an. Solche Verletzungen unserer Würde sind in einem demokratischen Umfeld inakzeptabel.

Deshalb war es folgerichtig, dass wir uns seit 1968 weigerten, die bisher gültigen Umgangsformen anzuwenden. Respektlosigkeit war die logische und zwingende Begleiterscheinung der Ablehnung des bisherigen Autoritätsbegriffs. Mit dem Mangel an Achtung und unserem rüpelhaften Betragen meinten wir den adeligen Ritter, denn Respekt und Ehrerbietung mussten wir bis anhin nur Autoritätspersonen entgegenbringen. 1968 verwarfen wir deshalb jegliche Anerkennung von Autorität, wir stürzten die verhasste Respektsperson vom Sockel. In den letzten vier Jahrzehnten haben sich dadurch unfreundliches Betragen und Ruppigkeit breitgemacht.

Heute jedoch haben die Verweigerung von Umgangsformen und die Respektlosigkeit ihren Sinn verloren. Mit unserem ungehobelten Benehmen treffen wir allein uns gleichgestellte Mitmenschen. Denn die Autoritätsperson des Mittelalters – mit ihrer Position auf Lebenszeit und den weitreichenden Befugnissen – und ihr Nachfolger aus dem 19. und frühen 20. Jahrhundert existieren nicht mehr. In einer Demokratie gründet Autorität auf gemeinsamen Absprachen. Damit ist nicht nur der veraltete Autoritätsbegriff überholt. Auch das aufmüpfige Verhalten, welches uns als Waffe gegen ihn gedient hat, hat seinen Zweck erfüllt. Wir nehmen darum Abschied sowohl von der Autoritätsperson und den bisherigen, ihr geltenden Benimmregeln als auch von unserer Respektlosigkeit und Rüpelhaftigkeit.

Mit einem demokratischen Verständnis von Autorität sind wir nun bereit für ein modernes Sozialverhalten und damit für **Teil 2** der **Umgangsformen für das 21. Jahrhundert**.

So hat sich die Respektlosigkeit überlebt

In **Teil 1** der **Umgangsformen für das 21. Jahrhundert** zeigte ich den engen Zusammenhang zwischen unserem Autoritätsverständnis und dem gesellschaftlichem Verhalten auf, das heute dringend einer Korrektur bedarf. Ich befasste mich mit dem Wandel unserer weltanschaulichen Ansichten. Die Veränderungen des staatlichen Umfeldes in den letzten zwei Jahrhunderten brachten eine neue Definition von Autorität mit sich. Dabei erwiesen sich Respektlosigkeit und unhöfliches Benehmen in den vergangenen vierzig Jahren als notwendiges Hilfsmittel, um zu einem demokratischen Verständnis des Autoritätsbegriffes zu gelangen. Auf diese Weise schafften wir die gefürchtete Respektsperson ab. Diesem Prozess fielen auch die bisherigen Umgangsformen zum Opfer. Damit habe ich dargelegt, **warum wir keine Manieren mehr haben**.

Die seit 1968 ausgeübte Respektlosigkeit hat sich heute überlebt, wir haben uns von ihr bereits verabschiedet. Es steht jedoch noch an, auf folgende Fragen eine Antwort zu finden:

- Wie wollen wir heute Respekt definieren?
- Wem steht er zu und bei welchen Gelegenheiten?
- Wie müssen überhaupt neue Formen des gesellschaftlichen Umgangs aussehen?

Wir brauchen Abmachungen, die unserem demokratischen und grossstädtischen Leben gerecht werden und einen flüssigen Ablauf organisatorischer Mechanismen garantieren. Sie sollen geeignet sein, die Basis für ein gemeinsames Wertegefühl abzugeben, und ein achtungsvolles Miteinander ermöglichen.

Wie wir einander neu respektieren lernen, wird konkretes Thema von **Teil 2** sein. Dort werde ich ausführen, welche theoretischen Grundlagen die **Umgangsformen für das 21. Jahrhundert** benötigen und wie sie praktisch aussehen.

Die lehrreiche Wanderung geht zu Ende!

Das Schreiben dieses Buches war für mich wie eine Wanderung durch die abwechslungsvollen grünen Hügel des Emmentals. Hatte ich mich für ein

Wegstück entschieden, wusste ich nicht, was mich auf der nächsten Bergkuppe erwartete. Oftmals war ich über die Aussicht, die sich vor mir auftat, äusserst überrascht! Es war

interessant und spannend. Ich habe viel über unsere Gesellschaft gelernt!

Selbstverständlich hoffe ich, dass ich Ihnen einige meiner Erkenntnisse nahebringen konnte. Eine Handvoll zusätzlicher Überlegungen möchte ich gerne noch mit Ihnen teilen und sage Ihnen dann: „Auf Wiedersehen!"

Fazit:
Die Respektlosigkeit hat sich überlebt

Quellen und weitere Bemerkungen

[1] Was die Erziehung in den letzten vierzig Jahren betraf, folgte die Förderung von respektlosem und rüpelhaftem Betragen einer gewissen Logik. Eltern kokettierten mit ihrem Kind, wenn es sich der Situation nicht angemessen oder – zum Beispiel durch seine Sprachwahl – unfreundlich gegenüber Erwachsenen verhielt. Statt das störende und oft verletzende Verhalten ihres Sprösslings einzudämmen und ihm die Bedürfnisse und die Würde anderer Menschen klarzumachen, waren Vater und Mutter insgeheim stolz auf sein Benehmen. Denn ihr Nachwuchs erledigte nun in jeglicher Situation, wofür sie selber (noch) nicht den Mut hatten, nämlich sich gegen unangebrachte Eingriffe in ihr eigenes Leben aufzulehnen. Schliesslich waren sie meist repressiv, mit Schlägen und ohne Respektierung ihrer Würde erzogen worden. Die in ihnen steckende Angst vor Autorität, zum Beispiel vom eigenen Vater ausgeübt, kam damit zum Vorschein. Selber noch in autoritären Strukturen gefangen, sagten die Eltern auf diese Weise dem mittelalterlichen Lehensherrn, dem Urvertreter der bisher praktizierten Autorität: „Ich getraue mich noch nicht, dir entgegenzutreten, aber meine Tochter, die zeigts dir!"

Ich sehe eine Szene aus „Wilhelm Tell" von Friedrich Schiller (Stuttgart 1997) vor mir, die um 1300 spielt (alljährlich in Interlaken eindrücklich mit Laien inszeniert!): Eine Mutter legt sich mit ihren vielen Kindern vor dem gefürchteten habsburgischen Landvogt Gessler auf den Boden und schneidet ihm den Weg ab. Sie verlangt, er solle ihren Mann freilassen, den er seit einem halben Jahr ohne Gerichtsverhandlung im Gefängnis festhält. Gessler kann nur weiterreiten, wenn sein Pferd die Kinder tottritt. Doch ungeachtet dessen pocht sie auf ihr Recht.

Etwas vom Geist dieser mittelalterlichen Mutter findet sich im gewährenden Erziehungsverhalten vieler Eltern seit 1968, das den Kindern erlaubt, sich an ihrer Stelle über Autorität hinwegzusetzen. In unseren Tagen jedoch muss mit der Auflehnung Schluss sein: Schliesslich hat im Theaterstück Tell der Frau geholfen und in jenem Moment den verhassten Peiniger mit einem Pfeil aus seiner Armbrust getötet. Was uns betrifft, waren es vor vielen Jahrzehnten die demokratischen Verfassungen. Die Erziehung zur Respektlosigkeit ist im 21. Jahrhundert nicht mehr angebracht – unabhängig davon, welche Autoritätsprobleme jemand persönlich noch mit sich herumtragen mag.

[2] Der Vorgang ähnelt der Ermordung eines Diktators: Ist er einmal tot, bringt weiteres wahlloses Herumballern gegen beliebige Mitbürgerinnen und -bürger die Diktatur nicht noch mehr zum Verschwinden. Damit installiert sich keine lebensfreundlichere und gerechtere Gesellschaftsform – im Gegenteil!

Besonders absurd wird es, wenn wir uns klarmachen, dass wir nach vierzig Jahren noch immer in die Gegend schiessen und unsere Töchter und Enkel dazu anhalten – obwohl sie die früheren Zustände der Unterdrückung gar nicht erlebt haben...

Zu guter Letzt

Die Uhr auf demokratische Wertschätzung stellen

Die Geschichte von Franz[1] schrieb ich als Erstes nieder, als ich mit diesem Buch begann. Die Ohrfeige, die der Schulleiter Anfang der 1960-er Jahre wegen einer kleinen Verlegenheitsgeste seinem Schüler verpasst hatte, stand für mich am Anfang all meiner Überlegungen. Sie gab mir einen Hinweis darauf, warum wir mit einem Mal „keinen Bock" mehr auf Umgangsformen gehabt hatten. Hier fand ich eine Erklärung, weshalb die Worte „Respekt" und „Autorität" bei uns noch immer Brechreiz auslösen können.

Franz war ein Klassenkamerad von mir gewesen. Auch ich war in das dunkle Sandsteingebäude zur Schule gegangen und hatte mich vor dem Rektor, der uns in Mathematik unterrichtete, etwas gefürchtet. Ich traf Franz Jahrzehnte später in einem Lehrerzimmer wieder, er war – wie ich – Pädagoge geworden. Privat herzensgut, hatte er den Ruf eines autoritären und strengen Lehrers – wen wunderts? Was ihm als Kind widerfahren war, erzählte er mir erst in diesen Tagen.

Ein Schlüsselerlebnis

Seine Erinnerung stellte für mich eine Art Schlüsselerlebnis dar. Wie in einer Nussschale illustriert sie die in diesem Buch dargelegte Problematik der Umgangsformen:

- Wir finden die beiden Spieler als Oben-Unten-Paar, das Kind ist in der Position der tiefer gestellten Person.
- Wir sehen seine Angst vor dem Rektor, der

209

übermächtigen Autoritätsperson. Diese benutzt seine falsche Handhabung von Benimmregeln als Grund für eine Machtdemonstration.

- Es wird eine schnelle Bereitschaft der Respektsperson zu körperlicher Gewalt in der Erziehung sichtbar, wegen eines geringfügigen Fehlverhaltens des Kindes. Die Nichtbeachtung von Umgangsformen genügt ihr als Legitimation für Schläge.

- Aus heutiger Sicht handelt es sich um eine deutliche Überreaktion der Führungsperson, sogar wenn wir akzeptieren würden, dass das Kind sich tatsächlich falsch verhalten hat. Der Junge hingegen wehrt sich nicht.

- Der Erwachsene zeigt selbst als Pädagoge kein Verständnis für die psychische Situation seines Schülers und allgemein für die Tatsache, dass sein Gegenüber noch ein Kind ist. Sonst würde er die gängigen Umgangsformen bestimmt, aber freundlich von ihm einfordern und eventuell noch einmal erklären.

Durch diese Geschichte meines zu dieser Zeit elfjährigen Schulkollegen habe ich erstmals verstanden, dass Umgangsformen in engster Weise mit dem Autoritäts- und Herrschaftsbegriff verknüpft sind. In diesen beginnenden Tagen des Schreibens war ich dem mittelalterlichen Ritter noch nicht begegnet oder den Oben-Unten-Paaren auf die Schliche gekommen. Auch ahnte ich nicht, was ich später über die Definition von Autorität in einer demokratischen Gesellschaft alles herausfinden würde. Aber diese kleine Anekdote machte mir schon damals klar, welch grundlegende Rolle die Ereignisse um 1968 für unser Benehmen gespielt hatten. Einmalig in der uns bekannten Menschheitsgeschichte war zu jener Zeit Autorität nicht nur strukturell, sondern auch im täglichen Umgang thematisiert und in der Praxis angegriffen worden. Dadurch fing unser Hierarchieverständnis an zu bröckeln. Dieses Jahr hatte nicht nur eine weitere Seite im Geschichtsbuch umgeblättert oder ein neues Kapitel aufgeschlagen. Es hatte vermutlich die ersten Seiten eines neuen Bandes geschrieben! In unseren Breitengraden ist Franzens Erlebnis heute

nicht mehr denkbar, 1968 sei Dank!

Die zeitliche Verschiebung aufheben

Und doch wurden vor vierzig Jahren die alten Zöpfe noch nicht endgültig abgeschnitten. Mit Erstaunen kam ich dahinter, dass wir im Alltag und privat bis heute einer Definition von Autorität anhängen, die seit Jahrzehnten – wenn nicht länger! – nichts mehr mit der politischen Realität gemeinsam hat.

Bis 1968 hatten sich augenscheinlich die Ideen von „Freiheit, Gleichheit, Brüderlichkeit" einzig auf der politischen Bühne umgesetzt. Wir hatten sie nur auf die Vorgänge im Staat bezogen. Im täglichen Leben blieb die Klassengesellschaft bestehen, wie wenn es die Erfindung der Demokratie nie gegeben hätte. Wir reagierten im Umgang mit Autorität ausübenden Personen wie Polizisten und Beamten, Ärzten oder Hausmeistern noch immer geduckt und unterwürfig. Unser Verhalten vermittelte ihnen das Gefühl, sie seien wie früher adelig und von höherem Stand. Das bot ihnen die Möglichkeit, weiterhin von oben herab mit herrschaftlichem Gehabe über uns zu verfügen. Erst um 1968 ist uns bewusst geworden, dass wir im zivilen Leben bei jedem Kontakt ein Anrecht auf die Ideale der Französischen Revolution haben – wer immer wir auch sind.

Was die falsche Vorstellung von Autorität betraf, haben die Aufstände von

1968 ein grosses Stück Arbeit geleistet. In unserem Bewusstsein hat sich damals eindeutig etwas korrigiert, allerdings erst viele Jahre nach der Gründung der meisten Demokratien. Wir haben die innere Uhr, die langsamer als die politische Entwicklung gelaufen war, aufziehen und nachstellen können.

Trotzdem ist die ganze Sache bisher noch immer nicht ausgestanden. Denn die Lage hat sich in den letzten vier Jahrzehnten nicht entspannt. Dadurch, dass wir kein unbefangenes Verhältnis zu Autorität an sich aufbauen konnten, wird deutlich, dass diese Frage nicht geklärt ist. Nach wie vor wissen wir nicht, wie wir mit ihr umgehen wollen. Wir haben uns vom althergebrachten Autoritätsbegriff nicht definitiv gelöst, er steht bis heute weiterhin im Raum.

Unsere Uhr geht noch immer etwas nach.

Freilich glaubten wir, dass wir damals die antiquierten Ideen vollständig über Bord geworfen hätten. Trotzdem halten wir seit fast zwei Generationen an der anderen Seite der Autoritätsmünze fest, der Rebellion. In unserem Umgang haben wir zwar das duckmäuserische Verhalten abgelegt, aber tief in unserem Innern spielen die seit Jahrhunderten gängigen Vorstellungen von Autorität und Respekt weiterhin ihre Rolle. Deshalb glauben wir, uns auch heute noch gegen sie auflehnen zu müssen. So drehen wir in Tat und Wahrheit nach wie vor dasselbe Geldstück in den Händen.

Diese zeitliche Verschiebung der äusseren und inneren Realität hat mich ungemein fasziniert. Man muss sich vor Augen halten: Die heutigen staatlichen Umstände, die den Umgang mit Macht und Autorität auf demokratische Weise regeln, waren aus unseren eigenen Wünschen und Sehnsüchten hervorgegangen. Während wir uns vor dem Ritter und Lehensherrn duckten und seinen Befehlen gehorchten, träumten wir davon, mit ihm auf gleicher Stufe zu stehen. Wir wollten auch an den Entscheidungen der Gesellschaft teilhaben. In langen Kämpfen haben unsere Vorfahrinnen und Vorfahren die Träume von einer gleichberechtigten Gesellschaft wahrgemacht. Während der letzten 200 Jahre haben sie die entsprechenden gesetzlichen Strukturen erstritten und aufgebaut. Nun, da sich die politischen Gegebenheiten zu unseren Gunsten darstellen,

legen wir eine Unfähigkeit an den Tag, sie in unsere Denkstrukturen vollständig zu integrieren. Denn geht es um Autorität, spukt uns immer noch

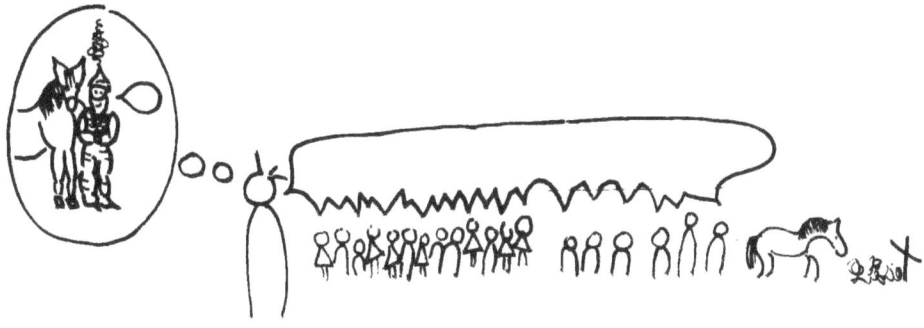

der Ritter im Kopf herum.

Natürlich wurde um 1968 ein grosser Teil der alten Ängste vor der gefürchteten Autoritätsperson weggeräumt. Den letzten inneren Schritt haben wir jedoch bis jetzt nicht endgültig vollzogen! Das ist die tiefere Botschaft der mangelnden Umgangsformen. Wir hinken in unserem Denken den selbst geschaffenen Tatsachen noch immer hinterher – jedes einzelne von uns! Dies ist umso bemerkenswerter, als diese zeitliche Verzögerung seit der Einführung der Demokratie je nach Land heute nicht erst einige Jahre währt, wir sprechen meist von vielen Jahrzehnten!

Mit der Bildung demokratischer Staaten haben wir eine politische Organisation mit entsprechenden rechtlichen Grundlagen geschaffen, die dermassen bahnbrechend ist und von den vorherigen Verhältnissen während Jahrtausenden so weit entfernt, dass unser Bewusstsein in der Folge die neuen Freiheiten und Möglichkeiten nur zögerlich aufnehmen konnte und kann. Unser festgefahrenes Denken hat mehrere Anläufe benötigt, um seine Richtung zu ändern. Nicht nur die äussere Realität, das staatliche und gesetzliche Gefüge, ist neu geworden, auch in uns selber müssen wir uns umstellen. Beim Wandel von der patriarchal und hierarchisch geprägten Monarchie zur freiheitlich orientierten Demokratie, welche auf der Gleichstellung aller Individuen beruht, handelt es sich um einen einschneidenden Prozess. Er ist offenbar sowohl bei der inneren Überzeugung der einzelnen Menschen als auch im gesellschaftlichen Leben nur in mehreren Schritten zu bewältigen.

Es war mir ein Anliegen, Ihnen mit meinen Ausführungen bewusst zu machen: Das Ideal einer gleichberechtigten Gesellschaft, für welches wir uns mit unserem ungezogenem Verhalten stark machen, ist in seinen Grundzügen eine im Aussen längst manifestierte staatspolitische Wirklichkeit. Wir leben schliesslich schon in einer Demokratie! Wir sind heute in der Lage, diese Tatsache endlich in unseren Köpfen zur Kenntnis zu nehmen, bis in die Herzen zu begreifen und auf Dauer zu speichern! Jetzt sind wir bereit für ein wertschätzendes Sozialverhalten, welches alle Menschen auf gleicher Höhe umfasst und zudem die gesellschaftliche Organisation in jeder Hinsicht gewährleistet.

Der Ritter verstellt den Frauen den Weg

Was die Wahrnehmung von Autorität betrifft, ist dieser letzte Schritt in einem äusserst wichtigen Punkt längst überfällig: Die reale Gleichbehandlung der Frau in allen Bereichen von Wirtschaft und Politik sowie in den Medien. Was die gerechte Entlöhnung von Frauen und ihre Vertretung in wichtigen Positionen und in der Medienlandschaft angeht, humpeln wir den vor langer Zeit festgehaltenen Verfassungen und Menschenrechtskonventionen massiv hintendrein. Die Umsetzung dieser Grundsätze findet im Aussen nicht

---

„Die Einstellungen hinken hinterher"
Dieses Kapitel war schon fertig geschrieben und illustriert, als ich nicht ohne Schmunzeln auf folgende Passage zur Situation der Frauen in Schweden stiess: „Carin Holmquist, die am Center für Entrepreneurship and Business Creation der Stockholm School of Economics lehrt, sagt, dass die Geschlechterrollen sich nicht mit der gleichen Geschwindigkeit verändert hätten wie die gesetzlichen Regelungen: ‚Schweden hat ein grossartiges Sozialsystem für Chancengleichheit, aber die Einstellungen hinken, wie in allen andern Ländern, hinterher.'" („Die Zeit", Hamburg 2. September 2010)

statt. Denn wir haben innerlich nicht nachvollzogen, was wir gesetzlich längst beschlossen und auf dem Papier fixiert hatten. Es ist der Ritter und Lehensherr, der uns die Sicht auf die demokratische Lage der Dinge versperrt. Wie ein Virus treibt er auch hier in unser aller Personalcomputer sein Unwesen. Unser veraltetes Bild von der männlichen Autoritäts- und Respektsperson scheint mir eine Hauptschwierigkeit sein, weshalb es mit der Gleichberechtigung der Frauen nur äusserst harzig und langsam vorwärts geht. Es sticht ins Auge, dass mit der Gleichstellung dann Schluss ist, wenn es sich um die Ausübung von Führungsaufgaben handelt.[2]

Unser längst überholtes Verständnis von Autorität macht es den Frauen so schwer, in männlich dominierten Berufen Fuss fassen, in höhere Etagen aufsteigen und sich in den Chefsessel setzen zu können. Bestimmte Positionen sind in unserem kollektiven Bewusstsein nämlich mit der herkömmlichen Autoritätsperson besetzt – und die war seit Jahrtausenden männlich. Sie steht dem weiblichen Geschlecht im Weg. Obwohl wir uns vor ihm gefürchtet haben, sind wir innerlich noch immer der Meinung, dass nur ein Mann die Autorität haben könne, als Ritter und Respektsperson die wichtigen Entscheide zu treffen. Denn so ist es während der langen Zeit des Patriarchats gewesen.[3]

Wie meine Analysen gezeigt haben, geht es in einer Demokratie jedoch lediglich um die Vergabe von Mandaten. So begreifen wir jetzt, dass diese Aufträge mit Arbeiten verbunden sind, die Frauen ebenso gut wie Männer leisten können – wenn nicht oftmals sogar besser! Damit steht ihnen als bevölkerungsstärkste Gruppe die Karriereleiter offen. Die reale Gleichstellung

215

von Frau und Mann kann endlich Wirklichkeit werden. Ein immenses Reservoir an bisher ungenutzten weiblichen und menschlichen Fähigkeiten wird so zugänglich und steht zu unser aller Vorteil der ganzen Gesellschaft zur Verfügung.[4)]

Die Löschtaste drücken!

Äussere Veränderungen können nur dann auf fruchtbaren Boden fallen, wenn wir in unserem Innern bereits aufgeräumt und Klarheit erlangt haben. Aus diesen Gründen lag es mir am Herzen, dass wir uns zuerst der inneren Mechanismen bewusst werden, bevor wir zielstrebig zu handeln beginnen. Eingefleischte Programmierungen sind zäh, sie müssen zuerst gelöscht werden.

Ich konnte Ihnen hoffentlich vermitteln, dass uns die alte Software von Autorität nicht mehr dienlich ist. Jetzt drücken wir den Delete-Knopf! So wird

Speicherplatz frei für neue Überzeugungen und Handlungsmöglichkeiten, und wir erhalten genügend Spielraum für die Anforderungen der heutigen Gesellschaft. Damit haben wir endlich alle unsere Uhren, die äusseren und die inneren, auf die aktuelle demokratische Weltzeit eingestellt.

Das Ideal ist beabsichtigt

Zu meinen staatspolitischen Überlegungen möchte ich noch kurz folgende Bemerkung anfügen. Ich habe hin und wieder die Zustände der westlich geprägten Demokratien idealisiert. Ich weiss natürlich schon, dass diese nicht immer so gut arbeiten und glücken. Oft beschreibe ich mehr die bunte Theorie als die graue Realität. Man soll mich deswegen jedoch nicht der Blauäugigkeit oder Naivität bezichtigen. Denn in diesem Kontext ist die Schönfärberei Absicht. Erst durch sie wird uns nämlich bewusst, wie unsere Gesellschaft im Kern und von der Struktur her organisiert ist. Sie unterscheidet sich fundamental von den anderen Staatsformen Monarchie und Diktatur, die wir früher erlebt haben. „Die da oben machen doch, was sie wollen" ist keine Aussage über eine funktionierende Demokratie. Natürlich gibt es immer

wieder Gesetzeslücken, schlecht organisierte Situationen oder nicht integer handelnde Auftragspersonen. Einerseits liegen solche Missstände im menschlichen Sein begründet. Wo gearbeitet wird, passieren Fehler! Andererseits sind wir damit als Staatsbürgerinnen und -bürger aufgefordert, uns für Verbesserungen einzusetzen. Eine Demokratie ist Teamarbeit und ein immerwährender Prozess. Es ist an uns allen, laufend eine Gesellschaft zu erschaffen, in der wir glücklich leben können.

"... und die Welt wird eins sein"[5]

Ich gehöre zur 68-er Generation, die entsprechenden Ideale wurden mir wohl schon in die Wiege gelegt. Höre ich Musik von damals oder sehe ich Bilder der Blumenkinder, geht mir das Herz auf. Wie John Lennon in „Imagine"[6] träume ich auch in meinen fortgeschrittenen Jahren unbekümmert von einer besseren Welt. Die **Umgangsformen für das 21. Jahrhundert** sollen dazu beitragen, dass sie eines Tages Wirklichkeit wird. Das wünsche ich uns allen!

Ich danke Ihnen, dass Sie dieses Buch in Händen halten und auf diese Weise mithelfen, die Träume von Freiheit, Gleichheit und Schwesterlichkeit umzusetzen. Ich freue mich, Sie in einer liebevollen, wertschätzenden und glücklichen Zukunft dabeizuhaben!

Wie die Umgangsformen dazu aussehen und **wie wir einander neu respektieren lernen**, erfahren Sie in **Teil 2** der **Umgangsformen für das 21. Jahrhundert**!

Quellen und weitere Bemerkungen

---

[1] Siehe Kasten „Die Ohrfeige" im Kapitel „1968: „Das wollen wir nie wieder!" S. 120

[2] Zu Beginn von 2011 sitzen 182 Männer und 4 (richtig: VIER) Frauen in den Vorständen der deutschen DAX-Unternehmen (RTL, „Aktuell" 19. Januar 2011). Die Männer sind also über 45-mal mehr vertreten als die Frauen beziehungsweise die eine

Hälfte der Bevölkerung kann dort nicht mitreden, wo es um Geld und wirtschaftliche Macht geht. Entspricht dies dem Grundgesetz? Wohl kaum. Zur Situation der Frauen weltweit siehe auch Endnoten im Kapitel „Der Ritter und sein Untertan: Warum wir unsere Benimmregeln nicht mehr anwenden".

3 Es ist nicht nur unser veraltetes Autoritätsverständnis, das der Gleichstellung der Frau entgegensteht. Auch das Sexualverhalten der männlichen „Eliten" verwehrt den Frauen den Eintritt in die Teppichetage. An Kongressen und auf Geschäftsreisen besuchen nicht wenige Manager gemeinsam das Striptealokal, den Saunaclub oder das Bordell. Dort tätigen sie untereinander auch geschäftliche Abschlüsse (ZDF, „Markus Lanz" 25. Mai 2011). Arbeitet nur eine einzige Frau in der Geschäftsleitung oder im Verwaltungsrat mit, ist es mit diesen Vergnügungen für die Männer vorbei.

4 Durch die Veränderung von der „Respektsperson" zur Mandatsperson könnte die sogenannte „Feminisierung" der Berufe neu zu betrachten sein. Jede Berufsgattung, die heute hauptsächlich von Frauen statt wie früher von Männern ausgeübt wird, büsst an Ansehen ein und wird schlecht bezahlt. Sie verliert ihren Nimbus, welche die männliche Autoritätsperson in jeglicher Situation umgeben hat. Uns allen bekannt ist die Situation der Volksschullehrerin: Der frühere Schulmeister war eine im ganzen Dorf geachtete „Respektsperson", deren Wort etwas galt, während die heutigen Lehrerinnen oft mit Respektlosigkeit und mangelnder Unterstützung von Seiten der Schülerschaft, der Eltern, der Behörden oder der Medien zu kämpfen haben. Käthi La Roche, Pfarrerin am Grossmünster Zürich, machte die Beobachtung, dass in Russland zunehmend Frauen als Ärztinnen arbeiteten. „Aber", meinte sie bedauernd, „'Götter in Weiss' sind es nicht mehr." Die gleiche Entwicklung geschehe in den reformierten Kirchen der Schweiz, fuhr sie fort. Es gebe immer mehr Pfarrerinnen anstelle von Pfarrern, „doch es ist nicht mehr die ‚Pfarrherrschaft' wie früher", sondern man spreche nun von „Pfarrpersonen'". Sie seien nur noch „Fachpersonen" und, wie ich verstehe, offenbar keine Autoritäten mehr wie die bisherigen männlichen Repräsentanten der Kirche. (SF1, „Sternstunden Religion" 27. März 2011)

Diese Situation beklagten wir bisher als mangelnde Achtung vor den Frauen, und wir waren darüber entsetzt. Doch es könnte sich auch um die schleichende Umwandlung von der – bis anhin ausschliesslich männlichen – Autoritätsperson hin zur demokratischen Mandatsperson handeln. Der Achtungsverlust würde dann nicht der Frau gelten, sondern der Respektsperson auf dem Sockel, die ja aus dem Adel entstanden ist und die Vorstellung der Zwei-Klassen-Gesellschaft beinhaltet. So gesehen weinen wir damit fälschlicherweise der veralteten Position mit dem überholten Ansehen nach, die nur Männer innegehabt haben. Die gut ausgebildeten Frauen von heute hingegen wollen den Autoritätsnimbus gar nicht, sie verstehen sich als Auftragspersonen. Sie könnten bereits die Trägerinnen einer Wertevorstellung sein, wie sie in Demokratien demnächst überall üblich sein wird. Auf diese Weise werden wir in Zukunft die Auftragspersonen beider Geschlechter ansehen und anerkennen. Den Lohn handeln wir angemessen für alle gleich aus.

5 John Lennon „Imagine", 1971

6 Siehe dazu Kasten „Stell dir vor!" im Kapitel „Von der Unterordnung zur Gleichstellung: 1789 und 1968"

In eigener Sache

Über mich

Was Programmierungen auslösen können, erfuhr ich nach der Matura in meiner Erstausbildung als Programmiererin, als es diesen Beruf offiziell noch gar nicht gab. Wochenlang suchte ich nach Fehlern, wenn der Computer nicht das ausspuckte, was ich von ihm haben wollte... Als Mitherausgeberin des „Alternativkatalog"es interessierte ich mich in den 1970-ern für neuartige Ansätze zur Schaffung einer umweltverträglichen und friedlichen Gesellschaft. Dazu gehören seit Anfang der Achtziger auch innere Reisen.

> **„Je m'occupe..."**
> „Je m'occupe de l'avenir – j'ai décidé d'y passer le reste de ma vie." (Aufschrift auf einem T-Shirt, das ich einmal geschenkt bekam)

Über zwanzig Jahre beschäftigt mich nun das Unterrichten. Es begann damit, dass ich meine damals zwölfjährige Tochter aus der Schule nahm und zu Hause selber unterwies. Ab vierzig eignete ich mir das pädagogische Handwerk an der Universität Bern an, wo ich unter anderem in Geschichte

abschloss. Nach einigen Jahren Tätigkeit an der Volksschule wechselte ich an die Berufsschule. Ich unterrichtete Klassen zur Vorbereitung der Berufsmaturität und solche des berufsvorbereitenden Schuljahres, in verschiedenen Fächern. Zudem lehrte ich jugendliche und erwachsene Auszubildende die Funktionsweise des demokratischen Schweizer Staates.

Leider brachte der an sich interessante Beruf viele enttäuschende Momente, persönliche Verletzungen und häufige Sisyphusarbeit mit sich. Immer wieder versuchte ich ihn mit Begeisterung anzupacken und liess mir neue didaktische Wege einfallen. Doch die Situationen, unter denen ich am meisten litt, verschwanden damit nicht. Es dauerte lange Jahre, bis ich verstand: Es sind nicht schulspezifische Bedingungen oder meine eigene Unfähigkeit als Lehrperson, welche die Schwierigkeiten im Klassenzimmer verursachen. Mit Verwunderung und Neugier – aber auch etwas erleichtert – habe ich schlussendlich erkannt, dass diese einem grösseren gesellschaftlichen Kontext entspringen, der historische Wurzeln hat.

So haben meine intensiven Auseinandersetzungen mit den bisherigen Benimmregeln und die Suche nach den dahinter liegenden Programmierungen begonnen. Es ist nicht verwunderlich, dass ein weiteres Buch auch von Denkmodellen handelt:

„Deutsche in der Schweiz suchen Heilung – Was Demokratie vom Einzelnen fordert und wie Prägungen aus der Vergangenheit dabei im Wege stehen können" (Norderstedt 2014).

Ein herzliches Merci!

Ich möchte mich bei allen bedanken, die zur Entstehung der **Umgangsformen für das 21. Jahrhundert** beigetragen haben.

Mein erster Dank gilt Ernest Callenbach (1929-2012), dessen „Ökotopia" von 1975 mich alle paar Jahre neu mit Sehnsucht erfüllt. Als ich Ihren Roman Ende der Siebziger zum ersten Mal las, wünschte ich mir glühend, auch nach Ökotopia reisen zu können - wie Ihr amerikanischer Romanheld! Ihre Schilderung eines ökologischen Staates war meine erste Vorstellung einer Zukunft, in der ich gerne

> **„...um die Zukunft"**
> „Ich kümmere mich um die Zukunft – ich habe beschlossen, den Rest meines Lebens darin zu verbringen." (Albert Einstein zugeschrieben)

leben wollte. Ich hätte mir damals nicht träumen lassen, dass auch ich einmal eine wünschbare Gesellschaft beschreiben würde – allerdings auf ganz andere Art. For your vision, Mr. Callenbach, I'm deeply grateful to you![1]

In eigener Sache

Seit drei Jahrzehnten begleitet mich Osho, der grosse indische Meister und Mystiker (1931-1990), als sichtbarer Besucher des Lichts auf diesem Planeten. Du hast mich die Erfahrung machen lassen, dass ein glückliches Leben in einer Gesellschaft gleichwertiger Frauen und Männer möglich ist – auch wenn alle ihren individuellen Weg gehen. Durch dich habe ich gelernt, diejenigen Programmierungen zu erkennen, denen wir durch unsere Erziehung und althergebrachte oder religiöse Umstände ausgesetzt sind. Du hast mich ermuntert, die engen Grenzen des Offensichtlichen zu verlassen und tiefer zu blicken. Dies hat mir beim Nachdenken darüber, warum wir keine Umgangsformen mehr haben, sehr geholfen! Ich bin dir in herzlicher Freundschaft und Dankbarkeit verbunden![2]

Ohne die Erlebnisse mit meinen Schülerinnen und Schülern hätte ich mich weder mit Benimmregeln noch mit Autorität generell auseinandergesetzt. Als Autorin und im Namen meiner Leserschaft danke ich all denen, die mich auf irgendeine Weise geärgert beziehungsweise ihre Klassenkameraden während der Stunde beim Lernen gestört haben. Ihr auffälliges Verhalten diente als Anstoß und Grundlage für die **Umgangsformen für das 21. Jahrhundert**. Als Lehrerin und Privatperson habe ich beim Schreiben jedoch gerne an diejenigen gedacht, deren Benehmen sich so gestaltete, dass es hier nicht erwähnt werden muss. Ihr habt meinen Unterricht auf konstruktive Art

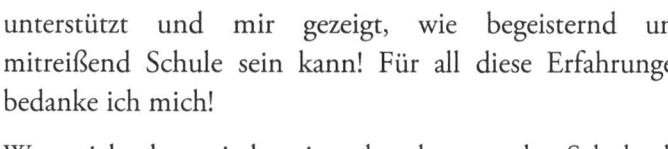

unterstützt und mir gezeigt, wie begeisternd und mitreißend Schule sein kann! Für all diese Erfahrungen bedanke ich mich!

Wenn ich aber wieder einmal ratlos aus der Schulstube kam, lud ich meinen Kummer im Lehrerzimmer ab. Meine Kolleginnen und Kollegen von Burgdorf und Bern hörten mir oft genug geduldig zu. Die Gespräche mit euch und euer Verständnis brachten mich wieder auf den Boden! Auch mit einem mir nahestehenden Gymnasiallehrer tauschte ich hin und wieder Erfahrungen und Gedanken über die Unterrichtstätigkeit aus. Den Diskussionen im schulischen Umfeld entnahm ich viele Anregungen. Euch allen lieben Dank!

Während des Buchschreibe-Prozesses wurde ich von meinem Freundes- und Familienkreis liebevoll begleitet – unter anderem mit zahllosen Gesprächen über respektvollen Umgang und die Notwendigkeiten in Klassenzimmer und Öffentlichkeit, über Sinn und Zweck der Erziehung und unsere Rolle als Eltern und Erwachsene. Ich danke euch für das Lesen des Manuskripts, eure Denkanstösse sowie die juristischen Beratungen – und eure Freundschaft!

Auch für die grafische Gestaltung erhielt ich Unterstützung und Anregung: Danke für die kinesiologische Hilfe bei der Wahl des Titels und seiner farblichen Darstellung! Merci für die technische Hilfe zur Umsetzung des Buchumschlags! Und ein großes Dankeschön für die eindringliche Bitte, meinen Text selber zu illustrieren! Das Entwerfen von passenden Zeichnungen in einer eigenen Bildsprache, die sich durch das ganze Buch hindurchzieht, hat mir ausserordentlichen Spaß gemacht und manche glückliche Stunde bereitet!

Für das ausgezeichnete Lektorat – und nicht nur dafür! – danke ich meiner sprachbegabten Tochter. Du hast den großen Bogen logisch im Auge behalten und bist oft am genau richtigen Ort über noch verbesserungswürdige Stellen gestolpert. Du hast mit deinen Vorschlägen geholfen, die Verständlichkeit zu erhöhen und den Sprachfluss zu glätten. Eine bessere Lektorin hätte ich mir nicht wünschen können! Ich umarme dich!

Euch allen ein herzliches Merci! Ihr habt das Buch ermöglicht und bereichert!

Quellen und weitere Bemerkungen

[1] Ernest Callenbach „Ökotopia" (1998). Ich wünsche mir, dass das auf Deutsch vergriffene Buch in vielen Sprachen neu aufgelegt wird!

[2] Mein Einstiegsbuch vor über dreißig Jahren liebe ich noch immer sehr: Osho „Intelligenz des Herzens" (Berlin 1979, heute neu aufgelegt). Es sind jedoch sehr viele Bücher zu unterschiedlichen Schwerpunktthemen auf dem Markt erhältlich. www.osho.com

Anhang

Unsere Gesellschaft ist aus dem Lot geraten: Medienberichte

Dies ist der Anhang zum Kapitel „Die Probleme wachsen uns über den Kopf". Der dortige Überblick stützt sich auf die nachstehende Sammlung von Quellen. Es sind keine Zeugnisse einer zivilisierten Gesellschaft.

Jeder einzelne dieser Originaltexte beantwortet die Frage: „Wozu braucht es heute noch Manieren?" Sie beschreiben, was passiert, wenn Umgangsformen fehlen. Sie machen deutlich, dass es Not tut, ein wertschätzendes Sozialverhalten zu erlernen und mit unseren Töchtern und Söhnen von klein an einzuüben. Erst dadurch verfügen wir – und sie – über ein friedliches Verhaltensrepertoire, das reflexartig ausgeführt werden kann. Die tägliche Übung in freundlichem Umgang lässt uns und unsere Kinder verstehen, dass andere Menschen mit Würde behandelt werden wollen wie wir und sie auch.

Wir sehen hier eindrücklich, dass dieses Training heute bei einigen Leuten nicht mehr stattgefunden hat, mit fatalen Folgen – Tendenz steigend. Ich erinnere an die Äusserung des Dalai Lama, dass wir, um ein Problem lösen zu können, die Zusammenhänge berücksichtigen müssten.[1] Damit die Verflechtung dieser aufrüttelnden gesellschaftlichen Fakten und ihre Folgen sichtbar werden, kommentiere ich die Nachrichten und füge mögliche Querverbindungen an – am →Datum in der Titelzeile auffindbar.

Die Texte oder mündlichen Aussagen sind in der zeitlichen Reihenfolge aufgeführt, in der sie in den Medien erschienen sind. Sie sind deshalb

---

[1] Siehe Kasten „Es fehlt der ganzheitliche Blick" im Kapitel „Die Probleme wachsen uns über den Kopf" auf Seite 32

thematisch ungeordnet und wiederholen sich manchmal. Dies ist durchaus gewollt. Auch wenn es ältere Berichte darunter hat, können wir davon ausgehen, dass in der Zwischenzeit die entsprechenden Schwierigkeiten meist nicht verschwunden sind. Die Symptome der hier angesprochenen Problemkreise treten eher verstärkt auf.

Die Nachrichten sind zusammengefasst. Die wörtlichen Zitate im Originalton stehen in Anführungszeichen. Sie sind gekürzt und für die bessere Verständlichkeit in der Reihenfolge der Sätze manchmal geringfügig umgestellt, ohne den Sinn zu verändern. Der Lesbarkeit halber habe ich die Kürzungszeichen „(...)" ausgelassen. Dies gilt für alle zitierten Quellen in diesem Buch.

23. Juni 2004:   58 Prozent der Lehrkräfte gehen vorzeitig in Rente

„Es sind meistens die Besten, die es trifft. Engagierte Lehrer, die an ihren hohen Ansprüchen scheitern. Schon früh beginnt der Rückzug in die Depression." Andere Anzeichen des „Burn-Out-Syndroms" würden auftreten. „Studien haben in den vergangenen Jahren zur Genüge aufgezeigt, dass Lehrer neben Polizisten die am stärksten belastete Berufsgruppe im öffentlichen Dienst sind." In Bayern seien es 35 Prozent der Lehrkräfte, die vorzeitig in den Ruhestand gingen. Vom 56. Altersjahr an sei zudem eine Altersteilzeit möglich, darauf „greifen 23 Prozent zurück. Zählt man sie zu den 35 Prozent Dienstunfähigen dazu, kommt man schon auf 58 Prozent, die frühzeitig aus der Lehrtätigkeit ausscheiden." Das Kultusministerium Bayern suche nach Wegen, „wie die hohe Zahl der Frühpensionäre zu reduzieren ist. Schliesslich koste jeder Fall den Staat 375'000 Euro." Für einen Forschungsauftrag, um die Ursachen herauszufinden, fehle hingegen das Geld. („Süddeutsche Zeitung", München)

Ein Drittel der Lehrerschaft lässt sich in Bayern vorzeitig pensionieren, ein weiteres Viertel arbeitet in den letzten neun Jahren nur noch teilzeitlich. Nicht einmal jede zweite Lehrperson arbeitet bis zum Rentenalter mit vollem Pensum, die Schule verliert mehr als die Hälfte mehrere Jahre früher. In der Schweiz scheint es noch drastischer zu sein: Der Leiter der Bernischen Lehrerversicherungskasse bestätigte mir 2010 in einem persönlichen Gespräch, dass sich im Kanton Bern achtzig Prozent der Lehrkräfte vor 65 aus der Arbeitswelt zurückzögen, nur ein Fünftel der Lehrpersonen verbleibe bis zum regulären Pensionsalter voll im Beruf.

Solche Nachrichten erstaunen nicht, wenn wir uns ansehen: Die Situation in den

Familien →2007/2, →Mai/Juni 2007, →16. Januar 2009 und beim Fussballtraining →18. Dezember 2007, die Beobachtungen des Kinderpsychiaters Michael Winterhoff →2008, das gesellschaftliche Umfeld und gesetzliche Verständnis →6. Juni 2008, →29. Januar 2009, →Mai 2009, →19. Mai 2009/1, →24. September 2009, die Abnahme des Respekts vor Auftragspersonen →12. Mai 2008, →11. September 2008, →1. November 2008, →April 2009, die Gewaltsituation →22./23./24. Dezember 2008, →18. Februar 2009/1, →25. August 2009, →13. September 2009 und die Schwierigkeiten an den Schulen →15. Mai 2008, →3. Oktober 2008, →7. Oktober 2008, →November 2008, →2. Februar 2009, →9. April 2009, →16. Mai 2009, →August 2009 und →17. September 2009/1.

Die fast 400'000 Euro, die jede frühpensionierte Lehrperson den Staat kostet, sind auf alle Lehrkräfte der Bundesrepublik hochgerechnet sehr viel Steuergeld. Wie wäre es, wenn die Pädagoginnen und Pädagogen gesund und einsatzfreudig bis zu ihrem Rentenalter blieben und wir dieses Geld anderweitig im Bildungsbereich zur Verfügung hätten – zum Beispiel für kleinere Klassen, Teamteaching, Einzelunterstützung und Sozialarbeit? Wir könnten uns viele kostspielige Folgeprobleme ersparen!

2007/1: "Ein Generationenkonflikt in der Geschäftswelt"

„Was Höflichkeit anbelangt, besteht ein Generationenkonflikt in der Geschäftswelt", konstatiert die Knigge-Trainerin Corinne Hobi. Die Zusammenarbeit zwischen der älteren Nachkriegsgeneration und den Nachrückenden „ist mit Spannungen verbunden. Bei den Kindern der 68-er war Etikette selten ein Thema, sie galt als reaktionär. Wir haben junge Eliten ausgebildet, die alles wissen über ihr Gebiet, aber häufig nicht mehr mit Menschen umgehen können." („Ein Tag im Leben von – Porträts aus ‚Das Magazin", ausgewählt von Walter Keller, Zürich)

Eine Fachfrau registriert den Mangel an wertschätzendem Umgang am Arbeitsplatz, der seit 1968 entstanden ist →2007/2, →Mai/Juni 2007, →18. Dezember 2007, →2008, →16. Mai 2008/2. Sie beobachtet ungenügendes Sozialverhalten von offenbar gut ausgebildeten Führungskräften →12. September 2008.

2007/2: "Die Kinder dürfen alles selber entscheiden"

Die Sozialpädagogin Margaritha Glanzmann der Pro Juventute Bern sucht mehrmals pro Woche Familien in Schwierigkeiten auf und begleitet sie als „Supernanny" während längerer Zeit. Sie beobachtet:

„Die Nachfrage nach einer Erziehungshilfe ist um vieles grösser als das Angebot, Tendenz steigend. Manchmal wähle ich die Mittagszeit aus, um bei Tisch dabei sein zu können. Da findet ein allein erziehender Vater, seine Kinder taugten

225

nichts. Die Atmosphäre ist bedrückend." Als Fachfrau gebe sie ihm Anregungen für einen freundlichen Umgang mit seinen Kindern. „Bei einer andern Familie sind die Kinder, drei- und achtjährig, die Bosse. Der Kleine schlägt seine Mutter. Als er es auch bei mir machen will, halte ich ihn an seinen Ärmchen fest und erkläre ihm ruhig, dass ich das nicht will." Sie zeige der Mutter, was sie statt schlagen oder schelten tun könne. „Heute wollen viele Eltern ihren Kindern einfach das Beste geben, ohne Grenzen zu setzen." Diese dürften alles selber entscheiden. „Damit können sie gar nicht umgehen, sie brauchen einen Rahmen. Das Credo jeder Erziehung heisst Grenzen setzen, konsequent sein, aber liebevoll." („Ein Tag im Leben von – Porträts aus ‚Das Magazin'", ausgewählt von Walter Keller, Zürich)

Immer mehr Eltern benötigen Hilfe beim Erziehen. Die Fachfrau macht deutlich, dass Kinder sowohl Liebe und Verständnis wie auch Grenzen benötigen. Sie beobachtet, dass Eltern heute zu viel Freiheit gewähren →Mai/Juni 2007, →18. Dezember 2007, →2008 und ihren Nachwuchs damit überfordern →15. Mai 2008, →3. Oktober 2008, →16. Januar 2009, →29. Januar 2009, →18. Februar 2009/1, →9. April 2009 (die langfristigen Folgeschäden an den Schulen, von Vandalismus oder Gewalt im öffentlichen Raum wie auch die finanziellen Belastungen für uns alle habe ich dabei nicht berücksichtigt).

Allerdings sind auch die Eltern überfordert, denn die Umwelt hilft nicht mehr mit beim Erziehen →Mai/Juni 2007, →6. Juni 2008, →Mai 2009, →19. Mai 2009/1.

Was Eltern dürfen und was sie müssen, hängt stark vom gesellschaftlichen Verständnis von Autorität ab. Das Grenzen-Setzen, das die Erziehungsberechtigten und die andern Erwachsenen zu leisten haben, geht nicht, ohne dass sie sich in der Verantwortung gegenüber Kindern und als deren Auftragspersonen[2] verstehen.

Mai/Juni 2007: "Für andere Kinder nicht mitverantwortlich"

„1995 hatte ich mehr Eltern, die ganz genau wussten, wie sie erziehen. Die Eltern heute sind dagegen oft verunsichert", erzählt die Leiterin der Kindertagesstätte „Kita am Huthpark" in Frankfurt, Petra Mascha. „Die Eltern trauen sich nicht mehr, klare Vorgaben zu machen und Regeln zu setzen. Anstatt beim Anziehen klar zu sagen: ‚Es ist kalt, du ziehst jetzt die warme Jacke und die Mütze an', wird dem Kind die Entscheidung überlassen, womit ein kleines Kind völlig überfordert ist." Auch „gibt es keine Tischregeln mehr, statt dessen rennen die Mütter mit dem Butterbrot dem Kind hinterher. Da beim Essen die klaren Regeln aufgehoben sind – etwa, dass alle erst anfangen zu essen, wenn auch alle am Tisch sitzen – ist die Mahlzeit keine entspannte, gemeinsame und genussreiche

---

[2] Die Definition einer Auftrags- oder Mandatsperson finden Sie im Kapitel „Die Autoritätsperson ist tot – lang lebe die Mandatsperson!".

Erfahrung mehr.“

Über die Eltern sagt die erfahrene Krippenleiterin: „Sie gestehen sich nicht mehr zu, eigene Bedürfnisse zu haben und dem Kind Grenzen zu setzen.“ Die Organisation des Familienalltags drehe sich nur um das Kind. „Und sie haben dabei immer nur ihr eigenes Kind im Visier, alles andere, auch andere Kinder, die Gesellschaft, gerät aus dem Blickfeld. Man fühlt sich nicht mehr für andere Kinder mitverantwortlich.“ Als sie ein Kind gewesen sei, erinnert sie sich, sei es schwierig gewesen, Dummheiten zu machen oder jemandem einen Streich zu spielen. „Heute trauen Erwachsene sich kaum noch, ein fremdes Kind anzusprechen – selbst dann nicht, wenn das Kind ein Problem hat, auf dem Spielplatz stürzt oder von andern bedrängt wird. Man hat Angst, sich einzumischen.“ Sie zieht eine Schlussfolgerung: „Früher wurde die Erziehung von Kindern auch als gesellschaftliche Aufgabe wahrgenommen, sie fand auch im öffentlichen Raum statt. Das gibt es heute leider kaum noch. Also erfahren Kinder auch in dieser Hinsicht kaum noch Grenzen.“ („Emma“, Köln)

Eine Kita-Leiterin beobachtet, dass das gemeinsame, ritualisierte Essen in der Familie am Verschwinden ist. Gemeinsame Essen in der Familie sind aber diejenigen Momente, wo ein Sozialverhalten in der Gruppe eingeübt wird. Dies scheint nicht mehr stattzufinden und fehlt andernorts →2007/1, →18. Dezember 2007, →16. Mai 2008/2, →12. September 2008, →3. Oktober 2008, →November 2008.

Weiter würden Eltern keine Grenzen mehr setzen, der Nachwuchs stehe im Mittelpunkt ihres Lebens →2007/2, →2008. Dies hat Folgen in und außerhalb der Familie →23. Juni 2004, →14. Mai 2008, →7. Oktober 2008, →16. Januar 2009, →2. Februar 2009, →9. April 2009, →16. Mai 2009, →August 2009. Zudem hätten die Erwachsenen den Blick über den engen familiären Kreis hinaus verloren, Kinder erhielten keine Hilfe mehr von fremden Menschen, auch würden sie von ihnen nicht mehr beaufsichtigt →Mai 2009, →22. Mai 2009. Dies ist der Beginn des rechtsfreien Raumes, der zu gravierenden Situationen ausarten kann, wenn die Kinder älter sind, zum Beispiel →29. Januar 2009, →18. Februar 2009/1, →2. Juli 2009, →17. September 2009/1.

18. Dezember 2007: Zunehmende Gewalt im Fussballtraining

In einem Interview beschreibt Luigi Ponte, Zentralpräsident des Schweizerischen Schiedsrichter-Verbandes (SSV), die Situation in den Fussballvereinen: „Die Gewalt von Fussballern gegen Schiedsrichter nimmt in grossem Mass zu. Wir registrieren sehr viele Spielabbrüche“, denen „eine Tätlichkeit zu Grunde liegt, und es werden pro Jahr immer mehr. Es beginnt bei verletzenden verbalen Attacken und Drohungen wie ‚Ich mache dich kaputt‘ und geht bis zu tatsächlich sehr gewalttätigen Übergriffen.“ Dazu gehörten „eine Gesichtsverletzung, ein gebrochener Finger, eine dreiwöchige Arbeitsunfähigkeit und ein übler Tritt in den

Unterleib", wobei der getretene Linienrichter „kurzzeitig das Bewusstsein verloren" habe. Auch seien „Spieler in kaum mehr kontrollierbarer Weise auf Gegenspieler losgegangen", so dass der freiburgische Schiedsrichterverband entschied, dass „die Situation nicht mehr tragbar ist. Bei den B- und C-Junioren haben wir die grössten Probleme, dass gerade dort der Respekt gegenüber Schiedsrichtern rapide abnimmt", wobei „Mannschaften mit einem hohen Ausländeranteil zu mehr Problemen" neigten. So hätten „gelbe und rote Karten keine grosse Wirkung mehr, wir benötigen drastischere Massnahmen", wie „längere Spielstrafen, höhere Geldbussen und Punktabzüge". In der Folge wollten sich „viele junge Schiedsrichter die Respektlosigkeit nicht mehr gefallen lassen und hören früh desillusioniert auf. Die Lösung dieses Rekrutierungsproblems habe ich leider noch nicht gefunden."

Denn „vielen Kindern fehlen die Erziehung, die Führung, die Kinderstube. Sie können sich nicht unterordnen und kennen ihre Grenzen nicht, sie haben kaum Anstand und Respekt. Wir begegnen in unseren Trainings Junioren, die im Alter von sieben Jahren zum ersten Mal ein Nein hören!" Viele Probleme ergäben sich, weil Eltern bei den Spielen ihrer Kinder zusähen. „Gerade Eltern müssen aber begreifen – und vorleben –, dass es dort, wo es Sieger gibt, auch Verlierer geben muss." Auch „die Medien verletzen ihre Vorbildfunktion und leisten dem Absinken von moralischen Standards Vorschub." Er warnt: „Wir versuchen aufzuzeigen, was passiert, wenn wir nicht mehr pfeifen." („D'Region", Burgdorf)

Der oberste Schiedsrichter bestätigt, dass heute Kindern keine Grenzen mehr gesetzt würden →2007/2, →Mai/Juni 2007, →2008, →6. Juni 2008, →Mai 2009, →19. Mai 2009/1. Die in den Vereinen beobachtete Respektlosigkeit reicht bis zu schwerer Körperverletzung von Schiedrichtern →25. August 2009, oft verursacht von Kindern mit Migrationshintergrund →3. Oktober 2008, →1. November 2008, →9. April 2009. Kein Wunder, dass die Fussballvereine Nachwuchsprobleme für ihre Schiris haben!

Diese Situation kann dazu führen, dass das Fussballtraining um die Ecke nicht mehr angeboten wird. Doch sind gerade die heutigen Buben – besonders in stark besiedelten Gebieten – dringend darauf angewiesen, ihre Kräfte in einem geordneten Umfeld messen und ausleben zu können. Was machen sie mit ihrer Energie, wenn sie nicht mehr kicken gehen können, in einem zubetonierten städtischen Umfeld? Bereits jetzt registrieren wir Vandalismus oder Gewalt, zum Beispiel beim Fussballbesuch →29. Juni 2008, →11. April 2009 oder im Zug →19. Juli 2008. Dem Aggressionsabbau in Jugendgangs öffnet sich Tür und Tor, zum Beispiel vor dem Bahnhof →22./23./24. Dezember 2008, beim Niederschlagen von zufälligen Passanten →2. Juli 2009, couragierten Familienvätern →13. September 2009 oder Gemeinderäten →18. Februar 2009/1!

228

Ein sportliches Freizeittraining ist zudem eine der wenigen Situationen, in denen Jungens noch mit Männern in Kontakt kommen und von ihnen lernen können. Fällt dieser Bereich flach, haben sich die Männer vollends aus dem pädagogischen Sektor zurückgezogen. Wer lehrt die Jugendlichen dann Regeln, Teamplaying und Fairness in einem Bereich, der ihnen etwas bedeutet, nämlich Sport? Was ist, wenn sich Buben nicht einmal mehr von Männern etwas sagen lassen? Der Respekt vor Erwachsenen und beauftragten Personen fehlt schon heute, zum Beispiel vor den eigenen Eltern(!) →16. Januar 2009 und in der Schule →9. April 2009, →August 2009, im Zug →20. Juni 2008, →April 2009 oder gegenüber Polizisten →11. September 2008.

2008: **„Kinder mit vielfältigen Störungen"**

In seinem Bestseller „Warum unsere Kinder Tyrannen werden" bringt der deutsche Facharzt für Kinder- und Jugendpsychiatrie Michael Winterhoff aufrüttelnde Beschreibungen von der Situation, in der sich die heutigen Kinder und damit die zukünftige Gesellschaft befänden:

„Ich sehe in meiner Praxis tagtäglich Kinder und Jugendliche mit vielfältigen Störungen. Im Laufe meiner Tätigkeit als Kinderpsychiater haben sich bei der Analyse der auftretenden Störungen so gravierende Änderungen ergeben, dass Anlass zu grosser Sorge um die gesamtgesellschaftliche Zukunft gegeben ist. Immer weniger arbeits- und beziehungsfähige Jugendliche und Erwachsene werden die Folge sein, wenn sich weiterhin kein Bewusstsein für diese Störungen bildet.

Bei einem grossen Teil dieser Kinder und Jugendlichen, die in allen Lebensbereichen Probleme verursachen, haben wir es nach meiner langjährigen Beobachtung mit Menschen zu tun, deren psychischer Reifegrad in etwa auf dem Niveau von maximal Dreijährigen stagniert. Anders gesagt: Die Jugendlichen sind in einer frühkindlichen psychischen Phase fixiert, ihr körperliches und psychisches Alter klaffen weit auseinander. Sie können dadurch keinerlei störungsfreie Beziehung zu ihrer Umwelt mehr aufbauen. Jeglicher Zugang zu ihnen scheint unmöglich geworden zu sein, sie terrorisieren ihre Umwelt mit einem inakzeptablen Verhalten und sind gegen Steuerungsversuche von aussen absolut immun." (S. 12)

"Die Situation, wie sie sich mir in meiner täglichen Arbeit mittlerweile darstellt, zeigt, dass wir auf dem besten Wege sind, immer weniger Kinder hervorzubringen, die eine kindgerechte Entwicklung durchlaufen können. Zusätzlich muss ich feststellen, dass immer weniger Kinder in ausreichendem Masse psychische Funktionen gebildet haben. Die Folge: In den letzten fünfzehn Jahren lässt sich eine enorme Zunahme an Störfeldern im Kinder- und Jugendalter feststellen, die Auffälligkeiten, mit denen Kinder mir vorgestellt werden, könnten kaum vielfältiger sein." Winterhoff nennt Schwierigkeiten im motorischen Bereich, bei der Wahrnehmung, der sprachlichen Entwicklung, der Sauberkeitserziehung, im Sozialverhalten und im Lern- und Leistungsverhalten.

„Nicht nur gegenüber andern Kindern und Jugendlichen zeigen diese Kinder problematisches Verhalten, auch die eigenen Eltern und Grosseltern sowie ständig in die Erziehung eingebundene Personen wie Erzieherinnen und Lehrer stellen für sie keine Begrenzung ihres Egoismus dar." (S. 37ff)

Der Kinderpsychiater erklärt, dass sich heutige Eltern nicht „abgegrenzt" verhielten, da sie gegenüber dem Kind „partnerschaftlich oder sogar symbiotisch" fühlten und handelten. Sie tolerierten jegliches Verhalten ihres Kindes und würden ihm keine Grenzen setzen. Deshalb lerne es nicht, einen Menschen von einem Gegenstand, den es nach Belieben herumschieben könne, zu unterscheiden. So behandle es andere Menschen wie Gegenstände, die es steuern könne, und erkenne und respektiere ihre Bedürfnisse nicht. (S. 136f) Die Fähigkeit zu dieser Unterscheidung ist aber von grösster Tragweite für das soziale Verhalten: „Wichtig wäre, dass das Kind die Mutter als Begrenzung des eigenen Ichs erfahren würde, denn nur dadurch bilden sich psychische Funktionen heraus, die es möglich machen, später auch andere Autoritäten neben Mutter und Vater als lebensbestimmend anzunehmen." (S. 42)

"Schaut man in die Kindergärten", hat dort ein „partnerschaftlicher Umgang mit den Kindern" Einzug gehalten. „Im Tagesablauf" gibt es „immer weniger Festlegungen": „Rituale und Strukturen, früher fester Bestandteil, wurden abgeschafft." In der Folge könne sich „das Kind aussuchen", wie und mit wem „es den Vormittag verbringen möchte." Damit befinde sich „das Personal nicht mehr in der Führungsposition" und würde „wenig bis gar nichts in den Abläufen" regeln. Die Erzieherinnen befänden sich damit „auf der Partnerschaftsebene" und fühlten sich für die „Verhaltensauffälligkeiten der ihnen anvertrauten Kinder" „nicht mehr verantwortlich", so dass sie auch nicht mehr „regulierend" eingreifen würden. (S. 100f)

„Der Erwachsene holt

In der ersten Klasse: „Es war wild und laut"

Die Klassenlehrerin einer ersten Klasse erzählt: "Am Anfang des ersten Schuljahres war die Situation in unserer 1. Klasse kaum zu meistern. Es war schwierig, den Schülerinnen und Schülern unserer heterogenen Klasse gerecht zu werden: Zehn Kinder, die eine andere Muttersprache als Deutsch haben, mehrere recht verhaltensauffällige, einige noch sehr unreife, sehr verspielte und auch lernschwache, aber auch ein paar wissensbegierige, schulreife Kinder. Mehrere Kinder brauchten beinahe 1:1-Betreuung, während wir mit einer Gruppe selbständiger Schülerinnen und Schüler intensiv hätten arbeiten können. Das war aber unmöglich, da wir an alles andere als an Stoffvermittlung denken konnten. Es war so laut und oft undiszipliniert, dass es niemandem richtig wohl war."

Ein Erstklässler ergänzt: „Am Anfang war es wild und laut. Viele Kinder haben nicht zugehört. Ich fühlte mich einsam. Wir sind nicht gut vorwärtsgekommen." („Education – Amtliches Schulblatt des Kantons Bern", Ausgabe 4.10, Bern September 2010)

das Kind damit auf seine Ebene und gesteht ihm ausdrücklich zu, eine psychisch und emotional ausgereifte Person zu sein, die grössten Anforderungen gewachsen ist." (S. 101f) Doch ein Kind könne diesen Anspruch nicht einlösen. Es bleibe durch die Überforderung in einem unreifen Stadium. "In der Konsequenz führt das dazu, dass der Entwicklungsstand eines Kindes bei der Beschulung nicht mehr vergleichbar ist mit dem Status quo, der etwa zu Beginn der Neunziger Jahre vorherrschte. Das als ‚normal' empfundene Niveau ist weithin gesunken." (S. 104)

„Wer sich die Entwicklung der letzten Jahre genauer anschaut, muss feststellen, dass wir es mit einer massiven Verschiebung aller Massstäbe zu tun haben, die wir an die Entwicklung von Menschen anlegen. Das Fatale daran ist, dass wir es hier mit einer stetigen Abwärtsspirale zu tun haben." (S. 51)

„Die Zunahme besorgniserregender Fälle ist so signifikant, dass sich in den kommenden Jahren die Auswirkungen in unserem gesellschaftlichen Zusammenleben in erheblichem Mass zeigen werden." Anhand der Fallbeispiele zeigt Winterhoff auf, „warum wir" den Fehlentwicklungen „mit pädagogischen Konzepten und therapeutischen Massnahmen nur unzureichend Herr werden.

Vergleiche ich die mir heute vorgestellten Kinder mit denen vor zwanzig Jahren, so ist eindeutig festzustellen, dass diese Kinder nicht mehr länger ‚nur' Einzelstörungen aufweisen, sondern überwiegend in mehreren Bereichen gleichzeitig gestört sind." (S. 45) „Gab es vor 15 oder 20 Jahren etwa zwei bis vier auffällige Kinder, so hat sich das Verhältnis heute genau umgedreht." (S. 170) Das heisst: In den jetzigen Klassen sässen nur noch zwei bis vier Kinder ohne Störungen. Dies zeige ein Test, bei dem „Schulneulinge" an einer deutschen Grundschule „auf Auffälligkeiten geprüft" worden seien. „47 von 73 Schülern in den drei Klassen weisen mehr als eine Störung auf, das entspricht einer Quote von 64 Prozent, also nahezu zwei Drittel aller Schüler." Dabei sei eine „Häufung von ‚starken Auffälligkeiten' im Bereich der Wahrnehmung" bemerkbar. „Die Auswirkungen auf das Unterrichtsverhalten der Schüler sind leicht vorstellbar, ein geordneter Unterrichtsverlauf, der vorwiegend der Wissensvermittlung dienen kann, ist nach diesem Testergebnis quasi von vornherein auszuschliessen." (S. 47)

Schon heute zeigten sich die Folgen in der „mangelnden Ausbildungsreife der Schulabgänger", „worüber Betriebe am meisten klagten". Winterhoff nennt „eine Quote von 25 – 30 Prozent". „Die kindlichen Fehlentwicklungen schlagen im Verhalten der Jugendlichen als Auszubildende voll durch und sind die Hauptursache für das heute beklagte Phänomen der fehlenden Ausbildungsfähigkeit." (S. 49f) (Michael Winterhoff „Warum unsere Kinder Tyrannen werden – oder: Die Abschaffung der Kindheit", Gütersloh. © by Gütersloher Verlagshaus, Gütersloh, in der Verlagsgruppe Random House GmbH, München)

Der Kinder- und Jugendpsychiater Michael Winterhoff stellt eine massive Zunahme von gestörtem Verhalten bei Kindern fest, wobei er in der gesellschaftlichen Akzeptanz eine Abwärtsspirale ausmacht. Wir setzen unsere Massstäbe also immer tiefer an und finden heute vieles normal, was es durchaus nicht ist. Der Facharzt hält eindrücklich fest, dass fehlendes Grenzen-Setzen gegenüber einem Kleinkind bedenkliche Konsequenzen für die gesamte Gesellschaft habe, wenn das Kind in ausserfamiliäre Gruppen und in den öffentlichen Raum kommt. Die Folgen, die aus dem von ihm Beschriebenen resultieren, decken sich mit fast allen andern Ereignissen, die ich hier aus dem Tagesgeschehen zusammengetragen habe →23. Juni 2004 bis →24. September 2009. Ich verzichte deshalb ausnahmsweise auf detaillierte Querverweise.

Die Ursache des Fehlverhaltens von Kindern und Jugendlichen erklärt Winterhoff mit mangelnder Reife – ein bahnbrechender Gedanke! Sie komme durch falsches Erziehungsverhalten der Erwachsenen zustande, die sich zu wenig von den Kindern abgrenzen würden und einem partnerschaftlichen Denken anhingen. Das überfordere die Kinder und würde ihrer Entwicklung nicht gerecht. Diese Haltung betreffe nicht nur die Eltern, sondern auch die pädagogischen Institutionen wie Kindertagesstätten und Schulen.

Mit seinen Ausführungen hat mir der Kinder- und Jugendpsychiater einige Phänomene im Klassenzimmer, in der Elternarbeit und in der Öffentlichkeit erklärt, die ich vorher nicht verstanden hatte. Was er beschreibt, ist dermassen erschreckend, dass wir uns die volkswirtschaftlichen Nachteile, zum Beispiel für den Sozialstaat, gar nicht auszumalen vermögen!

12. März 2008:„Uniformierte Autoritäten immer weniger respektiert"
In einer Dokumentation über die Ausbildung für Eidgenössisch diplomierte Zollfachleute wird die ansteigende Gewalt gegenüber Grenzwächtern erwähnt. Ein Ausbilder, der Grenzwächter im Nahkampf schult, bemerkt dazu: „Es ist sicherlich ein Zeichen des Zeitgeistes, dass uniformierte Autoritäten immer weniger respektiert werden."

Der Schweizer Zoll erbringe 23 Milliarden Franken, das seien 30 Prozent der gesamten schweizerischen Bundeseinnahmen. (Schweizer Fernsehen SF1, „Schweiz aktuell")

Ohne Zollfachkräfte würde ein Drittel des schweizerischen Bundeseinkommens ausfallen. Bekommen sie vermehrt Schwierigkeiten, ihre Arbeit unbehindert auszuführen, ist eine grosse staatliche Einnahmequelle gefährdet. Denn dieses Geld gewährleistet uns Frieden, Sicherheit, Bildung und Mobilität, wir bezahlen damit auf Bundesebene Regierung, Parlament und Gerichte, dazu Armee, Eisenbahnnetz,

„Unflätige Kundschaft"

Ein Regierungsmitglied der Stadt Bern bedankt sich für das Mail einer Bürgerin, die auf der Gemeindeverwaltung sehr freundlich bedient worden ist. Mit ihrem Lob steht sie offenbar alleine da:

„Ihren Dank werde ich gerne dorthin weiterleiten, wo er hingehört: Direkt zu den Mitarbeitenden bei der Einwohnerkontrolle. Ihre Situation in der Schalterhalle ist nicht immer einfach und die Mitarbeitenden sehen sich je länger je mehr teilweise unflätiger Kundschaft und nicht nur verbaler Kritik ausgesetzt." (Privat, 22. November 2010)

Gotthardtunnel, Autobahnen, Fachhochschulen, Universitäten und anderes mehr...

Mit der demokratischen Erziehung gilt es deshalb früh anzufangen! Das Sich-Einfügen unter die Entscheide der Gemeinschaft und damit die Anerkennung der Autorität einer beauftragten Fachperson muss von klein an geübt werden!

Denn diese Nachricht steht nicht allein. Das gleiche Problem wird von den Polizeiangestellten →11. September 2008, den Fussballschiedsrichtern →18. Dezember 2007, dem Bahnpersonal →April 2009 und den Lehrkräften →9. April 2009 bestätigt. Sogar Gemeinderäte →18. Februar 2009/1 und die eigenen Eltern →16. Januar 2009 trifft es!

14. Mai 2008:   „Ab 2010 markanter Lehrermangel"

„Das Bundesamt für Statistik prognostiziert ab 2010 einen markanten Lehrermangel," meint der Präsident Schweizer Lehrerinnen und Lehrer Beat W. Zemp. Als Gründe nennt er: „Es werden sehr viele Lehrpersonen in den nächsten Jahren pensioniert, wir müssen schweizweit etwa 30'000 Lehrerinnen und Lehrer ersetzen. Andererseits sind einige Lehrpersonen in die Privatwirtschaft abgewandert, da dort die besseren Bedingungen geboten werden. Drittens hat es zu wenig Nachwuchs, der dann auch im Beruf bleibt und nicht gerade wieder aussteigt." (Schweizer Fernsehen SF1, „10 vor 10")

In den nächsten Jahren wird ein massiver Lehrkräftemangel entstehen. Dreissig Tausend qualifizierte Lehrerinnen und Lehrer ist kein Pappenstiel für die kleine Schweiz. Woher wollen wir sie nehmen? Die Männer haben sich zum grössten Teil schon lange aus diesem Beruf verabschiedet... Sie nehmen oft gar keine pädagogische Aufgabe mehr wahr, was besonders für die Buben fatal ist.

Sehen wir uns dazu die andern Nachrichten an, wird deutlich, weshalb der pädagogische Beruf für junge Studierende wenig attraktiv ist. Jüngere Lehrpersonen bevorzugen unter solchen Umständen dankbarere – und besser bezahlte – Tätigkeitsfelder. Ältere Lehrkräfte gehen vorzeitig in Rente, weil sie ausgebrannt sind

→23. Juni 2004, → 16. Mai 2009: Die fehlenden Grenzen in der Erziehung →2007/2, →Mai/Juni 2007, →18. Dezember 2007, →2008, → 16. Januar 2009, →Mai 2009, Eltern und Behörden, denen die „Freiheit" der Kinder über alles geht →6. Juni 2008, →19. Mai 2009/1, ein Sozialverhalten der Schülerinnen und Schüler, das einen geregelten Unterricht verunmöglicht →15. Mai 2008, →7. Oktober 2008, →November 2008, →2. Februar 2009, →9. April 2009, →August 2009, →25. August 2009, und generell mangelnder Respekt vor der Arbeit von Mandatspersonen →3. Oktober 2008, →22./23./24. Dezember 2008, →16. Januar 2009, →18. Februar 2009/1 helfen bei dieser prekären Situation kräftig mit. Dies alles erschwert die Arbeit von Lehrkräften, sorgt für zusätzliche unnötige Belastungen und greift die Würde an, die jedem Menschen zusteht.

Die sozialen Folgen, welche ein Lehrkräftemangel solchen Ausmasses mit sich bringt, sind schlicht nicht vorstellbar! Doch wir schlittern ohne Zweifel darauf zu.

15. Mai 2008:   Schüler blitzte vor Bundesgericht ab

„Laut Schweizerischem Bundesgericht reicht es aus, wenn ein Schüler im Unterricht schwatzt, SMS schreibt und Kautabak wirft, um von der Schule geworfen zu werden." („20 Minuten" Schweiz)

Diese Nachricht bedeutet nichts anderes, als dass ein Verhalten, das eigentlich eine Selbstverständlichkeit wäre, nun auf gesetzlichem Wege geregelt und sanktioniert werden muss. Offenbar sahen die Eltern, deren Kind von der Schule gewiesen wurde, sein schlechtes Benehmen als so normal und tolerierbar an, dass sie damit bis vors Bundesgericht gelangten. Sie setzten ihm keine Grenzen →2007/2, →Mai/Juni 2007, →18. Dezember 2007, →2008, sondern wähnten sich im Recht. Sie hatten nicht vorher die Einsicht, dass ein solches Verhalten den regulären Unterricht auch für die andern Kinder stark beeinträchtigt und damit qualitativ für alle vermindert →7. Oktober 2008, →November 2008, →1. August 2009. Dies öffnet grösseren Schwierigkeiten an den Schulen die Türe →August 2009 – bis hin zum Polizeieinsatz, welcher die Lehrerschaft vor den Eltern und der Schülerschaft schützen muss →9. April 2009. Dazu kommen weitergehende Folgeschäden, wie bedenklich häufige Abbrüche in der Berufsbildung durch die Auszubildenden →18. September 2008, vorzeitige Pensionierung von Lehrkräften →23. Juni 2004 und daraus mündend gravierender Lehrermangel →14. Mai 2008, →16. Mai 2009. Wir müssen uns bei diesem Blick in die Schulstuben vor Augen halten, dass ein solches Benehmen heute nicht nur von einem Kind pro Klasse praktiziert wird, sondern von mehreren →2008. Disziplinarische Schwierigkeiten nehmen zu →2. Februar 2009.

Noch eine Querverbindung muss uns zwingend bewusst sein: Dürfen Jugendliche im Schulalter – selbstverständlich ohne Erwachsene – mit behördlichem Segen →6. Juni 2008, →19. Mai 2009/1 nachts im (alkoholisierten) Ausgang tun und lassen, was sie wollen, sehen sie am Morgen nicht ein, warum sie sich im Unterricht nicht jederzeit nach ihrem Gutdünken aufführen dürfen. Wie soll ihnen klar sein, dass sie sich in der Schule an Regeln zu halten haben und den Anweisungen der Lehrerschaft Folge leisten sollen? Denn nach den nächtlichen Freiheiten ist es besonders für die Schüler und Schülerinnen der Oberstufe nicht einsehbar, wieso ihnen überhaupt irgendjemand etwas sagen darf! Das merken auch manche Eltern, die von ihren Kindern verprügelt werden →16. Januar 2009.

16. Mai 2008/1:   Gesetze gegen Littering und schlechtes Benehmen

In einigen Schweizer Gemeinden wurden unterschiedliche Gesetze gegen folgende Vergehen erlassen: das Liegenlassen von Zigarettenstummeln, Zeitungen, Kleinabfall oder Hundekot, das Spucken auf den Boden, das Wegschmeissen von Kaugummi, das Urinieren oder das Versprayen öffentlicher Gebäude und Anlagen. Die Sofortbussen betrügen dreissig bis 150 Franken. „In Dietikon" im Kanton Zürich „patrouillieren bereits private Sicherheitsdienste auf der Jagd nach Rauchern, die ihren Zigarettenstummel auf den Boden schnippen." („Der Schweizerische Beobachter" 10, Zürich)

Gesetzliche Vorgaben und polizeiliche Kontrollen sollen die bisherige Kinderstube und die früher übliche soziale Kontrolle ersetzen. Es ist fraglich, ob dies gelingt! Dies ist ein kleines Beispiel dafür, was Umgangsformen leisten und was passiert, wenn eine Gesellschaft sich über das zugrunde liegende Wertesystem nicht mehr einig ist und ein entsprechendes Sozialverhalten nicht einfordert.

Durch die Polizeikontrollen kostet uns dieses Verfahren als Gemeinwesen einiges an Steuergeldern, die Polizeiangestellten würden anderswo jedoch dringender gebraucht →11. September 2008. Zudem entstehen Putz- oder Wiederherstellungskosten →19. Mai 2009/2, →24. September 2009. Hier fängt der Vandalismus an mit seinen Folgeerscheinungen, zum Beispiel dem Abbau von öffentlichen Toiletten →17. September 2009/2.

16. Mai 2008/2:   „Manieren" – „ein Kulturgut, das verloren geht"

„Im Benimmkurs lernen Kinder, wie man richtig isst, trinkt und smalltalkt. 46 Kinder zwischen sieben und zwölf Jahren finden sich im imposanten Festsaal ein." Die Kursleiterin, eine „vielseitig ausgebildete Gastronomin, biete seit zehn Jahren ‚Kniggekurse für Kinder' zum Thema ‚Gutes Benehmen am Tisch' an." Sie „kann aufgrund des Benehmens der Kinder abschätzen, wie es um den Familientisch zu Hause steht, so denn überhaupt noch einer dasteht. Die gute Kinderstube erachte

235

sie immer noch als ‚Eintrittskarte ins gesellschaftliche Leben'." Hier aber „bröckelt der Putz. Familien essen nicht mehr regelmässig gemeinsam", Fastfood auf die Schnelle, abends auch vor dem Fernseher, sei angesagt und werde mit den Fingern gegessen. „„Manieren sind ein Kulturgut, das langsam verlorengeht'", meint sie. Sie bestätigt „den Ansturm auf ihre Knigge-Kurse für Kinder – ‚und zwar aus allen Schichten'". („Der Schweizerische Beobachter" 10, Zürich)

Immer mehr Eltern schicken ihre Kinder in einen Kniggekurs, damit sie korrekt essen und sich am Tisch benehmen lernen. Die Leiterin stellt fest, dass heute in vielen Elternhäusern kein geregeltes Familienleben stattfindet →2007/2, →Mai/Juni 2007. Damit werden auch Umgangsformen und soziales Verhalten in einer Gruppe nicht mehr im familiären Kreis eingeübt, was sich später im Berufsleben negativ auswirkt →2007/1, →12. September 2008. Offenbar soll ein einmaliger Kurs in Manieren das tägliche Training während der ganzen Kindheit ersetzen. Doch ein einziges Mal Zeigen und Nachmachen genügt nicht, um die entsprechenden Handgriffe und die innere Einstellung, besonders was die Wertschätzung anderer betrifft, zu internalisieren. Sie müssen regelmässig über Jahre geübt werden!

6. Juni 2008:   Freier nächtlicher Ausgang für Schulkinder

„Der Grosse Rat" des Kantons Bern „entschied sich mit 101 gegen 30 Stimmen gegen eine Ausgangssperre für Schulkinder unter 16 Jahren" auf der Kantonsebene. „Mit dem Recht auf persönliche Freiheit, die auch für junge Menschen gelten würde, hatte auch die Regierung in ihrer Antwort auf die Motion argumentiert und den Antrag zur Ablehnung gestellt." („Der Bund", zitiert in „Berner Schule", Bern, Juni/Juli 2008)

Schulpflichtige Kinder – nehmen wir einen zwölfjährigen Buben und eine vierzehnjährige Tochter – dürfen die ganze Nacht auf den Strassen herumstreunen, ohne dass ihre Erziehungsberechtigten sich um sie kümmern (oder sollte ich besser sagen: Erziehungspflichtigen?). In Bukarest oder Rio de Janeiro nennt man sie Strassenkinder, sie scheinen kein Zuhause zu haben, niemand sorgt sich um sie. Uns Erwachsenen ist es offenbar egal, wo sie sich aufhalten und was sie treiben.

Als Mutter und Lehrerin kann ich über diesen Entscheid nur den Kopf schütteln. Für mich stellt die Ablehnung dieser Motion beziehungsweise das Nichtvorhandensein einer nächtlichen Ausgangssperre für Kinder unter sechzehn Jahren, die nicht in Begleitung Erwachsener sind, eine Verwahrlosung dar. Das heisst, die Erwachsenen unserer Gesellschaft schieben die Verantwortung für die Kinder von sich, wir kümmern uns nicht um unseren Nachwuchs und üben unsere Fürsorgepflicht nicht aus →2007/2, →Mai/Juni 2007, →18. Dezember 2007, →Mai 2009, nicht einmal

von staatlicher Seite →19. Mai 2009/1.

Dies legt den Schluss nahe, dass nicht nur direkt betroffene Eltern, sondern auch die Politikerinnen und Politiker dem partnerschaftlichen Denken verfallen sind, welches der Kinder- und Jugendpsychiater Michael Winterhoff so eindrücklich beschreibt →2008: Durch die Identifikation mit den Kindern nehmen sie – ganz in der Nachfolge von 1968 – für sich selber „Freiheit!" in Anspruch und stülpen ihr eigenes Bedürfnis auf die Kinder über. Die Jugendlichen aber sind mit diesem Freiraum überfordert und bekommen nicht die Aufmerksamkeit und Betreuung, die ihnen zusteht. Den Eltern hingegen wird eine geeignete staatliche Erziehungshilfe vorenthalten, auch können sie ohne dieses Gesetz nicht belangt werden, wenn sie ihre Kinder nachts laufen lassen und sie nicht beaufsichtigen. Doch ob Schulkinder altersgemäss betreut und unter Aufsicht stehen, geht uns alle an. Die Ablehnung der Motion zementiert den rechtsfreien Raum für minderjährige Jugendliche und sogar Kinder.

Das Recht auf persönliche Freiheit, mit der die Exekutive die Ablehnung begründet, ist ein Verfassungsrecht, das für Erwachsene gilt, zumindest in diesem Zusammenhang. Kinder haben ein Recht auf Sicherheit und Geborgenheit, auf Essen, Kleidung und Bildung. Nachts haben Schulkinder keine „persönliche Freiheit", in die eingegriffen wird, wenn sie in der Obhut ihrer Eltern bleiben müssen oder nur zusammen mit erwachsenen Personen das Haus verlassen dürfen. Früher haben Kinder nachts geschlafen, sie haben ihren Schlaf gebraucht! Das ist heute, entgegen der gängigen Praxis, immer noch so, sonst müssten nicht entsprechende Gesetze erlassen werden, welche für die Eltern von schläfrigen Schulkindern eine Busse bis tausend(!) Franken vorsieht („20

„SOS im Klassenzimmer": „Akute Notsituationen"

Der bernische Erziehungsdirektor Bernhard Pulver bewilligte sogenannte "SOS-Lektionen", eine „Feuerwehrmassnahme für alle Schulstufen". „Im Schuljahr 2009/10 konnte die Schulleitung beim Schulinspektorat vorübergehend unbürokratisch Hilfe anfordern, wenn die Lehrperson in einer schwierigen Unterrichtssituation nicht mehr zurechtkam. Die Gründe für akute Notsituationen waren heterogene oder schwierige Klassenzusammensetzungen, Ballung von Kindern, die eine spezielle Behandlung brauchen, viele Kinder mit Migrationshintergrund, Mobbing, Gewaltprobleme, disziplinarische Führungsprobleme. Parallel dazu waren verschiedentlich bewährte Lehrkräfte sowie Einsteigerinnen und Einsteiger durch Ausbrennen gefährdet." („Education – Amtliches Schulblatt des Kantons Bern" 4.10, Bern September 2010)

Minuten", Zürich, 2. Februar 2009). Denn Unter-Sechzehnjährige haben ein Recht darauf, dass sich die Erwachsenen um sie kümmern, und dies ist nachts wohl gegeben. Sie sind nämlich noch Kinder – dem hohen Wuchs und ihrer grossen Klappe zum Trotz –, es könnte ihnen etwas passieren!

Ich staune über die Berner Parlamentarier. Haben diese Mütter und Väter denn keinen Reflex, der sie schützend vor ihre Sprösslinge stellen lässt? Und wissen sie als unsere Volksvertreter überhaupt, was in unserer Gesellschaft so abgeht? Haben sie sich auch schon Berichte zu den Schwierigkeiten an den Schulen in ihrem Kanton →2. Februar 2009, → 18. Februar 2009/1, →9. April 2009, →August 2009, zum Lehrkräftemangel →23. Juni 2004, →14. Mai 2008, →16. Mai 2009 und der dadurch entstehenden Einbusse an Unterrichtsqualität →7. Oktober 2008, → November 2008, →1. August 2009, zu Vandalismus, Littering und Gewalt – zum Beispiel beim Fussball (abends eben!) →19. Juli 2008 oder im öffentlichen Raum →29. Januar 2009, →10. August 2009 – angesehen? Mussten sie als Abgeordnete sogar Entscheide dazu fällen? Haben sie über die Ursachen und Zusammenhänge nachgedacht? Sind sie sich der Querverbindungen und gegenseitigen Verstärkungen der auftretenden Probleme bewusst? Denn wie verhalten sich Kinder, denen von ihren Eltern und den Behörden nicht einmal nachts Einhalt geboten wird, am nächsten Tag in der Schule und gegenüber ihren Lehrkräften? Wie sieht es ein paar Jahre später aus, wenn sie sich in die Notwendigkeiten einer Berufsausbildung zu fügen und den Anordnungen eines Lehrmeisters nachzukommen haben? Steht die hohe Zahl der Lehrabbrüche →18. September 2008 vielleicht damit in Zusammenhang?

Haben unsere Volksvertretende zudem mitbekommen, dass ihre Kolleginnen und Kollegen aus den bernischen Gemeinden, anderen Kantonen oder dem Bund Gesetze zu entsprechenden Problemen erlassen mussten →15. Mai 2008, →16. Mai 2008 wie die schon erwähnte Busse für müde Schulkinder? Man könnte glauben, gerade Abgeordnete der Legislative, die das Budget verwalten, wären am Puls der Zeit und würden um die Vernetzung der Geschehnisse wissen. Denn all diese Probleme kosten den Staat und damit die Steuerzahlenden einen Haufen Geld, zum Beispiel für unnötige Polizeieinsätze →11. April 2009 oder wenn Menschen keinen Lehrabschluss haben →19. Mai 2009/3. Noch nicht berücksichtigt sind Familientragödien, Verletzte, Tote →20. Juni 2008, →16. Januar 2009, → 18. Februar 2009/1, →April 2009, →2. Juli 2009 und andere Konsequenzen für die Gemeinschaft, wenn der Staat die Sicherheit im öffentlichen Raum nicht mehr immer gewährleisten kann →11. September 2008, →22./23./24. Dezember 2008.

20. Juni 2008:   **Im Zug „spitalreif geschlagen"**

„Der 29-jährige Türke, der im Januar im Basler Bahnhof SBB einen Rentner spitalreif geschlagen hatte, muss zwei Jahre ins Gefängnis. Das 75-jährige Opfer erlitt bei der Attacke einen Schädelbruch." Der Täter wurde jetzt „wegen einfacher und schwerer Körperverletzung verurteilt. Der Türke hatte mit dem Rentner einen Streit begonnen, weil ihn dieser auf das Rauchverbot im Zug aufmerksam gemacht hatte." (www.20minuten.ch)

Als dieser Vorfall passierte, wussten wir noch nicht, dass solche Prügeleien, zum Teil mit tödlichem Ausgang, immer häufiger stattfinden werden, zum Beispiel in Schüpfen →18. Februar 2009/1, am Sendlinger Tor in München →2. Juli 2009 oder in Solln →13. September 2009.

In diesem Fall ist der Täter ein Immigrant. Vermutlich haben wir schon in seiner Kindheit die in unseren Breitengraden gewünschte Selbst- und Sozialkompetenz zu wenig eingefordert, sowohl von seinen Eltern als auch von ihm →18. Dezember 2007, →3. Oktober 2008, →1. November 2008, →9. April 2009. Offenbar konnten wir ihm oder seiner Familie die Bedeutung rechtsstaatlichen Verhaltens nur ungenügend beibringen. Wir haben ihnen die verfassungsmässige Tatsache nicht gelehrt, dass nur Polizei und Militär Gewalt anwenden dürfen, da der demokratische Staat allein das Gewaltmonopol innehat. Es wäre möglich, dass er als Kind zu Hause selbst geschlagen worden ist.

Seine Tat verursacht menschliches Leid und Kosten für die medizinische Behandlung des Opfers, für das Gerichtsverfahren und den Gefängnisaufenthalt des Täters sowie allgemein für präventive Massnahmen, die wir Steuerzahlenden mitfinanzieren.

Durch solch gewalttätiges Benehmen von Menschen, welche die Würde anderer nicht respektieren, ist die öffentliche Sicherheit bedroht, zum Beispiel vor oder nach dem Fussballmatch →29. Juni 2008, →11. April 2009, auf dem Bahnhofareal →22./23./24. Dezember 2008 oder im Zug →April 2009.

29. Juni 2008:   **„Viele Zugreisende sind verängstigt"**

Auf dem Weg von einem Freundschaftsspiel hätten Randalierer die Eisenbahnabteile eines Fussball-Extrazuges der Schweizerischen Bundesbahnen (SBB) demoliert. „Die Bahnpolizei versuchte zuerst, im Zug für Ruhe und Ordnung zu sorgen. Als sie mit Flaschen und Unrat beworfen wurden, mussten sie sich zurückziehen'", sagt ein Sprecher der Kantonspolizei Zürich. Diese und die Stadtpolizei hätten erst im Hauptbahnhof über sechzig Personen festnehmen können. Auf den aktuellen Bildern eines Extrazuges sieht man Eisenbahnabteile, über die sich offenbar eine Mülldeponie ergossen hat. Zudem sind einzelne Sitze aus ihrer Verankerung gerissen. „Hier präsentiert sich der ganz normale

Wahnsinn. Bilanz: Herausgerissene Sitze, Müllberge, Erbrochenes, demolierte Inneneinrichtungen." Zudem erzählt ein SBB-Kondukteur: „Auch in normalen Zügen haben wir praktisch jedes Wochenende Probleme mit den Fussballfans. Meistens werfen die Randalierer Bierflaschen in den Abteilen herum, zerstören Lampen im Zug, beschmieren Polster mit den Parolen, und manchmal geht auch eine Fensterscheibe kaputt. Viele andere Zugreisende sind verängstigt, sie haben Angst.'" Zum Schutz dieser Passagiere und von sich selber „‚melden wir die Probleme der Bahnpolizei, doch diese hat oft zu wenig Personal, um sofort in die Züge zu kommen und zu helfen. Viele normale Passagiere flüchten daraufhin, wir nehmen sie mit in die erste Klasse und schützen sie vor dem Fussballpöbel.'" Die Kondukteure zögen sich in den Gepäckwagen zurück, „um abzuwarten, bis die Polizei an einem grösseren Ort in den Zug steigt." (Schweizer Fernsehen SF1, „10 vor 10")

Diese Bilder von den mit Müll übersäten und zerstörten Zugsabteilen werde ich nicht so schnell vergessen! Ich weiss nicht, wie hoch der Alkoholpegel sein muss, um eine solche Zerstörung an fremdem Eigentum anzurichten. Hier handelt es sich nicht mehr um Bubenstreiche oder Kavaliersdelikte, hier geben sich Vandalismus, Gewalt und fehlender Respekt vor anderen Menschen die Hand. Es wird deutlich, dass die Täter über keine inneren Schranken verfügen →18. Dezember 2007, →20. Juni 2008, →19. Juli 2008, →1. November 2008, →16. Januar 2009, →18. Februar 2009/1, →12. März 2009, →11. April 2009, →2. Juli 2009, →13. September 2009, →17. September 2009/1. Wer sich so betrinken will, dass er nicht mehr weiss, was er tut, soll zuhause bleiben. Er gehört nicht in den öffentlichen Raum.**3)**

Unter solchen Umständen benötigt die Bahn mehr Leute, zudem fallen wegen psychischer und körperlicher Belastung Angestellte häufiger aus →22./23./24. Dezember 2008. Der entsprechende Betrag für erhöhte Personalkosten sowie für die Aufräum- und Putzarbeiten und die Wiederherstellung der Eisenbahnabteile →24. September 2009 wird auf den Fahrpreis aller Reisenden geschlagen. Er verteuert damit den öffentlichen Verkehr. Nicht nur diejenigen, welche die Bahn benutzen, bezahlen hier mit, sondern jedes einzelne von uns! Denn die Anwesenheit der Bahnpolizei wird von uns Steuerzahlenden berappt. Die verursachte Angst bei den andern Reisenden und den Bahnangestellten kann hingegen nicht veranschlagt werden, doch der öffentliche Verkehr wird damit alles andere als attraktiv →April 2009. Der Zugverkehr wird für andere Benutzende unbrauchbar →17. September 2009/2 und kommt seinem staatlichen Auftrag ungenügend nach.

---

3 Wie wäre es, wenn sich die Bahnbetriebe ein Alkoholverbot überlegten? Bier und Wein dürften dann nur noch im Speisewagen konsumiert werden.

19. Juli 2008:   Randale beim Fussballspiel

"Kaum aus dem Stadion, versuchten" nach einem Spiel zwischen den Young Boys Bern und dem FC Basel „einige Fans der beiden Mannschaften aufeinander loszugehen. Die Kantonspolizei Bern war mit einem Grossaufgebot vor Ort, sie konnte die streitsüchtigen Fans auseinanderhalten." Doch diese hätten die staatlichen Ordnungshüter angegriffen. Die Polizeisprecherin beschreibt die Situation: „‚Die Polizei wurde mit Steinen und Flaschen beworfen, auch mit andern Gegenständen. Sie sah sich gezwungen, Gummischrot einzusetzen.'" Es habe drei Verhaftungen und ein Dutzend Verletzte gegeben. „Die Polizei fordert nun von den Fussballclubs und dem Verband Massnahmen gegen die Fan-Gewalt." Doch diese dürften nur innerhalb der Stadien eingreifen. Für den öffentlichen Raum, auf den Strassen also, sei die Polizei verantwortlich. Das heisse, die Steuerzahlenden müssten für ihre Einsätze aufkommen. (Schweizer Fernsehen SF1, „Tagesschau")

Das Verhalten der Stadionbesucher respektiert weder die Würde der gegnerischen Gruppe, noch diejenige der Einsatzkräfte, die vom Staat – von uns allen also! – den Auftrag erhalten haben, für Ruhe und Ordnung zu sorgen →11. September 2008. Zudem würde die Polizei an anderen Orten dringender gebraucht, zum Beispiel im Kampf gegen Drogendealer. Ob Fussballfan oder nicht, jedes von uns muss solche Einsätze mitbezahlen! Sie sind nicht gratis, im Gegenteil →11. April 2009.

Das „Recht", im öffentlichen Raum seine Aggressionen ungebremst auszuleben, Randale anzufangen und einfach dreinzuschlagen, scheint um sich zu greifen, mit lebensgefährlichen bis tödlichen Resultaten →18. Dezember 2007, →20. Juni 2008, →3. Oktober 2008, →22./23./24. Dezember 2008, →18. Februar 2009/1, →April 2009, →2. Juli 2009, →25. August 2009, →13. September 2009. Durch solche Schlägereien ist die Sicherheit auf den Strassen gefährdet.

11. September 2008:   Massive Zunahme der Gewalt an Polizisten

„‚Die Polizei – Ihr Sicherheitspartner': Doch der Sicherheitspartner selber ist besorgt, weil er immer öfters attackiert wird", beschreibt die Moderatorin von „10 vor 10" die Situation der staatlichen Ordnungshüter.

„‚Die Angriffe gegen Kolleginnen und Kollegen haben seit 2004/05 um rund fünfzig Prozent zugenommen. Das ist inakzeptabel'", sagt der Präsident des Verbandes der Schweizer Polizeibeamten. Es komme jegliche Art von Gewalt vor: „‚Es kann sich anfänglich um verbale Gewalt handeln. Doch kann es sehr schnell eskalieren, so dass'" die angreifenden „Leute alles, was ihnen in die Hände gerät, gegen die Polizei einsetzen wollen: Eisenstangen, Taschenmesser, Schlagstöcke, Baseballschläger – jegliche Waffen.'"

„Immer wieder kommt es zu gewalttätigen Auseinandersetzungen" vor der „Reithalle" in Bern, einem Kulturzentrum für junge Leute. Auf dem Vorplatz verkehrten nachts Drogensüchtige und Dealer. „Für die Polizei ist die" ehemalige „Reitschule ein schwieriges Territorium. Wenn die Polizei auftaucht, fühlen sich viele provoziert." Die Ordnungshüter „werden physisch und verbal bedroht".

In einem offenen Brief schreibt ein freisinniger Gemeinderat: „Die Kantonspolizei wird in ihrer Arbeit sogar so behindert, dass teilweise von einem rechtsfreien Raum gesprochen werden muss.'" Doch die Polizei sei unterdotiert. (Schweizer Fernsehen SF1, „10 vor 10")

Dies ist eine Nachricht, bei der ich leer schlucke. Wollen wir rechtsfreie Räume? Die Polizei ist schon heute zu wenig vertreten, die spärlichen Ordnungshüter werden offenbar beim Fussball gebraucht →29. Juni 2008, →19. Juli 2008. Doch wer will unter solchen Umständen arbeiten? Arbeitsbedingungen, bei denen die Würde der beauftragten Menschen oft getreten wird – zum Beispiel bei einem solchen Einsatz –, führen zu stressbedingten Ausfällen und haben hohe volkswirtschaftliche Kosten zur Folge →11. April 2009.

Diese Entwicklung ist äusserst bedenklich →2008, →16. Januar 2009, da sie das Funktionieren des demokratischen Staates in Frage gestellt. Denn die Polizisten stehen nicht alleine. Angriffe auf demokratisch ernannte Auftragspersonen, die Autorität ausüben, nehmen zu, zum Beispiel beim Zoll →12. März 2008, auf einen Gemeinderat →18. Februar 2009/1 oder auf die Lehrerschaft →12. März 2009, →9. April 2009, →August 2009, →17. September 2009/1. Auch das Bahnpersonal ist davon betroffen →22./23./24. Dezember 2008, →April 2009.

12. September 2008:   Sehr gute Umgangsformen gefragt

„Für die Sportanlage Ka-We-De suchen wir per 1. November 2008 oder nach Vereinbarung eine Badmeisterin/Eismeisterin" beziehungsweise „einen Badmeister/Eismeister. Ihr Profil: Sie haben sehr gute Umgangsformen, sind flexibel und zuverlässig." (www.sportamt-bern.ch)

Die Forderung nach guten Umgangsformen wäre früher nicht in einer Stellenausschreibung gestanden, sondern als selbstverständlich vorausgesetzt worden. Sie bedeutet, dass respektvolles Verhalten bei den möglichen Berufsleuten heute nicht mehr zwingend vorhanden ist, nicht einmal mehr beim höheren Kader →2007/1. Ein gesellschaftskompatibles, wertschätzendes Sozialverhalten wird in der Familie offenbar wenig eingeübt →2007/2, →Mai/Juni 2007, →18. Dezember 2007, →2008, →16. Mai 2008/2.

18. September 2008:   Ein Fünftel bricht die Lehre ab

„Von jährlich etwa 10'000 im Kanton Bern abgeschlossenen Lehrverträgen werden 2000 wieder aufgelöst." Zum Teil könnten die Auszubildenden eine zweite

Lehre anfangen, doch "220 der Wiedereinsteigenden brechen ihre Ausbildung ein zweites Mal ab." („Berner Zeitung", Bern)

Zwanzig Prozent der Schulabgängerinnen und Schulabgänger nehmen zwei Anläufe bei der Berufsbildung, davon scheitern wieder gute zehn Prozent. Auch Winterhoff →2008 erwähnt 25 Prozent Ausbildungsunfähigkeit bei den deutschen Jugendlichen, diese Quote sei ansteigend.

Halten wir uns vor Augen, was dies volkswirtschaftlich und für die Lehrbetriebe bedeutet. Oft handelt es sich um ein kleines mittelständisches Unternehmen, welches ein Lehrabbruch einschneidend trifft. Gerade zu Beginn der Lehre[4] braucht eine auszubildende Person viel Aufmerksamkeit von Seiten der Lehrmeisterin. Bricht nun jeder fünfte Lernende die Berufsbildung ab, war dieser Aufwand umsonst. Zudem steht der Betrieb plötzlich ohne Azubi da. Ob er es sich unter diesen Umständen auf Dauer leisten kann, eine Lehrstelle anzubieten?

Jede Person, die keinen Lehrabschluss hat, kostet den Staat 10'000 Franken im Jahr →19. Mai 2009/3. Wenn es im Kanton Bern jährlich um 200 Lehrabbrechende sind, würde das einen Betrag von zwei Millionen ergeben, der jedes Jahr zum staatlichen Budget neu hinzugezählt werden muss.

Im übrigen: Wundert uns diese Tatsache bei der generellen Situation der Kinder, die 24 Stunden alles selber bestimmen dürfen →2007/2, →Mai/Juni 2007, →18. Dezember 2007, →2008, →16. Mai 2008/2, in der Nacht sogar mit ausdrücklicher Erlaubnis der Behörden →6. Juni 2008, →19. Mai 2009/1? Die sich von erwachsenen Autoritätspersonen nicht nur nichts sagen lassen, sondern sich deren Anordnungen widersetzen und handgreiflich werden – zum Beispiel im Schulbus →3. Oktober 2008, zuhause →16. Januar 2009, auf der Strasse →18. Februar 2009/1, →13. September 2009 oder in der Schule →9. April 2009, →August 2009? Warum sollten sich Jugendliche nach solchen Freiheiten mit sechzehn in die Zwänge einer Berufslehre fügen und den Anweisungen von Vorgesetzten nachkommen?

Haben wir Erwachsenen auf diese Weise sichergestellt, dass sie sachlich und von der Selbst- und Sozialkompetenz her den Anforderungen gewachsen sind, welche eine Ausbildung in der Berufswelt mit sich bringen?

---

[4] Die Schweiz kennt das duale Berufsbildungssystem. Die Auszubildenden arbeiten drei bis vier Jahre lang an vier Tagen pro Woche im Betrieb und gehen einen Tag an die Berufsschule. Hier erhalten sie Fachunterricht und Staatskunde.

3. Oktober 2008:   Sicherheitsbegleiter im Schulbus

In einem Vorort von Basel bringt ein Schulbus die Kinder eines hauptsächlich von Eingewanderten bewohnten Quartiers zur Schule. Wegen disziplinarischer Vorfälle habe der Busbetreiber pro Fahrt zwei Sicherheitsbeamte einstellen müssen. Das Schweizer Nachrichtenmagazin „10 vor 10" zeigt darüber eine kurze Dokumentation:

„Zwölf Uhr. Nun beginnt wieder der ganz normale Wahnsinn in Bus Nummer 83." Man sieht ziemlich laute Schuljungs einsteigen. Einer boxt in die Fensterscheibe. „Täglich verwandelt sich der Extrabus in ein Chaos aus Wurfgeschossen, Gebrüll und Tätlichkeiten. Die Lage ist in den letzten Tagen derart eskaliert, dass Sicherheitsbeamte zu Hilfe geholt wurden. Immer wieder werden Busfahrer mit Gegenständen beworfen oder gar angespuckt, einige wollen die Route nicht mehr fahren." Ein Sicherheitsbeamter, selber Vater von vier Kindern, beobachtet: „,Ich muss schon sagen, es hat hier Junge mit einem Wahnsinnspotential an Aggressionen, das ist schon extrem.'" Der zuständige Gemeinderat meint: „,Es ist ein Spiegelbild der Entwicklung, dass in unserer Gesellschaft der Respekt nicht mehr in dem Ausmass gewährleistet ist, wie es nötig wäre. Dies gilt sowohl für die Respektierung von Grenzen als auch von Menschen, die gewisse Aufgaben erfüllen.'"

Die Knaben erzählen, dass sie ihre Aggressionen rausliessen. „Wenn das Chaos den Busfahrer ablenkt, steigt das Risiko eines fatalen Unglücks." Der Busbetreiber erklärt: „Unser Ziel wäre eigentlich, die Leute gesund von A nach B zu bringen und dabei keinen Unfall zu machen. Dass wir jetzt Massnahmen'" getroffen haben, diene dem „Schutz unserer Chauffeusen und Chauffeure. Aber ich sehe es nicht als meine Aufgabe an, die Gesellschaft zu verbessern, und man sieht ja an den Bildern, dass dies wirklich nicht normal ist.'" (Schweizer Fernsehen SF1, „10 vor 10")

Dies heisst im Klartext: Die Gemeinde finanziert einen – für die immigrierten Familien vermutlich kostenlosen – Extrabus zur Schule, dessen Chauffeur nur dann halbwegs sicher fahren kann, wenn zusätzlich noch zwei männliche Sicherheitsbeamte mit an Bord sind! Das sind hart verdiente Steuergelder von Menschen, die täglich zur Arbeit gehen. – Das Verhalten der Schüler gefährdet im Strassenverkehr nicht nur sie selber, sondern auch andere Verkehrsteilnehmende. – Hat die Lehrkraft in den Stunden davor einen geregelten Unterricht durchführen können →2008, →15. Mai 2008, →7. Oktober 2008, →November 2008, →2. Februar 2009, →August 2009? Das ist unter solchen Umständen schwer vorstellbar. (Zwischenfrage: Warum nehmen die Kinder den Schulweg nicht unter die Füsse? Das würde ihre Wut auf natürliche Weise abbauen und ihrer Fettleibigkeit vorbeugen!)

Aggressives Betragen von hier ansässigen Ausländern tritt nicht allein auf →18.

Dezember 2007, →20. Juni 2008, →1. November 2008, →9. April 2009. Besonders die zweite Generation hat oft Mühe, ihre Gewaltbereitschaft im Zaume zu halten und andere Menschen im Allgemeinen und Fachpersonen mit Machtbefugnissen im Besonderen zu respektieren. Dieses Problem zeigt, dass wir als Gesellschaft einen gemeinsamen Konsens benötigen!

7. Oktober 2008:   "Lehrer kämpfen mit Stress und Überbelastung"

Unter dem Titel „Lehrer und ihr harter Job" bringt das ZDF in der Reihe „37°" eine Dokumentation über den Alltag von Lehrkräften. Im Teletext steht dazu:

„,Ich bin jetzt echt frustriert.' Ein Satz, den die Lehrerin" einer 5./6. Klasse „der Gesamtschule in Bad Hersfeld häufig sagt, genauso wie ihr Kollege aus Duisburg. Nur ein Bruchteil des Lehrplanes" von Englisch hätten sie durchnehmen können, „den Rest der Zeit mussten sie lärmende Schüler bändigen oder unmotivierte ermutigen. Ob in Bad Hersfeld oder Duisburg – überall in Deutschland kämpfen Lehrer mit einer Fülle neuer Aufgaben und dabei mit Stress und Überbelastung."

Im Film geht eine mit der Kamera begleitete Lehrerin zum Arzt, da sie an Magenschmerzen leide. Vermutlich handle es sich um Anzeichen eines Burn-outs. Denn seit sie wisse, dass sie eine Klasse mit schwierigen Schülerinnen und Schülern erhalten werde, seien die Magenschmerzen stärker geworden. Man sieht, wie ihr Schulleiter, welcher selber vor einem Jahr wegen Ausbrennens ausgefallen sei, einen Kollegen anhält, kürzer zu treten. Er sei sonst auch Burn-out-gefährdet. Doch der Lehrer finde über Mittag nicht einmal die Zeit um zu essen. (Zweites deutsches Fernsehen ZDF, „37°")

In den letzten Jahren kommt es immer häufiger vor, dass Lehrkräfte den Kindern durch deren Sozialverhalten – und nicht wegen mangelnder Intelligenz! – den Stoff nicht mehr im nötigen Umfang vermitteln können. Sie schaffen es nicht, den Lehrplan einzuhalten →2008, →November 2008. Dies hat Folgen in der Berufsausbildung →18. September 2008, →19. Mai 2009/3 und später in der Arbeitswelt. Ein hohes fachliches Niveau ist damit nicht mehr garantiert, was in krassem Kontrast zu den höher werdenden Anforderungen in der heutigen Arbeitswelt steht.

Durch die schwieriger werdende Situation im Klassenzimmer →2. Februar 2009, →August 2009, zum Teil auch mit den Eltern →15. Mai 2008, →9. April 2009, geraten immer mehr Lehrkräfte in die Burn-out-Gefährdung. Sie kommt den Staat und damit die Steuerzahlenden teuer zu stehen, denn die ausgebildeten Lehrerinnen und Lehrer bleiben nicht im Beruf →16. Mai 2009 oder gehen vorzeitig in Rente →23. Juni 2004. Lehrkräftemangel ist die Folge →14. Mai 2008, was sich auf die Qualität des Unterrichts niederschlägt →1. August 2009.

November 2008:   Das neunte Schuljahr ist überflüssig

Als Lehrkraft schätze ich, dass in jeder Lektion durch mangelnde Sozial- und Selbstkompetenz im Schnitt fünf Minuten für Störungen aufgebracht werden müssen. Die Schülerinnen und Schüler sind zu Beginn der Stunde noch nicht bereit, sie haben ihre Bücher nicht dabei, schwatzen während des Unterrichts, laufen herum, haben nicht aufgepasst, wissen nicht, bei welcher Übung gerade gearbeitet wird, geben Widerworte oder sind sonstwie nicht bei der Sache. Das stoppt den Unterrichtsfluss jeweils für dreissig bis vierzig Sekunden. Dies geschieht mehrmals pro Stunde, so dass leicht einige Minuten der Lektion für unnötige Unterbrechungen verloren gehen. Dies ist meine Beobachtung, andere Lehrkräfte veranschlagen eher mehr Zeit dafür. (Anmerkung für die älteren Semester: Der heutige Unterricht ist rhythmisiert. Der Stoff wird abwechslungsreich in unterschiedlichen, auch aktiven Lehr- und Übungsformen und zwischendurch in Partner- und Gruppenarbeit durchgenommen. Es handelt sich nicht mehr um Frontalunterricht wie früher, in dem die Klasse stundenlang der Lehrperson wie in einer Vorlesung zuhören und Fakten aufnehmen musste.)

Diese Behinderungen durch die Kinder und Jugendlichen haben zur Folge, dass die Qualität des folgenden Unterrichts eine Einbusse erleidet. Wie beim Autofahren entsprechen sie einer Bremsung, wenn man gerade richtig in Fahrt gekommen ist. Das ist nicht nur mühsam und aufreibend für die Lehrkraft, es bewirkt eine Lücke in der Sachkompetenz der Schülerinnen und Schüler, denn die Klasse hat am Ende der Stunde weniger Stoff durchgenommen, als geplant war.

Bei Lektionen von 45 Minuten bedeuten diese fünf Minuten ein Neuntel weniger Unterricht. Auf die neun Jahre obligatorischen Unterricht hochgerechnet, entspricht dies einem Jahr Volksschule! Diese Zeit – natürlich in kleinen Portionen in jeder Lektion auf alle Jahre verteilt – geht dem Lernstoff verloren. Würden diese Störungen im Verhalten den Unterrichtsfluss nicht beeinträchtigen, könnte man das letzte Schuljahr streichen! Trotzdem würden unsere Kinder die gleiche schulische Qualität erreichen, mit der sie heute die Schule verlassen. (Eigene Beobachtung)

Ein ganzes Schuljahr wird allein für soziale Schwierigkeiten →15. Mai 2008, →7. Oktober 2008, →2. Februar 2009, →9. April 2009, →16. Mai 2009, →August 2009 verbraucht, die auf die gesamte Volksschulzeit verteilt auftreten. Wären die Kinder bei der Sache, wäre eines der neun Unterrichtsjahre überflüssig, ohne dass sie eine Einbusse an bildungsmässigen Kompetenzen erlitten!

Diese verlorene Zeit dient einzig der früher nicht geleisteten Sozialisierung der Kinder, wobei zum einen die Eltern zu wenig Grenzen setzen →2007/2, →18. Dezember 2007, → 2008, →16. Januar 2009. Zum andern kommt hier zum Ausdruck, dass wir alle und unsere Institutionen beim Erziehen nicht mehr mithelfen und Verantwortung übernehmen, sondern den Kindern ein immerwährendes Gefühl von

„Freiheit! Du darfst jederzeit tun und lassen, was du willst!" vermitteln →Mai/Juni 2007, →6. Juni 2008, →Mai 2009, →19. Mai 2009/1.

Durch das den Unterricht störende Benehmen entstehen in der Schule sachliche Defizite. Denn unser Nachwuchs lernt in dieser Zeit nichts, es handelt sich lediglich um ein Warten, das von einzelnen, jedoch wechselnden Schülerinnen und Schülern verursacht wird. Wollen wir, dass unsere Kinder ein Jahr ihres Lebens in der Schule mit sozialen Schwierigkeiten verbringen und einfach die Zeit absitzen müssen? Wollen wir, dass sie nur während acht Jahren Volksschule Unterricht erhalten – und dies in geringerer Qualität als es möglich wäre →1. August 2009 –, wo sie doch neun Jahre zur Schule gehen?

Durch das tiefere Ausbildungsniveau und das unkonzentrierte Verhalten entstehen direkte Folgeschäden. Den Schulabgängerinnen fehlt damit ein Stück des Lehrstoffs. Doch Jugendliche mit einem kleineren Schulrucksack haben es schwer, eine Lehrstelle zu finden und könnten später dem Sozialamt auf der Tasche liegen →19. Mai 2009/3. Die mangelnde Sach- und Sozialkompetenz zieht auch viele Klagen der Lehrmeister nach sich und könnte mit ein Grund für Lehrabbrüche sein →2008, →18. September 2008.

Um die fachlichen Lücken zu schliessen, besucht heute ein hoher Prozentsatz der Realschüler in der Schweiz das freiwillige zehnte Berufswahljahr. Dieses an und für sich unnötige zusätzliche Schuljahr bezahlen die Steuerzahlenden. Die Jugendlichen treten später ins Berufsleben ein und liegen ihren Eltern weitere zwölf Monate auf der Tasche.

1. November 2008: „Morddrohung gegen den Schiri"
Ein Schiedsrichter sei laut dem Aargauischen Fussballverband (AFV) durch einen „jungen Kosovaren aufs Gröbste beleidigt" worden. Der Achtzehnjährige habe hinterher bemerkt: „Ich sagte doch nur Hurensohn.'" Er habe die rote Karte erhalten. Daraufhin „bedroht der Spieler den Schiri mehrmals mit dem Tod. Der AFV handelt umgehend und sperrt den Junior für ein Jahr."

„,Solche Spielerreaktionen sind nicht zu tolerieren', sagt der Präsident" des FC Suhr, dem der Spieler offenbar angehört. „,Bei Morddrohungen gegen den Schiri hört es auf. Dieser Junior wird nie mehr in unserem Verein Fussball spielen.'" Man habe den Stürmer aus dem Club ausgeschlossen. Zudem erhalte er Stadionverbot. („Blick", Zürich)

Dieses Beispiel zeigt deutlich, dass der junge Mann bestimmte innere Mechanismen, was den Respekt vor anderen Menschen und ihrer Würde betrifft, zu wenig antrainiert

247

hat. Offenbar wurden sie ihm nicht beigebracht, er konnte sie nicht üben. Vermutlich wurde ein entsprechendes Verhalten zu wenig von ihm eingefordert. Unsere mangelnde Einigkeit über ein angepasstes Verhalten zeigt sich oft bei Eingewanderten in der zweiten Generation →20. Juni 2008, →3. Oktober 2008, →9. April 2009. Hier müssen wir vermehrt hinsehen!

Die Fussballclubs haben wegen der Gewalt schon heute ein Nachwuchsproblem bei den Schiedsrichtern und Trainern →18. Dezember 2007. Im Übrigen: Was macht der junge Mann nun mit seiner Energie, wenn er nicht mehr kicken darf, und mit diesem Hang zur Gewalttätigkeit? Ich darf nicht daran denken.

30. November 2008:   Rauchverbot in Restaurants

„Mit Freiburg, Waadt und Wallis haben drei weitere Kantone ein Rauchverbot in Gastgewerbebetrieben beschlossen. Allerdings bleiben in allen drei Kantonen so genannte «Fumoirs» gestattet."

In fast allen Kantonen der Schweiz sind Rauchverbote in Restaurants und öffentlichen Räumen ein Thema. Es werden Vorschriften erlassen und Abstimmungen durchgeführt. („Der Bund", Bern)

In geschlossenen Räumen atmen wir alle die gleiche Luft, so dass Rauchen andere stören kann. Dies hat bisher oft Anlass für unterschiedliche Betrachtungsweisen und Streitigkeiten gegeben →20. Juni 2008. Die hohen Gesundheitskosten haben die Aufmerksamkeit von Regierung und Parlament auf den Aspekt der Volksgesundheit gelenkt. Durch gesetzliche Einschränkungen versuchen sie die ebenfalls anwesenden Gäste und das Servicepersonal vor dem Passivrauchen zu schützen →18. Februar 2009/2. Das führt zu einem Sinneswandel und zu verändertem Verhalten in öffentlich begehbaren Räumen. Das Gesetz regelt nun, wofür früher einzig die Umgangsformen zuständig gewesen sind.

22./23./24. Dezember 2008: Täglich muss ein Zugbegleiter zum Arzt

„Körperpflege im Zugabteil, lautstarke Unterhaltungen am Handy, Kritzeleien an den Wänden, Littering und Füssehochlagern": Häufig achteten Passagiere nicht genügend auf ihre Mitreisenden.

„Wenn man die Entwicklung über die vergangenen Jahrzehnte hinweg betrachtet'", so sei es auch von Seiten der Schweizerischen Bundesbahnen (SBB) zu beobachten, „„dass die gegenseitige Rücksichtnahme abgenommen hat'", meint ihr Mediensprecher. „Das ist allerdings ein soziologisches Phänomen, ein Wandel in der Gesellschaft. Wir können das nur konstatieren und versuchen, die Situation in den Zügen in geordneten Bahnen zu halten. Aber es ist nicht die

Aufgabe der SBB, die Gesellschaft zu erziehen.'"**5)**

Auffallend sei, „dass die Situation in den Zügen schneller eskaliere als früher", fährt er fort. „Jeden Tag muss ein Zugbegleiter zum Arzt, weil er im Dienst angegriffen wurde.'" Denn „immer häufiger bleibt es nicht bei verbalen Drohungen. Den Worten folgen tätliche Auseinandersetzungen." Der Schweizerische Eisenbahn- und Verkehrspersonalverbands (SEV) beobachte einen Anstieg von Übergriffen gegenüber den Bahnangestellten. Ihr Informationsbeauftragter beschreibt die Lage: „‚Pro Tag gibt es durchschnittlich einen Vorfall auf dem gesamten SBB-Netz, bei dem Zugbegleiter durch einen Übergriff arbeitsunfähig werden oder zum Arzt gehen müssen.' Auch Passagiere laufen immer häufiger Gefahr, attackiert zu werden." Der stellvertretende Kommandant der Bahnpolizei empfiehlt: „Ich rate den Leuten, dass sie sich nicht einmischen", sondern „die Polizei alarmieren, sonst setzt man sein Leben aufs Spiel. Man kann höchstens den Dialog suchen.'"

Im Übrigen habe sich „das Problem auf die Bahnhöfe ausgeweitet." Denn dort werde Alkohol verkauft. „Daher kommt es häufiger zu Belästigungen, Sachbeschädigungen und Vandalismus." Oft seien Bahnhöfe auch Austragungsorte für „regelrechte Gang-Kämpfe". „Am vergangenen Wochenende sind fünfzehn Jugendliche mit Autos vorgefahren, haben im Bahnhof randaliert und Leute tätlich angegriffen." (www.tagesanzeiger.ch, Zürich)

Langsam gehen mir die Worte aus. Die gegenseitige Rücksichtnahme nimmt nicht nur je länger desto mehr ab und die Bahnfahrenden lassen sich zunehmend nichts mehr sagen – sich in der Nähe eines Bahnhofes aufzuhalten und einen Zug zu besteigen, ist lebensgefährlich (!) geworden!

In dieser Situation wirkt sich erwachsenes Fehlverhalten an andern Orten aus. Als Eltern, Nachbarn, Richterinnen oder Gesetzgeber haben wir vorgängig zu wenig in das Leben dieser Jugendlichen – damals noch Kinder – eingegriffen. Wir haben respektvolles Benehmen gegenüber anderen Menschen nicht mit ihnen eingeübt und ihrem Verhalten zu oft keine Richtung vorgegeben und eingefordert →2007/2, →Mai/Juni 2007, →18. Dezember 2007, →6. Juni 2008, →16. Januar 2009, →29. Januar 2009, →Mai 2009, →19. Mai 2009/1. Nun ernten wir, was wir gesät haben.

Ich sehe folgende Konsequenzen: Es gibt Verletzte, die medizinisch betreut werden

---

5 Da bin ich ganz anderer Meinung! Es ist unser aller Aufgabe! Die Betriebe des öffentlichen Verkehrs könnten allein mit regelmässigen Lautsprecherdurchsagen dazu beitragen, dass Menschen sich erinnern, welches Verhalten angemessen wäre. In Wien wird in den Strassenbahnen von dieser Möglichkeit in kleinem Rahmen bereits Gebrauch gemacht. Auch müssten die Schaffnerinnen und Schaffner als Mandatspersonen bei fehlbaren Fahrgästen korrektes Verhalten einfordern.

müssen. Ein Berufsstand kostet die Allgemeinheit durch die Ausfälle, spätere Erkrankungen und Frühpensionierungen viel Geld →April 2009. Dazu kommt der erhöhte Bedarf an Polizei, die schon jetzt nicht immer zur Stelle sein kann →11. September 2008. Diese Ausgaben – auch für die Sachbeschädigungen – werden auf Billettpreis, Krankenkassenprämien und Steuern aufgeschlagen und von allen bezahlt →11. April 2009, →24. September 2009. Die Verursachenden werden offenbar nicht entsprechend zur Verantwortung gezogen. Der öffentliche Raum ist unsicher geworden, die Bundesbahnen können so ihren Transportauftrag für die ganze Bevölkerung nicht erfüllen.

16. Januar 2009: Kinder verprügeln ihre Eltern

„Anfang Woche rief ein 50-jähriger Mann die Stadtpolizei St. Gallen zu Hilfe, weil ihn sein Sohn (16) regelmässig schlug. Was unglaublich tönt, ist kein Einzelfall: 2008 musste die Kantonspolizei St. Gallen rund 34-mal eingreifen, weil Jugendliche und Kinder auf ihre Eltern losgegangen waren." Die Eltern würden sich meist schämen, so dass der Leiter der Fachstelle für Häusliche Gewalt glaubt, es müsse eine „hohe Dunkelziffer"' bestehen. Es handle sich um einen „Trend: ‚Ich stelle vermehrt fest, dass alleinerziehende Mütter von ihren Töchtern angegriffen werden.' Der Leiter des schulpsychologischen Dienstes stellt eine Zunahme solcher Übergriffe fest." Für ihn liege „die Hauptursache in einer Erziehung, in der zu wenig Grenzen gesetzt werden." – Dasselbe Problem werde auch in Basel festgestellt. („20 Minuten", Zürich)

Der Kinder- und Jugendpsychiater Michael Winterhoff meint, dass Kinder, denen von klein auf keine Grenzen gesetzt würden →2007/2, →Mai/Juni 2007, →18. Dezember 2007, →6. Juni 2008, →29. Januar 2009, →Mai 2009, →19. Mai 2009/1, andere Menschen für Gegenstände hielten, die sie beliebig behandeln könnten. Sie seien dadurch nicht in der Lage, leblose Gegenstände von Lebewesen mit eigenen Bedürfnissen zu unterscheiden →2008. Die Vermutung liegt nahe, dass die geschlagenen Eltern gegenüber ihren Kindern zu nachgiebig gewesen sind.

Wenn Kinder nicht einmal ihre eigenen Eltern respektieren, erkennen sie auch keine andere Autorität an. Dies hat fatale Auswirkungen in Schule und Ausbildung →23. Juni 2004, →14. Mai 2008, →15. Mai 2008, →18. September 2008, →3. Oktober 2008, →7. Oktober 2008, →November 2008, →2. Februar 2009, →9. April 2009, →16. Mai 2009, →19. Mai 2009/3, →August 2009, →1. August 2009, →17. September 2009/1 und betrifft dann nicht nur diese Kinder.

Die fehlende Anerkennung erwachsener Autorität von Seiten unseres Nachwuchses verursacht später grosse Probleme in der demokratischen Gesellschaft, in der Wirtschaft und im öffentlichen Raum →12. März 2008, →20. Juni 2008, →11.

September 2008, →1. November 2008, →22./23./24. Dezember 2008, →18. Februar 2009/1, →April 2009, →11. April 2009, →2. Juli 2009, →13. September 2009. Die hohen finanziellen Aufwendungen und die entsprechenden sozialen Konsequenzen bis hin zu Verletzten und sogar Toten tragen wir alle mit! Es ist keine Privatsache, wie Eltern ihre Kinder erziehen! Es ist zwingend notwendig, dass diese zuhause lernen, wie man sich gesellschaftskompatibel und friedfertig verhält!

29. Januar 2009:   Anstieg der Jugendkriminalität in Österreich

2008 habe es über eine halbe Million „Strafanzeigen in Österreich" („572'695") gegeben, das seien „3,6% weniger" als im Vorjahr. Dagegen sei die Kinder- und Jugendkriminalitätsrate um einen Viertel gestiegen. Bei den „10- bis 14-Jährigen" seien dies „25,8% mehr Anzeigen". Es handle sich hauptsächlich um „Diebstähle". Während bei den Erwachsenen die Kriminalität also zurückgehe, steige sie bei den Jugendlichen rasant an. (Österreichischer Rundfunk ORF2, „Zeit im Bild")

Der Anstieg der Diebstähle ist ein Indiz dafür, dass sich Kinder und Jugendliche heute in einem rechtsfreien Raum bewegen →11. September 2008, →22./23./24. Dezember 2008. Denn die soziale Kontrolle durch die Erwachsenen fehlt, wir schauen weg statt hin →Mai/Juni 2007, →18. Dezember 2007, →6. Juni 2008, →16. Januar 2009, →Mai 2009, →19. Mai 2009/1, →22. Mai 2009, →13. September 2009.

2. Februar 2009:   Disziplinarische Schwierigkeiten steigen an

Das freiwillige zehnte Schuljahr dient der Berufsvorbereitung und Lehrstellensuche. Nach dem ersten Semester wird an einer Lehrerkonferenz Folgendes festgehalten:

Am ersten Schulort seien „die disziplinarischen Schwierigkeiten grösser als in den letzten Jahren. Bis heute wurden 28 mündliche und 5 schriftliche Verwarnungen ausgesprochen." Die Lehrstellensuche gestalte sich im zweiten Schulhaus mühsam, zudem gebe es „disziplinarische Schwierigkeiten auch an diesem Standort." Ein Klassenlehrer vom dritten Standort „stellt fest, dass er in diesem Schuljahr mehr Zeit in disziplinarische Interventionen investiert hat, als in den sechs Jahren zuvor." Es habe „einen Ausschluss" gegeben. (Protokoll einer Berufsfachschule)

Obwohl es sich hier um ländliche Verhältnisse und um einen fakultativen Schulbesuch handelt, sind die disziplinarischen Schwierigkeiten in den letzten Jahren gestiegen. Da scheint mir vorgängig schon vieles falsch gelaufen zu sein. Die entsprechenden Schülerinnen und Schüler – viele mit Migrationshintergrund – haben sich zuhause und in der Volksschule ein störendes Sozialverhalten angewöhnen können, das sie nur schwer ablegen →2007/2, →Mai/Juni 2007, →18. Dezember 2007, →2008, →15.

Mai 2008, →3. Oktober 2008, →9. April 2009, →Mai 2009, →August 2009, →25. August 2009. Es scheint ihnen zudem oft nicht klar zu sein, dass jetzt ein waches und angenehmes Benehmen für die Lehrstellensuche von Wichtigkeit ist →12. September 2008.

Konsequenz 1 für die jungen Leute: Ein Teil der in der Schulbank abgesessenen Zeit dient nicht der Stoffvermittlung oder dem Üben von wichtigen Kompetenzen, sondern wird mit störendem Sozialverhalten vertan →November 2008. Der nicht gelernte Stoff wird den Schulabgängern bei der Berufsausbildung fehlen. Sie sind den Anforderungen nicht gewachsen beziehungsweise haben sich keine entsprechende Selbstdisziplin aneignen können, die sie fürs Arbeitsleben befähigt. So brechen viele die Lehre wieder ab →2008, →18. September 2008. Sie können später nur schwer einem für sie erfüllenden Beruf nachgehen und für sich oder eine Familie sorgen. Sie müssen eventuell der Allgemeinheit zur Last fallen. Die Chance, dass sie sich unnütz fühlen und deshalb gewalttätig werden, Alkohol oder Drogen konsumieren oder sonstige Dummheiten begehen, ist höher als bei ordentlich ausgebildeten Menschen, denen die Türen im Leben weit offener stehen.

Konsequenz 2 für die Lehrkräfte: Sie können unter diesen Umständen die Lehrpläne nicht einhalten und sind mit ihrer Arbeit dauernd im Verzug →7. Oktober 2008. Solche Problemsituationen beanspruchen sie zudem zeitlich und psychisch über das normale Mass hinaus, es belastet den Lehreralltag bis ins Privatleben hinein. Ausfälle durch Krankschreibungen und Frühpensionierungen sind die Folge →23. Juni 2004, →16. Mai 2009. Dazu kommt der fehlende pädagogische Nachwuchs →14. Mai 2008, der an einer solchen Arbeitssituation wenig interessiert ist. Dadurch ist die Schulleitung gezwungen, personell oder auf andere Weise Abstriche beim Unterricht zu machen und zum Beispiel Studierende oder pädagogisch nicht entsprechend Ausgebildete

> **„Eine halbe Million Lehrkräfte fehlen"**
> Im deutschsprachigen Raum Europas „fehlen in den nächsten Jahren eine halbe Million Lehrkräfte." (Beat W. Zemp, Zentralpräsident Schweizer Lehrerinnen und Lehrer)
>
> „Seit acht Jahren haben unsere Schulleiter Mühe, Lehrkräfte zu rekrutieren." (Reallehrer) (Schweizer Fernsehen SF1, „Club" 17. August 2010)

einzusetzen →1. August 2009. Die Qualität der Schulbildung verschlechtert sich damit gravierend, was wiederum Konsequenzen hat für die zukünftigen Schülerinnen und Schüler der zehnten Klasse wie auch für eventuelle Pädagogikstudierende, welche eingesprungen sind. Ein Teufelskreis!

Konsequenz 3 für die Gesellschaft: Diese Situation macht nicht am Schultor Halt. Die Jugendlichen sind fachlich schlechter ausgebildet, dazu weisen sie eine mangelhafte Selbst- und Sozialkompetenz auf. Für eine Berufsausbildung reicht dies oft nicht. So brechen viele die Lehre ab →18. September 2008. Unternehmen finden keine genügend vorbereiteten Lernenden, Lehrstellen mit höheren Anforderungen können nicht besetzt werden. Auf diese Weise bringt unsere Gesellschaft junge Leute hervor, die nicht nur nicht mithelfen, den Sozialvertrag gegenüber der älteren Generation aufrechtzuerhalten, sondern selber von der öffentlichen Hand unterstützt werden müssen →19. Mai 2009/3. Von weiteren für die Gemeinschaft schädlichen Handlungen wie zum Beispiel Vandalismus, zu denen nicht ins Berufsleben positiv eingebundene und damit unzufriedene Personen neigen können, sprechen wir jetzt nicht.

Dieser im Schulalltag störende Mangel an Selbst- und Sozialkompetenz hat zudem Auswirkungen auf die Sicherheit im öffentlichen Raum: Es waren Schüler eines solchen Schweizer Berufswahljahres auf Klassenfahrt, die am Sendlinger Tor in München in einer Prügeltour fremde Menschen lebensgefährlich verletzten →2. Juli 2009.

Der belastete Berufsstand der Lehrkräfte verursacht für die Steuerzahlenden ungewöhnlich hohe soziale Kosten wegen Krankheiten und Frühpensionierungen →23. Juni 2004. Zudem ist der beginnende Lehrermangel nicht auf die leichte Schulter zu nehmen →14. Mai 2008, →16. Mai 2009. Wer wird sich in Zukunft um unsere Kinder und deren Bildung kümmern?

18. Februar 2009/1: „Teens verdroschen Gemeinderat"

„Eine Gruppe von Jugendlichen terrorisiert" das Dorf „Schüpfen. Selbst die als Security angeheuerten Broncos" (Hell's Angels) „und Streetworker bringen die Halbstarken nicht zur Vernunft." Als Gemeinderat M.S. mit dem Auto durch seinen Wohnort gefahren sei, hätten ihm alkoholisierte Junge den Weg versperrt. „„Ein Jugendlicher torkelte direkt vor meinen Wagen. Er war völlig zugedröhnt.'" M.S. habe gestoppt und den Jungen zurechtgewiesen. Dieser habe „mit der Faust aufs Autodach" geschlagen, M.S. sei ausgestiegen. „Sofort gingen etwa sechs Jugendliche auf mich los und prügelten auf mich ein.' Der 48-jährige Landwirt schlug zurück." Der Kampf sei nicht ohne Folgen geblieben: „Er verlor dabei einen Zahn.

Schon am nächsten Tag demolierten" die selben(!) Jugendlichen „in der Turnhalle ein WC." („20 Minuten", Schweiz)

Als erste Reaktion bin ich über diese Teenager wütend geworden. Aber beim näheren Hinsehen tun sie mir leid. Sie müssen enorm verwahrlost sein! Diese Kinder erhalten offenbar nicht die Fürsorge, die ihnen zusteht – und haben sie wohl auch nie erfahren! Damit sind einerseits das wohlmeinende Interesse der Erwachsenen gemeint und andererseits das tägliche Einüben von wertschätzendem Verhalten und das frühzeitige Ziehen von Grenzen: Stopp, hier fängt der Handlungsspielraum der anderen Menschen an →2007/2, →Mai/Juni 2007, →2008, →16. Mai 2008/2, →Mai 2009 – und oftmals auch ihre Würde! Interessieren sich die Behörden für diese Situation und versuchen alles, um sie nicht entstehen zu

Die Hälfte der Jugendlichen ist „gewaltbereit"
Etwa die Hälfte der Jugendlichen sei in unterschiedlichen Graden gewaltbereit, wobei „drei bis sechs Prozent der Kinder und Jugendlichen im Kanton" Bern „– das heisst rund ein Schüler oder eine Schülerin pro Klasse – ein massives Gewaltproblem haben." Nur „50 Prozent der Jugendlichen haben überhaupt kein Gewaltproblem. Das hat eine wissenschaftliche Analyse ergeben." Deshalb bestehe eine große „Vielfalt" an „Angeboten zur Gewaltprävention". („Berner Schule", Bern Oktober 2010)

lassen? Nein, im Gegenteil →6. Juni 2008, →19. Mai 2009/1. Ganz offensichtlich haben diese Kids keinen kindgerechten und fördernden Alltag erfahren. Sie leben in einem rechtsfreien Raum und bekunden keinen Respekt vor Autorität, nicht einmal vor derjenigen eines Gemeinderates →18. Dezember 2007, →2008, →3. Oktober 2008, →22./23./24. Dezember 2008, →16. Januar 2009, →April 2009. Wie werden sie sich verhalten, wenn sie erwachsen sind →12. März 2008, →11. September 2008, →1. November 2008, →9. April 2009, →11. April 2009? Ist das die Freiheit, die wir uns für unseren Nachwuchs erträumen? Oder wollen wir nicht eher, dass er zu verantwortungsbewussten jungen Menschen heranwächst, die sich ein freudvolles Leben erschaffen können, in dem sie ihre Talente – und nicht ihre Zerstörungswut – ausleben können? Sind wir an Gewalt im öffentlichen Raum interessiert, auf Strassen, Plätzen, Parks, in Strassenbahnen, Zügen und Bussen, gegenüber jedermann?

Wir sehen hier gut den Zusammenhang zwischen Gewalt und Vandalismus, im Übrigen noch in Verbindung mit Alkohol →16. Mai 2008/1, →29. Juni 2008, →19. Juli 2008, →10. August 2009, →17. September 2009/2, →24. September 2009.

Wenn sich Oberstufenschüler in der Freizeit so verhalten, wie sieht es dann in der Schule aus? An einen geregelten, ungestörten Unterricht ist nicht zu denken →15. Mai

2008, →November 2008, →2. Februar 2009, →August 2009. Unterrichtende Lehrkräfte kommen so schnell an ihre Grenzen →7. Oktober 2008. Zusammenbrüche, Umschulungen oder Frühpensionierungen könnten nachkommen →23. Juni 2004. Der Mangel an qualifizierten Lehrkräften vertieft sich weiter →14. Mai 2008, →16. Mai 2009. Solche Nachrichten sind zudem geeignet, die wenigen Pädagogikstudierenden auch noch abzuschrecken – denn wer will unter diesen Umständen als Lehrkraft arbeiten? Das wurde auch gleich bestätigt: Dies ist das Dorf, wo ein Schulleiter während Wochen keine Klassenlehrkraft finden wird und daraufhin einen für diese Aufgabe nicht ausreichend qualifizierten Sportlehrer einstellen muss →1. August 2009. Damit dreht sich die Spirale nach unten... Die jüngeren Kinder werden die Ebbe im Lehrberuf zu spüren bekommen, sie werden auf diese Weise schlechter betreut und ausgebildet werden. Die Jugendlichen selber laufen Gefahr, keine Lehrstelle zu finden oder die Berufsausbildung abzubrechen →18. September 2008. Als Nichtausgebildete →19. Mai 2009/3 werden sie den Steuerzahlenden auf der Tasche liegen, wenn sie nicht sogar durch Kriminalität Polizeieinsätze, Gerichtsverfahren und Gefängnisaufenthalte herausfordern.

Dies alles kostet die Allgemeinheit sehr viel Geld, von Angst und nicht wieder gutzumachenden Schäden durch Verletzung und Tod abgesehen. Denn diese Nachricht steht ja nicht allein, ähnliche Ereignisse erreichen oft noch grössere Ausmasse →20. Juni 2008, →12. März 2009, →2. Juli 2009, →25. August 2009, →13. September 2009, →17. September 2009/1.

18. Februar 2009/2:   **Rauchverbot im Kanton Bern**

Auch der Kanton Bern führt auf 1. Juli 2009 das Rauchverbot in den Gaststätten ein. („Berner Zeitung", Bern)

Die Diskussionen und Gesetzesänderungen auf Kantonsebene münden in Vorschriften, die zum Schutz vor dem Passivrauchen landesweit auf 1. Mai 2010 in Kraft treten werden.

Jahrzehnte lang wollte niemand registrieren, dass Nichtraucher in geschlossenen Räumen gegenüber rauchenden Menschen im Nachteil sind, denn alle atmen die gleiche Luft. Ich staune, in welchem Tempo sich dies nun in vielen Ländern auf gesetzlichem Wege geändert hat →30. November 2008. Natürlich ist auch die Kostenlawine im Gesundheitswesen ein Thema. Mit dem Rauchverbot in öffentlichen Räumen sinken die Ausgaben für Spätschäden von Rauchern und Mitraucherinnen. Die staatlichen Bestimmungen regeln, was bisher oft ein Streitpunkt im gemeinsamen Umgang gewesen ist →20. Juni 2008.

12. März 2009:   „Massaker an der Schule"

„16 Tote sind die Bilanz eines Amoklaufs in Winnenden bei Stuttgart." Ein Ex-Schüler habe in einem Schulhaus ehemalige Schulkollegen und Lehrkräfte ermordet. „Zehn Menschen waren sofort tot, als der 17-jährige Tim K. gegen 9.30 Uhr in die Klassenzimmer der Albertville-Realschule eindrang und wild um sich schoss. Der Täter in schwarzer Tarnkleidung mit einer silberfarbenen Maske vor dem Gesicht tötete in mehreren Klassenzimmern sieben Schüler zwischen 14 und 15 Jahren. Er erschoss auch drei Lehrerinnen, offenbar gezielt, und verletzte zwei Mädchen schwer, die später im Spital starben." Später habe er seine Waffe auf Passanten gerichtet und sich zuletzt das Leben genommen. („Der Bund", Bern)

Ein junger Mann, allein oder im Verband mit anderen, verletzt oder tötet im öffentlichen Raum fremde Menschen →20. Juni 2008, →2. Juli 2009, →13. September 2009, →17. September 2009/1. Hier finden wir offenbar die Spitze vom Eisberg aus fehlender Selbst- und Sozialkompetenz, Verwahrlosung und Vereinsamung auf Seiten des Jungen und von vorherigem Wegsehen und Nichtübernahme der Verantwortung für dieses Kind auf Seiten der Erwachsenen – Eltern, Nachbarn, Lehrkräfte und von weiteren, denen er begegnete. Wie liebevoll und unterstützend begleiteten ihn diese auf seinem Lebensweg? Wurde er von ihnen als Mensch mit Begabungen und Gefühlen, mit Stärken und Schwächen wahrgenommen? Hatte er eine Kindheit in einer förderlichen Umfeld, in der er auch Grenzen →2007/2, →Mai/Juni 2007, →2008, →18. Dezember 2007, →Mai 2009 erfuhr? Oder war er meist sich selbst überlassen, zum Beispiel nachts →6. Juni 2008, →19. Mai 2009/1, und niemand sorgte sich um ihn? Welche Rolle nahm das einsame Spielen von gewalttätigen Games im Netz in seinem Leben ein, wo er das Erschiessen von Menschen während Monaten üben konnte?[6]

April 2009:   „Das Beissen ist in Mode gekommen"

Das Personal der Schweizerischen Bundesbahnen (SBB) sei von körperlichen Angriffen betroffen, hält das in Zügen und Bahnhöfen aufliegende Heft „via" der SBB fest. „2008 haben Angestellte 240 tätliche Angriffe gemeldet." Ein Zugchef erzählt: „Die Hemmschwelle ist in letzter Zeit eindeutig gesunken." Besonders belastend seien der Wochenenddienst und die „,Grossevents wie Eishockey- und Fussballspielen", an denen Bier und Härteres getrunken werde. „Aber auch eine einfache Stichkontrolle kann unerwartete Folgen haben: So wurde ich einmal von

---

[6] Winterhoff →2008 erklärt die „zunehmenden Fälle von extremer Gewalt" aus der Sicht der Täter so: „Gequält und zur Schau gestellt", zum Beispiel im Internet, „werden nach ihrem psychischen Empfinden Gegenstände und nicht Menschen." (S. 161)

einem weiblichen Fahrgast ohne Fahrausweis in die Hand gebissen. Das Beissen ist in letzter Zeit in Mode gekommen. Das gehört heute leider zum Berufsrisiko." Eine Bahnpolizistin berichtet: „In den sieben Jahren bei der Bahnpolizei habe ich festgestellt, dass der Respekt gegenüber der Uniform abgenommen hat. Es braucht schon eine harte Schale bei all den Kraftausdrücken, die man sich gerade von alkoholisierten Jugendlichen anhören muss." Ihr Kollege führt aus: „Die Zahl der Beschimpfungen nimmt zu. Ich habe den Eindruck, dass die Leute immer aggressiver gegen Uniformen werden." Ein anderer zeigt die Folgen für die Angestellten auf: „Oft wirken verbale Angriffe, sogenannte niederschwellige Konflikte, sehr belastend, denn sie treffen direkt in den Bauch."

Um die Sicherheit der Fahrgäste zu gewährleisten, hätten die SBB im Personalbereich aufgestockt: Sie würden „125 neue Stellen" schaffen, „damit bis 2014 alle Fernverkehrszüge mit zwei Zugsbegleitern verkehren." Auch kämen Freiwillige zum Einsatz, sowohl in den Zügen, wie auch an den Bahnhöfen, unter anderem Jugendliche für ihre Altersgruppe.

Die SBB hätten zudem mit „Vandalismus" und „Scratching," dem „Zerkratzen von Gegenständen wie Zugfenstern" zu kämpfen. „Auch Littering, die Verschmutzung von öffentlichen Orten wie Bahnhöfen und Zügen, ist ein Problem: Herumliegender Abfall beeinträchtigt die Wahrnehmung von Sicherheit." Neu würden alle Züge mit „einer Benutzerordnung ausgestattet", damit auf eine Zugordnung verwiesen werden könne, „wenn auf eine Aufforderung hin mit dem Spruch kokettiert wird: ‚Und wo steht das geschrieben?'"

„‚Die SBB investieren jährlich einen hohen zweistelligen Millionenbetrag in die Sicherheit'", erläutert der stellvertretende Leiter für öffentliche Sicherheit und fährt fort: „‚Wir kommen unserer Fürsorgepflicht nach, solange es möglich und verhältnismässig ist.' Er spricht ein Thema an, das weiter reicht als das Schienennetz der SBB: ‚Nur für eines können wir nicht aufkommen: Für die Zivilcourage des Einzelnen.'" („Via – unterwegs mit Bahn, Bus und Schiff", herausgegeben von den Schweizerischen Bundesbahnen, Bern)

Hier hören wir von betroffenen Berufsgattungen, wie sich der Arbeitsort in der Bahn heute anfühlt →22./23./24. Dezember 2008 Die Grenzen des Erträglichen sind schon längst überschritten, etwa durch das Beissen. Es kann nicht angehen, dass die Menschenwürde von Berufsleuten durch ihre Kunden beziehungsweise Gruppenmirglieder dermassen mit Füssen getreten – oder eben mit Zähnen gebissen wird, weder im Fussballtraining →18. Dezember 2007, →1. November 2008, beim Zoll →12. März 2008, gegenüber der Polizei →19. Juli 2008, →11. September 2008, →11. April 2009 noch im Schulbus →3. Oktober 2008 oder in der Schule →12. März 2009, →9. April 2009, →August 2009, →17. September 2009/1. Auch Littering und Vandalismus in Zügen sind ein Thema →29. Juni 2008: Reisende zerstören bewusst fremdes Eigentum, für dessen Wiederherstellung nun die andern aufkommen und dafür ein teureres Billett bezahlen müssen. Bahnfahren wäre einiges billiger ohne →24. September 2009!

Bahnhöfe und Züge sind Orte, wo einander fremde Personen es miteinander aushalten müssen – meist auf engem Raum und oft auch längere Zeit. Der moderne Mensch ist diesem Umstand zunehmend häufiger ausgesetzt. Offenbar erzeugt dies einen psychischen Druck, der Gewalt schnell ausbrechen lässt. Gerade die Anonymität scheint einigen Leuten eine Art Freipass zu erteilen, der die Rücksichtnahme auf andere Reisende und das Bahnpersonal auf ein Minimum reduziert →20. Juni 2008, →22./23./24. Dezember 2008, →13. September 2009. Besonders der alkoholisierte Zustand zeigt auf, ob jemand eine Kindheit lang ein Training in respektvollem Umgang und Anerkennung der Würde anderer Menschen erfahren hat oder nicht.

9. April 2009:   Chaotische Klasse – bis zum „Polizeieinsatz"

In einem Artikel über die Situation der Lehrkräfte beschreibt die „Weltwoche" folgende Situation:

Letzte Woche habe die Bieler Polizei an einer Schule einschreiten müssen. Die „Realklasse 9a im Oberstufenzentrum Madretsch" setze sich aus Kindern aus immigrierten Familien zusammen. Hier „herrschen seit Jahren chaotische Zustände." Die dreizehn Schülerinnen und Schüler „grölen, pöbeln, boykottieren und sabotieren den Unterricht. Die Klassenlehrerin wird als ‚Nutte' und ‚Schlampe' beschimpft, Gegenstände fliegen durchs Zimmer, Schüler schwänzen. Die Lehrerin bricht zusammen." Die Schulleitung habe daraufhin beschlossen, „die ausser Kontrolle geratene Klasse" aufzuheben. Die Lernenden sollen anderen Klassen zugeteilt werden, sonst würden sie „für den Rest des Schuljahres vom Unterricht ausgeschlossen." Sie „folgen dem Ultimatum nicht. Am Montag letzter Woche verbarrikadieren sie sich im Klassenzimmer. Einen halben Tag verbringen sie, bei explosiver Stimmung, ohne Lehrer zu." Ihre Eltern hätten einen Verweis unterschreiben sollen, was die Hälfte nicht getan habe. „Der Schulausschluss wird Tatsache." Darauf „stürmen Schüler und Eltern das Büro der Schulleitung. Sie erheben massive Drohungen. Die Lehrer müssen die Polizei zu Hilfe holen." Am Ende „lenken die renitenten Schüler und Eltern ein. Die Klasse wird aufgeteilt, vor dem Schulhaus fährt zur Sicherheit eine Polizeistreife auf."

Ein Mitglied des Lehrkörpers kommentiert: „Was in Biel abläuft, ist typisch für die Situation in der Schule. Die Probleme werden schöngeredet, die realen Verhältnisse ignoriert." („Weltwoche", Zürich)

Jetzt muss die Polizei noch die Lehrkräfte vor den Schülerinnen und Schülern und deren – eingewanderten – Eltern schützen! Dafür fehlt sie am Drogenumschlagplatz →11. September 2008. Mir gehen folgende Fragen durch den Kopf: Mit welchem Bildungsstand, welcher inneren Einstellung und welchem Arbeitsverhalten werden

diese Jugendlichen die Schule verlassen? Welcher Lehrbetrieb will solche Schulabgänger als Auszubildende? Wird es möglich sein, dass diese zweite Migrantengeneration eines Tages einer genügend bezahlten Beschäftigung nachgehen kann →18. September 2008 – oder landet sie auf dem Sozialamt? Werden die einheimischen Steuerzahler und diejenigen Zugewanderten, die einer regulären Arbeit nachgehen, Jahre oder Jahrzehnte für ihren Unterhalt aufkommen müssen →19. Mai 2009/3?

Wie kommt es, dass ihre Eltern – besonders als Migranten – keine Zusammenarbeit mit der Lehrerschaft anstreben, sondern diese noch massiv bedrohen? Sehen sie ein, dass sie mit ihrem eigenen Verhalten nicht nur ihrem eigenen Ruf schaden und der Fremdenfeindlichkeit Nahrung liefern, sondern auch die Lehrstellensuche aller immigrierten Jugendlichen erschweren? Wie stellen sie sich die Zukunft ihrer Kinder, Nichten und Neffen vor? Mit solchen Zeitungsmeldungen wird nachvollziehbar, warum junge Menschen mit -ic im Namen oder andern ausländischen Wurzeln grosse Mühe haben, einen Ausbildungsplatz zu finden. Denn wie werden solche Eltern mit dem Lehrbetrieb zusammenarbeiten, wie werden sich ihre Kinder in der Berufsbildung verhalten? Hier scheinen sich grosse Mängel bei der Integration von Familien mit Migrationshintergrund zu zeigen. Diese Situation ist eine Folge unserer Uneinigkeit, was das gemeinsame Wertesystem seit 1968 betrifft.

Mangelnder Respekt vor andern Menschen und Mandatspersonen ist bei eingewanderten Personen bestimmter Kulturkreise ein immer wieder auftretendes Problem →18. Dezember 2007, →20. Juni 2008, →3. Oktober 2008, →1. November 2008. Als Gemeinschaft müssen wir uns klarer darüber werden, was wir von Eltern, Kindern und ausländischen Familien verlangen müssen – und es dann auch einfordern. Rechtsstaatliches Verständnis, Kooperation mit staatlichen Auftragspersonen und gutes Benehmen gehören dazu. Von unserer Seite müssen wir hingegen sicherstellen, dass es ihnen möglich wird, den Forderungen einer demokratischen Gesellschaft auch nachzukommen.

Für die Qualität des Unterrichts und damit den Bildungsstand der Schulabgängerinnen und -abgänger sowie für die betroffenen Lehrkräfte setzen solche Vorfälle einen Teufelskreis in Gang, den ich andernorts aufgezeigt habe, zum Beispiel im Kommentar →2. Februar 2009. Wer hat nach solchen Nachrichten noch Lust, den pädagogischen Beruf zu ergreifen? Alles in allem: Ein solcher Vorfall bringt – auf unterschiedlichen Ebenen – wirtschaftliche Kosten und soziale Folgeschäden mit sich, an denen wir alle zu knabbern haben!

11. April 2009: Teurer Fussball

„Fussball bedeutet für einige das Schönste der Welt, doch das Hässliche kommt bei diesem Sport oft genug ebenfalls zum Zug: Angriffe auf Polizisten, Prügeleien, Sachschäden, Krawalle." Die staatlichen Organe würden alles daran setzen, solche Konfrontationen zu verhindern. „Grosse Polizeieinheiten sind Spieltag für Spieltag im Einsatz, so wie heute Abend vor dem Zürcher Letzigrundstadion beim Spiel Grasshoppers gegen die Young Boys. Die Polizeieinsätze kosten die Allgemeinheit jedes Jahr Hunderttausende von Franken." In Zukunft müssten die Fussballclubs diese Massnahmen bezahlen und würden nicht mehr durch die Steuergelder finanziert. „Das hat das Bundesgericht unlängst entschieden. Die Einsatzkosten der Zürcher Polizei betragen wegen aggressiven Fans pro Spiel zwischen 200'000 und 300'000 Franken." Hohe Beträge würden dadurch für die Gemeinden und die Kantone entstehen. „Total gibt der FC Basel für die Sicherheitskosten bereits gegen drei Millionen Franken aus", im Juli werden schon 3,6 Millionen genannt. (Schweizer Fernsehen SF1, „Tagesschau", dazu 8. Juli 2009)

Fussball scheint eine enthemmende Wirkung zu haben... Doch ich möchte als unsportliche und friedliche Steuerzahlerin und ÖV-Benutzerin nicht den Polizeieinsatz →19. Juli 2008, →April 2009 und die Kosten für den Vandalismus →29. Juni 2008, →24. September 2009 von Fussballfans mitbezahlen müssen – und viele andere vermutlich auch nicht. Schon die direkten Aufwendungen sind enorm, pro Spiel bis dreihunderttausend Franken! Damit könnte einiges andere finanziert werden, auch würden die Angehörigen des Polizeicorps andernorts dringender gebraucht →11. September 2008 beziehungsweise könnten endlich ihre Überstunden kompensieren. Die Folgekosten, zum Beispiel die Aufwendungen der Krankenkassen für die Verarztung der Verletzten oder die strafrechtliche Verfolgung, kommen noch hinzu. Zudem ist die öffentliche Sicherheit nicht gewährt.

Mai 2009: Laute Sechstklässler im Zug

Päng! Zutiefst erschrocken zucke ich zusammen. „Was soll denn das?", denke ich. Ich fahre in einer Vorortsbahn und schaue von meiner Lektüre auf. Das ohrenbetäubende Geräusch hat mich bis ins Mark erschüttert: Während der Zug für eine Haltestelle langsam abbremst, hat ein Bub von aussen mit der Faust an die Fensterscheibe der Türe geschlagen. Er ist in Begleitung seiner Schulkollegen, sechs Zwölfjährige, die nun mit lärmendem Getöse einsteigen und sich in zwei Coupés breitmachen. Als der Zug weiterfährt, ist ihr Geräuschpegel immer noch um einiges geräuschvoller, als es in einer Eisenbahn üblich und erträglich ist. So höre ich auch jetzt Schläge auf das Sitzpolster. Ich kann nicht mehr weiterlesen. Ich schaue mich um und nehme verwundert zur Kenntnis, dass das laute Verhalten ausser mir offenbar niemanden stört. Alle andern Zugreisenden tun so,

wie wenn die Jungs gar nicht da wären und alles seinen ruhigen Gang ginge. „Doch wenn kein Erwachsener sie zur Ordnung ruft", überlege ich, „wie werden sie sich in zwei oder vier Jahren verhalten?" Ich stehe also auf, gehe zu ihnen hin und erkläre ihnen freundlich, dass sie nicht alleine hier wären. Ich wäre froh, wenn sie sich etwas stiller verhielten. „Ist ok!", sagen sie fröhlich und zügeln ihre Lautstärke. Allerdings hören sie nun ohne Kopfhörer mit einem Handy Musik – und wieder stört es niemanden... (Eigene Beobachtung)

Jugendliche Gruppen oder sogar Schulklassen benehmen sich in der Eisenbahn oft so, wie wenn sie alleine irgendwohin führen. Ich spüre häufig eine Art „Recht" auf ungebührliches Verhalten heraus. Manchmal sind weit und breit keine ordnenden Lehrkräfte auszumachen... Sie sitzen anderswo und mischen sich nicht ein (ich habe dies auch schon bei Eltern, zum Teil von Vorschulkindern, beobachtet!). Die Sechstklässler hier waren alleine unterwegs, offenbar auf dem Schulweg. Sie benahmen sich nicht nur verbal laut, sie verliehen ihrer Aggressivität auch mit Faustschlägen Ausdruck. Es war nicht zu spüren, dass sie sich bewusst waren, nun einen Raum zu betreten, in dem bestimmte Regeln galten und den sie mit andern Menschen teilten, die eigene Bedürfnisse hatten.

Aber nicht diese Tatsache schockierte mich am meisten, sondern das Verhalten der erwachsenen Passagiere: Sie reagierten gar nicht →Mai/Juni 2007, →22. Mai 2009! Das unangepasste und störende Betragen wurde von ihnen ignoriert, die Buben waren offenbar Luft für sie. Ich fragte mich: Was müssen Kinder noch tun, um überhaupt wahrgenommen zu werden? Kinder sind auch Menschen. Sie brauchen Beachtung, Kontakt, Lob sowie Vorbild und Führung!

Wenn wir sie und ihr nicht korrektes Benehmen jetzt übersehen, wie werden sie sich aufführen, wenn sie fünfzehn sind? Werden sie den Anweisungen von Erwachsenen, zum Beispiel in Schule, Ausbildung und Berufsleben, folgen →18. September 2008, →2. Februar 2009, →9. April 2009, →August 2009? Können sie sich an Regeln halten oder werden sie ihr vermeintliches Recht mit Fäusten verteidigen – gegenüber ihren Eltern →16. Januar 2009 oder fremden Menschen →20. Juni 2008? Wie werden die Züge aussehen, wenn sie später zum Fussballmatch fahren →29. Juni 2008, →24. September 2009? Werden sie sich mit Prügeleien im Dorf →18. Februar 2009/1, auf dem Bahnhof →22./23./24. Dezember 2008 oder auf Klassenfahrt →2. Juli 2009 vergnügen? Wird ihr ungezügeltes Verhalten sogar so stark anwachsen, dass sie mit achtzehn jemanden zu Tode prügeln – und die andern schauen weiterhin zu wie in Solln →13. September 2009? Das Wegsehen der erwachsenen Zugreisenden hat weitreichende soziale Konsequenzen zur Folge, es

261

betrifft fast alle hier beschriebenen Folgeschäden.

In solchen Situationen fangen der Mangel an Zivilcourage und der rechtsfreie Raum an. Wir, die Über-Achtzehnjährigen, müssen Kinder liebevoll wahrnehmen und sie – freundlich, aber bestimmt – in geordneten Bahnen halten, solange sie jung sind →2007/2, →18. Dezember 2007, →2008, →6. Juni 2008, →19. Mai 2009/1. Erst dadurch entwickeln sie ein Gefühl für die Situation, in der sie sich befinden, und für andere Menschen. Wir alle müssen wieder hinsehen und Verantwortung für unseren Nachwuchs übernehmen, solange es Zeit ist.

Später fuhr ich erneut mit der gleichen Bahn. Dieses Mal durchstreiften zwei Bahnpolizistinnen die Waggons. So froh ich über sie war – sie sind kein Kennzeichen einer zivilisierten Gesellschaft. Denn sie machen eine Arbeit, die eine natürliche soziale Kontrolle übernehmen könnte und müsste. Damit würde auch die Bahnfahrt billiger.

16. Mai 2009:   Gymnasiallehrer im vorzeitigen Ruhestand

An einem Geburtstagsessen ist mein Gegenüber ein Gymnasiallehrer für Physik. Er ist 57-jährig und hat den Lehrberuf bereits an den Nagel gehängt. „Ich habe mich vor zwei Jahren zur Ruhe gesetzt, ich arbeite nicht mehr." Ich fragte ihn nach dem Grund. „Da gibt es vieles zu sagen. Es ist die Respektlosigkeit, die im Schulhaus herrscht, oder der bis zu den Knöcheln herumliegende Dreck. Es ist die Tatsache, dass das schulische Niveau von Jahr zu Jahr sinkt und dass es offenbar keine Rolle mehr spielt, wie viel die Gymnasiastinnen und Gymnasiasten bei der Matura können müssen." Der zehn Jahre vor dem regulären Pensionsalter abgedankte Lehrer fährt fort: „Ich habe keinen missionarischen Eifer, was mein Fach betrifft. Deswegen dachte ich mir: ‚Das musst du dir nicht weiter antun.'" (Eigene Beobachtung)

Ein Gymnasiallehrer geht zehn(!) Jahre zu früh in Rente. In seinem Fachbereich, Mathematik und Physik, herrscht seit längerem Lehrkräftemangel, er würde also dringend benötigt. Ein Jahrzehnt ist eine lange Zeit, in der er den Heranwachsenden und der ganzen Gesellschaft gute Dienste hätte leisten können. Doch die gesellschaftlichen Umstände, die das heutige Schulleben auch an einem Gymnasium prägen, lassen ihn auf den bezahlten Job verzichten. Als Grund nennt er mangelnden Respekt, Littering oder sinkende fachliche Ansprüche. Mit diesen und ähnlichen Problemen ist er in der Schullandschaft nicht alleine →15. Mai 2008, →November 2008, →2. Februar 2009, →18. Februar 2009/1, →9. April 2009, →August 2009. Wir müssen uns bewusst sein, dass es auf Dauer nicht genügend Lehrpersonal geben wird, wenn es nur noch die hochmotivierten Lehrkräfte schaffen, in der Schule zu bleiben →14. Mai 2008. Doch häufig sind es gerade die engagierten Berufsleute, die

Burn-out gefährdet sind →23. Juni 2004, →7. Oktober 2008. Fehlen die Lehrpersonen, sinkt auch die Unterrichtsqualität →1. August 2009. Wir geraten hier in Teufels Küche.

Von der Abwärtsspirale der Massstäbe spricht auch der Jugendpsychiater Michael Winterhoff →2008. Gemäss seinen Ausführungen erwarten wir von Jahr zu Jahr immer weniger von unserer Jugend.

19. Mai 2009/1:   Freier Ausgang für Schulpflichtigen

„Der Gemeinderat von Dänikon akzeptiert den Entscheid des Verwaltungsgerichts vom 30. April 2009, wonach das Ausgehverbot für schulpflichtige Jugendliche nicht rechtens war. Durch ein solches Verbot würde in die Versammlungsfreiheit eingegriffen, begründet das Verwaltungsgericht. Der Gemeinderat zieht somit das Urteil nicht an das Bundesgericht weiter." („Blick am Abend", Zürich)

Das Verbot einer Ausgangssperre war durch eine örtliche Lehrerin und Mutter angefochten worden. („Tagesanzeiger", Zürich 8. Januar 2009)

Dieser Gerichtsentscheid ist von einer solchen Ungeheuerlichkeit, dass mir davon schlecht wird. Auch wenn die Urteilenden damit nicht alleine stehen →6. Juni 2008, illustriert er auf beste Weise, dass Erwachsene dem Partnerschaftsdenken oder sogar der Symbiose erlegen sind, wie sie der Kinderpsychiater M. Winterhoff beschreibt: Erwachsene projizieren ihre eigenen Bedürfnisse auf die Sprößlinge. Dadurch nehmen sie ihre pädagogische Verantwortung nicht mehr wahr, die den Kindern Führung und Halt bieten und ihnen manchmal auch ein „Nein!" entgegensetzen müsste →2008. Offenbar sind davon auch juristisch und pädagogisch geschulte Personen betroffen wie die urteilenden Richter oder Richterinnen und die Beschwerde führende Lehrerin (und Mutter).

Erstens: Die Versammlungsfreiheit ist eine Errungenschaft der Aufklärung, die in Europa besonders im neunzehnten Jahrhundert von Wichtigkeit war. Sie betraf erwachsene Männer und galt für mündige Personen. Damals durften sich politisch Interessierte in den Monarchien nicht treffen, um ihre demokratischen Ideen zu diskutieren oder in Kundgebungen zu vertreten. Denn sie hatten als Nichtadelige kein oder wenig Mitspracherecht bei staatlichen Entscheidungen oder der Formulierung von Gesetzen. Dies ist der Hintergrund für ein Verfassungsrecht, bei welchem es um die Meinungsbildung und Ausdrucksmöglichkeit von Bürgerinnen und Bürgern geht. Es ist eindeutig als politisches Recht für Erwachsene konzipiert und kann nicht als Argument aufgeführt werden für einen Anspruch auf Gruppenbesäufnisse von schulpflichtigen Jugendlichen mitten in der Nacht oder als einen Freipass für

Vandalismus – denn de facto läuft es darauf hinaus.

Wer die Situation in Diktaturen beobachtet und zum Beispiel die Demokratiebewegungen in nordafrikanischen und weiteren islamischen Staaten wie Tunesien, Ägypten, Libyen, Syrien, Jemen oder Bahrain ab Februar 2011 – den „Arabischen Frühling" – verfolgt, kann diese Urteilsbegründung nur als Hohn empfinden. Hier gehen die Menschen auf die Strassen gegen ihre Regimes, auf deren Regierung und Gesetzgebung sie keinen Einfluss haben und wo keine Menschenrechte existieren. Doch die diktatorischen Machthaber wehren sich blutig gegen diese Aufstände. Sie sind an der Einführung der Demokratie auf verfassungsrechtlichen Grundlagen in keiner Weise interessiert. Um einen solchen Kampf um

---

„SOS-Lektionen": Lehrkräfte am „Rand der Verzweiflung"

„Gewalt, Lärm und völlige Disziplinlosigkeit machten es unmöglich, die 9d", eine Oberstufen-Realklasse in Thun, „zu unterrichten. Die Jugendlichen brachten die Lehrkräfte an den Rand der Verzweiflung.

Letzten Sommer, als der Klassenlehrer längere Zeit abwesend war und Stellvertretende unterrichteten, mussten die Lehrkräfte einsehen: So geht es nicht mehr weiter. Hefte blieben zu Hause, die Aufgaben waren unerledigt, ständig fielen Schüler dem Lehrer ins Wort, Schülerinnen provozierten mit ihrer Kleidung und ständigem Schwatzen. Es herrschte Chaos im Klassenzimmer. Normaler Unterricht war kaum mehr möglich.

Einmal bedrohte ein Schüler eine Mitschülerin mit einer Schere. Eine Stellvertreterin entschloss sich nach vier Wochen, nicht nur die Klasse, sondern auch gleich den Beruf aufzugeben. Ein weiterer Stellvertreter stellt heute erbittert fest: ,Auf das, was ich in dieser Klasse erlebt habe, hat mich bei meiner Ausbildung an der Pädagogischen Hochschule Bern niemand vorbereitet.' Er hat die Konsequenzen gezogen und ,nach einer zwecklosen Ausbildung und unhaltbaren Arbeitsbedingungen' ebenfalls den Beruf gewechselt.

Die Einschätzungen" eines „Heilpädagogen bestätigen die Aussagen der Lehrkräfte: ,Ich habe eine Klasse angetroffen, die absolut keine Bereitschaft zeigte, auch nur das Geringste zu machen.' Etliche Schülerinnen und Schüler kamen nur nach Lust und Laune zur Schule. Die Stellvertretungs-Lehrpersonen konnten nicht unterrichten, die Klasse war nicht führbar und vom Lehrstoff heillos überfordert.

Eine einzelne Lehrkraft war den sechzehn Jugendlichen" (eine bereits kleine Klasse! Anmerkung der Autorin) „in diesem Moment nicht mehr gewachsen. Die Schulleiter beschlossen deshalb, SOS-Lektionen zu beantragen und die Klasse aufzuteilen." („Education – Amtliches Schulblatt des Kantons Bern" 4, Bern September 2010)

menschenwürdige Bedingungen und politische Mitsprache geht es beim Recht auf Versammlungsfreiheit! Wenn ich in den Medien Bilder dieser Bürgerkriege und ihrer Toten oder der Flüchtlingsströme sehe, könnte ich schreien über den obigen Gerichtsentscheid!

Zweitens haben unmündige Personen (das sind Kinder und Jugendliche bis achtzehn(!) Jahre) ein Anrecht auf Schutz und Fürsorge durch die Mündigen. Wo bleibt dieses Recht, wenn sich die Erwachsenen ihrer Betreuungspflicht nicht mehr bewusst sind – nicht einmal mehr in der Nacht? Schliesslich sind die Jugendlichen psychisch und körperlich noch nicht ausgewachsen, sie brauchen ihren Schlaf und besonders nachts eine geschützte Umgebung und Geborgenheit unter der Aufsicht von Erwachsenen. Wir sind für ihre Entwicklung verantwortlich! Diese Pflicht ist höher zu gewichten als vermeintliche Rechte des Nachwuchses zum falschen Zeitpunkt. Wollen sich Kinder und Jugendliche treffen, finden sie tagsüber genügend Gelegenheit dazu.

Dieser Gerichtsentscheid empört durch seinen Mangel an gesundem Menschenverstand und durch seinen Grad an staatlich sanktionierter Verwahrlosung! Nicht nur hat der Kanton Basel Bussen über Eltern verhängt, deren Kinder unausgeschlafen zur Schule kommen („20 Minuten", Zürich, 2. Februar 2009). Auch wenn man die weiteren Nachrichten ansieht, muss man sich an den Kopf greifen: Wir lesen von Gesetzen gegen das Littering →16. Mai 2008/1 in verschiedenen Gemeinden, über stark gewalttätiges Verhalten von Schülerinnen und Schülern gegenüber ihren Eltern →16. Januar 2009, im Fussballtraining →18. Dezember 2007 oder im öffentlichen Raum →18. Februar 2009/1, →2. Juli 2009, →25. August 2009, →13. September 2009, über die hohe Jugendkriminalität →29. Januar 2009 und über massive Schwierigkeiten an den Schulen →2008, →15. Mai 2008, →3. Oktober 2008, →November 2008, →2. Februar 2009, →9. April 2009, →August 2009!

Die aufrüttelnden Berichte, zu denen der nächtliche Ausgang von unmündigen Unter-Sechzehnjährigen als Puzzlestein seinen Beitrag leistet, verweisen zudem auf erschreckende soziale und finanzielle Folgeschäden, durch Vandalismus →29. Juni 2008, →10. August 2009, →17. September 2009/2, →24. September 2009, Lehrstellenabbrüche →18. September 2008 und die aufreibende Arbeitssituation von Lehrkräften[7] →23. Juni 2004, →14. Mai 2008, →7. Oktober 2008, →16. Mai

---

[7] Wie wäre es, wenn die Richterinnen und die Parlamentarier →6. Juni 2008 dazu verpflichtet würden, die Stellvertretung zu übernehmen, wenn eine Lehrkraft wieder

2009, →1. August 2009, manchmal müssen sie sogar sterben →12. März 2009, →17. September 2009/1. Ich komme zum Schluss: Da weiss das eine öffentliche Organ in seinem Elfenbeinturm offenbar nicht, womit sich die anderen herumschlagen, zum Beispiel die Polizei →11. September 2008, die Sozialämter →19. Mai 2009/3 oder andere Stellen für öffentliche Ausgaben →11. April 2009.

Im Übrigen: Es gibt Gemeinden wie zum Beispiel Interlaken oder Täuffelen, die seit Jahren ein Ausgehverbot von Jugendlichen ab 22 Uhr praktizieren. Die Kinder werden nachts von der Polizei eingesammelt und nach Hause zu den Eltern gebracht. Die Gemeinden haben gute Erfahrungen damit gemacht („Tagesanzeiger" Zürich, 8. Januar 2009).

19. Mai 2009/2:   „Abfallgebühr für Zigaretten"

„Über elf Millionen Franken gibt" San Francisco „jährlich für die Entfernung von Zigarettenstummeln von Trottoirs und Strassen aus." Deshalb wolle der Bürgermeister eine Abfallgebühr von „33 Cents" auf jedem Päckchen Zigaretten einführen. („Blick am Abend", Zürich)

Auch über den grossen Teich kennt man, wie bei uns →16. Mai 2008/1, →29. Juni 2008, die Probleme des Littering. Wie viel sie die Gemeinschaft kosten, bemerkt man erst, wenn auf das Verursacherprinzip zurückgegriffen wird. Eine Person, welche täglich eine Packung raucht, zahlt zehn Dollar pro Monat Abfallgebühr – allein für

> **Littering kostet „200 Mio"**
> Die Beseitigung herumliegenden Abfalls auf Strassen, Plätzen oder im Park durch die staatlichen Organe koste „schweizweit jedes Jahr 200 Millionen Schweizer Franken". (Schweizer Fernsehen SF1, „10 vor 10" 5. Mai 2011)

die Zigaretten! Die Verschmutzung des öffentlichen Raumes ist auch hierzulande ein teurer Spass →24. September 2009.

19. Mai 2009/3:   „Bildungslücken sind teuer"

„Jede Person ohne Ausbildung kostet die öffentliche Hand im Schnitt 10'000 Franken jährlich. Zu diesem Schluss kommt eine von Travail Suisse heute vorgestellte Studie. Die Kosten entstehen durch höhere Sozialabgaben und geringere Steuereinnahmen." („Blick am Abend", Zürich)

Um eine berufliche Ausbildung durchlaufen zu können, ist es nicht unerheblich, welche Selbst- und Sozialkompetenzen vorgängig in der Familie eingeübt worden sind →2007/2, →Mai/Juni 2007, →18. Dezember 2007, →2008, →16. Januar 2009,

einmal krankheitshalber ausfällt oder die Schulleiterinnen keine geeigneten Nachfolger finden?

ob der Schulunterricht ruhig abgelaufen ist oder Störungen von den Schülerinnen und Schülern erlitten hat →15. Mai 2008, →7. Oktober 2008, →November 2008, →2. Februar 2009, →9. April 2009, →August 2009 und ob die restliche Gesellschaft in angemessener Weise zu dieser guten Vorbereitung beigetragen hat →6. Juni 2008, →29. Januar 2009, →Mai 2009, →19. Mai 2009/1. Offenbar sind einige Auszubildende nicht in der Lage, ihre Berufslehre durchzustehen und zu beenden →18. September 2008. In Deutschland sollen es 25 Prozent der Jugendlichen sein, die nicht ausbildungsfähig sind →2008. Jedes Jahr muss diese neue Gruppe beruflich nicht Ausgebildeter zur bisherigen gezählt werden, mit jeweils 10'000 Franken – das ergibt eine erschreckende Hochrechnung! Damit gerät der Sozialstaat in Schieflage: Erwachsen geworden tragen Personen ohne Berufsabschluss nichts dazu bei, den Sozialvertrag zwischen den Generationen aufrechtzuerhalten, sondern zehren im Gegenteil bereits im berufstätigen Alter selber an ihm. „Die öffentliche Hand", welche diesen Betrag übernimmt, das sind wir alle, die Steuern zahlen!

22. Mai 2009:   „Neunjähriger in Lebensgefahr"

In Österreich ist ein Neunjähriger offenbar in die Donau geraten, habe aber nicht schwimmen können. Niemand der zahlreichen am Ufer stehenden Passanten, die seinem Kampf ums Überleben zugesehen hätten, sei ins Wasser gesprungen, um ihn zu retten. Sie hätten alle auf die behördlichen Rettungskräfte gewartet. Der Junge, der dadurch sehr lange im Wasser geblieben sei, habe durch die Kälte einen Schock erlitten. Er schwebe in Lebensgefahr. (Österreichischer Rundfunk ORF2, „Zeit im Bild 2", und „Standard", Wien)

Entweder konnten alle Anwesenden nicht schwimmen oder es scheint kein Reflex mehr vorhanden zu sein, mit eigenem Einsatz einem andern Menschen zu Hilfe zu kommen. Hier handelt es sich erst noch um ein Kind!

Den Originalton konnte ich nicht rekonstruieren, doch der Fall hat mich stark beschäftigt. Denn hier könnte es sich um eine logische Folge unseres Trainings im Wegsehen handeln →Mai/Juni 2007, →Mai 2009. – Ich weiss nicht, ob der Bub überlebt hat.

2. Juli 2009:   Zehntklässler schlagen Passanten spitalreif

„Fünf Schweizer Schüler auf Klassenfahrt haben Dienstagnacht am Sendlinger Tor wahllos fünf Passanten angegriffen, niedergeprügelt, getreten und teils schwerst verletzt. ‚Nur so zum Spaß', sagen die Täter. Ihnen drohen wegen versuchten Mordes mehrjährige Haftstrafen. Die Staatsanwaltschaft nennt es einen ‚Amoklauf ohne Waffe'." („Süddeutsche Zeitung", München)

Später stellt es sich heraus, dass eine behinderte Person zu den Opfern gehört habe.

Diese Zeitungsmeldung macht sprachlos. Als ehemalige Lehrerin von Jugendlichen bin ich davon direkt betroffen. Ich muss mich fragen: „Was, wenn mir dies passiert wäre? Da habe ich auf meinen Klassenreisen nach Florenz und Paris ja noch Glück gehabt..." Diese Schüler stammen offenbar aus Schweizer Familien, wir können ihre Taten nicht mit fehlender Integration erklären.

Gewalttätiges Verhalten von jungen Leuten ist in den letzten Jahren in Mode gekommen: →18. Dezember 2007, →2008, →20. Juni 2008, →29. Juni 2008, →19. Juli 2008, →11. September 2008, →1. November 2008, →22./23./24. Dezember 2008, →16. Januar 2009, →18. Februar 2009/1, →12. März 2009, →April 2009, →9. April 2009, →11. April 2009, →August 2009, →25. August 2009, →13. September 2009, →17. September 2009/1. Die Liste ist erschreckend lang, die Schauplätze vielfältig: Wohnungen, Schulen, Bahnhöfe, Züge, Jugendzentrum, Strassen, Fussballstadien...

Es wird Zeit, dass wir uns auf gemeinsame Richtlinien für ein wertschätzendes Sozialverhalten einigen. Wir kommen nicht darum herum, täglich mehrmals mit unseren Kindern einen freundlichen, Rücksicht nehmenden Umgang einzuüben – auf liebevolle Weise und mit gutem Vorbild vorangehend. Mit den entsprechenden Gesten lernen sie, dass sie sich manchmal zu Gunsten anderer zurücknehmen müssen. Damit verankern wir in unseren Jugendlichen den Grundsatz, dass allen Menschen das Recht auf Leben und Würde zusteht, wie sie es auch für sich beanspruchen. Dieses Training muss so nachhaltig sein, dass es sogar dann wirkt, wenn sich die entsprechende Person in einem betrunkenen Zustand befindet.

August 2009: Gravierende Probleme an der Schule

„Mobbing, Vandalismus, Diebstahl, Alkohol- und Drogenkonsum, Waffen im Unterricht oder gar Beissen von Lehrern: Die Liste an Problemen, die" eine „Gemeinderätin dem Parlament von Muri-Gümligen vorlas, wollte nicht enden. Seit 2005 hat die Gemeinde eine ambulante Schulsozialarbeit." („Berner Schule" 8+9, Bern)

Als ich Anfang der neunziger Jahre meine pädagogische Ausbildung absolvierte, galt ein Schulhaus dieser wohlhabenden Gemeinde als Vorzeigeschule. Da scheint sich etwas verändert zu haben... Trotz Schulsozialarbeit werden Lehrerkollegium und Gemeinderat den gravierenden Problemen offenbar nicht Herr. Mit ihnen stehen sie nicht allein →2008, →15. Mai 2008, →3. Oktober 2008, →7. Oktober 2008, →2. Februar 2009, →12. März 2009, →9. April 2009, →16. Mai 2009, →17.

September 2009/1. Das Beissen als Berufsrisiko teilen die Lehrpersonen mit den Zugbegleiterinnen und -begleitern →April 2009.

Diese bedenklichen Umstände an den Schulen haben längerfristig Lehrermangel →23. Juni 2004, →14. Mai 2008 und einen Abbau der Unterrichtsqualität zur Folge →1. August 2009, →November 2008, was wiederum Konsequenzen auf die Situation der Auszubildenden hat →18. September 2008, →19. Mai 2009/3.

1. August 2009: „Lehrermangel schadet der Schulqualität"

Die Lehrergewerkschaft des Kantons Bern „Lehrerinnen und Lehrer Bern" orientiert über den „zunehmenden Mangel an qualifizierten Lehrpersonen." Die Drei Schulleiter zeigen mit unterschiedlichen Massnahmen „eindrücklich auf, dass bereits heute die Qualität der Schule gefährdet ist, weil qualifizierte Lehrpersonen fehlen."

Der Schulleiter von Schüpfen betont, „dass seine Gemeinde dank S-Bahn mit Halbstundentakt eigentlich einen Standortvorteil bei der Suche nach Lehrpersonen habe. Und trotzdem ist es in Schüpfen kaum möglich, offene Stellen an der Oberstufe adäquat zu besetzen." Nach der Ausschreibung für die zu besetzende Stelle an einer neunten Klasse „kam vier Wochen lang keine einzige Bewerbung". Es „konnte schliesslich ein Sportlehrer gefunden werden." Im zweiten Schulhaus würden Schülerinnen künftig auf Logopädiestunden verzichten müssen und am dritten Ort seien „zwölf Lektionen im Kollegium verteilt" worden. „„Aus pädagogischen Gründen sollten an Realklassen möglichst wenig Lehrpersonen unterrichten – dieses Prinzip mussten wir über Bord werfen.'" Dies sei eine „Notlösung. Es ist klar, dass wir nach den Herbstferien eine zusätzliche Lehrperson brauchen, sonst muss ich die Verantwortung für die Schule abgeben'", meint der betroffene Schulleiter. („Berner Schule" 8+9, Bern)

Eine Klasse wird hier von einem nicht entsprechend ausgebildeten Lehrer geführt und unterrichtet, diejenigen Schülerinnen und Schüler, welche sprachliche Probleme und dadurch schlechtere Aussichten auf dem Berufsbildungsmarkt haben, werden nicht mehr individuell gefördert, die Mädchen und Knaben werden entweder von schlecht vorbereiteten oder gereizten Lehrkräften unterrichtet, weil diese mehr Lektionen übernehmen müssen, als ihnen guttut.

Hier sehen wir die Folge einer Ursachenkette: Ungenügende Einübung von Selbst- und Sozialkompetenz in der Familie und im Vorschulalter →2007/2, →Mai/Juni 2007, →18. Dezember 2007, →2008, →16. Januar 2009 sowie das fehlende Grenzen-Setzen seitens der Behörden →6. Juni 2008, →19. Mai 2009/1 und der Öffentlichkeit →Mai 2009 führen zu disziplinarischen Schwierigkeiten an den Schulen →15. Mai 2008, →3. Oktober 2008, →November 2008, →2. Februar 2009, →9.

April 2009, →August 2009. Die unerfreulichen Situationen im Klassenzimmer sowie die zusätzliche Übernahme von Lektionen ausfallender Kolleginnen und Kollegen belasten die Lehrkräfte und verursachen Krankmeldungen, Frühpensionierungen und fehlenden Nachwuchs →23. Juni 2004, →14. Mai 2008, →7. Oktober 2008, →16. Mai 2009, was den Lehrkräftemangel verstärkt. Dies wirkt sich wiederum auf die Qualität des Unterrichts aus, die Problematik verschärft sich weiter.

Im übrigen: Das Dorf Schüpfen, welches hier eine Klassenlehrkraft sucht, ist dieselbe Gemeinde, in denen alkoholisierte Oberstufenschüler am einen Tag auf offener Strasse einen Gemeinderat verprügelt, ihm einen Zahn herausgeschlagen und am nächsten Tag das WC der Turnhalle demoliert haben →18. Februar 2009/1. Wundert es uns, dass keine Lehrperson Lust hat, hier zu unterrichten? Und hat es nicht eine nachvollziehbare Logik, dass mit solchen Nachrichten generell die Junglehrer und -lehrerinnen ausbleiben? Sie machen verständlich, warum der pädagogische Beruf in den letzten Jahren bei der Berufswahl unattraktiv geworden ist.

10. August 2009:   „Gesucht: Vandalen"

„Für Hinweise, welche zur direkten Aufklärung von den verübten Vandalenschäden (Sprayereien an Hausfassaden und die Zerstörung der WC-Anlagen im Wichterheerpark) führen, wird eine Belohnung von SFr. 500.- bar ausbezahlt. Ihre Informationen werden diskret behandelt." Man wolle sich bei der Gemeindeverwaltung melden. „Wir danken Ihnen für Ihre Mithilfe." (Aushang an einer Hauswand in Oberhofen)

Auf Gemeindeebene quälen sich die Behörden mit Schäden herum, für deren Behebung die Steuerzahlenden aufkommen müssen. Öffentliche Toiletten scheinen neben Zügen ein ideales Betätigungsfeld für das Ausleben von Aggressionen in Form von Vandalismus zu sein →29. Juni 2008, →18. Februar 2009/1. Wird der Gemeinderat Steuergelder sprechen, um den vielleicht nicht billigen Schaden zu beheben →24. September 2009, oder schliesst er das WC lieber →17. September 2009/2? Das hätte unangenehme Konsequenzen für diejenigen Menschen, die darauf angewiesen sind. – Verschmierte, nicht funktionierende oder geschlossene Toiletten stehen einem Touristenort nicht gut an.

25. August 2009:   „Ein Viertel der Schüler einmal gewalttätig"

„Mehr als ein Viertel der Schüler im neunten Schuljahr des Kantons Sankt Gallen haben in ihrem bisherigen Leben laut Studie mindestens einmal eine Gewalttat begangen.

Demnach haben 26 Prozent mindestens eine Körperverletzung oder einen Raub begangen, an einer Gruppenschlägerei mitgemacht oder sexuelle Gewalt

ausgeübt." Auf ein Mädchen kämen drei Jungen, die gewalttätig würden. „29 Prozent waren zudem schon selbst einmal Opfer von Gewalt.

Das Kriminologische Institut der Uni Zürich befragte im Auftrag St. Gallens 5200 Jugendliche aus 338 Klassen aller Schultypen der dritten Oberstufe. Dies sind 83 Prozent aller Schüler des neunten Jahres." (Schweizer Fernsehen SF1, Teletext)

Hier sehen wir eine traurige Bilanz unserer Gesellschaft, deren politische Spitze sich seit Jahrzehnten bemüht, international den Frieden zu bewahren. Beim Nachwuchs hingegen scheint es mit der Friedfertigkeit noch zu hapern: Ein Drittel unserer Schulabgänger ist bereits Opfer von Gewalt geworden (vermutlich auch von Erwachsenen!), ein Viertel, überwiegend männlich, übte selber Gewalt aus →18. Dezember 2007, →3. Oktober 2008, →16. Januar 2009, →18. Februar 2009/1, →9. April 2009 – oder bediente sich an fremdem Eigentum, wie der Anstieg der Jugendkriminalität in Österreich zeigt →29. Januar 2009.

Denken wir das Szenario weiter und stellen uns die Jungen älter vor, sind Gruppenschlägereien und Aktionen mit tödlichem Ausgang denkbar →29. Juni 2008, →19. Juli 2008, →11. September 2008, →1. November 2008, →22./23./24. Dezember 2008, →12. März 2009, →April 2009, →11. April 2009, →2. Juli 2009, →13. September 2009, →17. September 2009/1.

Ein Training in Selbst- und Sozialkompetenz tut not!

13. September 2009:   Jugendliche prügeln Fahrgast tot

„Ein 50-jähriger Mann ist am Samstag nach einer brutalen Schläger-Attacke an einer Münchner S-Bahn-Station gestorben." Noch während der Fahrt habe er sich in eine „Auseinandersetzung zwischen mehreren Jugendlichen" eingemischt, um zu vermitteln. „Der Geschäftsmann war dazwischen gegangen, als die beiden Schläger andere Jugendliche bedrohten und Geld von ihnen forderten." Beim S-Bahnhof Solln stiegen alle aus, darauf „hätten zwei der Jugendlichen im Alter von 17 und 18 Jahren den Mann angegriffen und ihn zu Boden geschlagen, sagte ein Polizeisprecher. Daraufhin hätten die Täter massiv auf ihn eingeprügelt und eingetreten, auch als er schon auf dem Boden gelegen habe."[8] („Der Bund",

---

[8] Die Taktik, dass jemand eine schon wehrlos am Boden liegende Person mehrfach mit den Füssen tritt, habe ich in den letzten Jahren hin und wieder in TV-Filmen gesehen. Zu meinem Entsetzen handelte es sich meist um „harmlose" Liebesgeschichten und nicht um harte Action-Krimis oder Western! Überhaupt wird medial schnell geprügelt und geohrfeigt.

Früher wären solche Szenen undenkbar gewesen, heute sind sie scheinbar an der Tagesordnung. Doch gerade die öffentlich-rechtlichen Fernsehstationen haben die Pflicht, dem Publikum in ihren Produkten wünschbare Sozialkompetenzen zu zeigen. Kinder lernen durch Nachahmung. Wir Erwachsenen müssen ihnen – auch in den

Bern)

Hier zeigen sich die zwei Seiten des gleichen Problems: Die Jungen haben von uns nicht Mitgefühl und Sozialkompetenz erlernt und offenbar auch keine Grenzen erfahren. Wir Erwachsenen hingegen haben nicht rechtzeitig hingeschaut, uns auf zuwendende und unterstützende Weise mit ihnen auseinandergesetzt und ihrem Tun Einhalt geboten →2007/2, →18. Dezember 2007, →2008, →6. Juni 2008, →16. Januar 2009, →19. Mai 2009/1. Die Zivilcourage, die der getötete Familienvater an den Tag gelegt hat, kam im Leben der Täter zu spät. Ich habe vom Benehmen der Sechstklässler im Zug erzählt →Mai 2009, die sich sehr laut aufführten – worauf kein Fahrgast reagierte →22. Mai 2009. Der tragische Tod von Solln ist das folgerichtige Resultat unseres erwachsenen Verhaltens in Situationen, die uns bisher harmlos schienen und in die wir uns nicht einmischen wollten, zum Beispiel aus Bequemlichkeit. Zur richtigen Zeit, wenn unser Nachwuchs noch kleiner ist, sehen wir weg →Mai/Juni 2007 und wundern uns dann ein paar Kinderjahre später.

Denn diese Jugendlichen, die sich nicht einmal von Männern etwas sagen lassen, auf sie losgehen, sie verletzen und auch vor Todesfolge nicht zurückschrecken, sind heute leider keine Ausnahmeerscheinung →20. Juni 2008, →29. Juni 2008, →19. Juli 2008, →11. September 2008, →1. November 2008, →22./23./24. Dezember 2008, →18. Februar 2009/1, →12. März 2009, →April 2009, →11. April 2009, →2. Juli 2009, →August 2009, →25. August 2009, →17. September 2009/1.

17. September 2009/1:   Gymnasiast als Amokschütze

„Mit einer Axt und Brandsätzen hat ein 18-Jähriger Abiturient in seinem Gymnasium im bayerischen Ansbach acht Mitschüler und einen Lehrer verletzt, bevor er selbst von Polizisten niedergeschossen wurde. Eine Schülerin schwebt am späten Nachmittag noch in Lebensgefahr." („Der Bund", Bern)

Schon wieder eine Tat, die vermutlich aus Verzweiflung, aber auch aus mangelnder Empathie heraus geschah. Was hat diesem Jungen gefehlt, das wir Erwachsenen ihm hätten geben müssen? Wo haben wir alle es versäumt, ihn wahrzunehmen und zu unterstützen? Wo hätten wir Aussenstehende bereits in seiner Kindheit von ihm ein bestimmtes Verhalten einfordern müssen →Mai/Juni 2007, →Mai 2009 – oder als Erziehende →2007/2, →2008 und als staatliche Mandatspersonen mit gesetzlichen

Medien – vorleben, wie sie Konflikte friedfertig lösen und wohin sie ihre Wut lenken können, ohne anderen Menschen zu schaden. Wenn wir gewalttätiges Verhalten im realen Alltag nicht haben wollen, ist es wenig sinnvoll, es im Fernsehen vorzumachen. Das gilt auch für die tagsüber ausgestrahlten Trailers der Abendkrimis.

Vorgaben →6. Juni 2008, →19. Mai 2009/1? Haben wir ihn genügend üben lassen, die Würde anderer Menschen und ihr Recht auf Leben zu respektieren – oder liessen wir ihn mit den virtuellen Gewaltspielen allein? Warum hat niemand seine Lage bemerkt?

Der junge Mann von Ansbach steht mit seiner Aggression nicht alleine →18. Dezember 2007, →20. Juni 2008, →29. Juni 2008, →19. Juli 2008, →11. September 2008, →3. Oktober 2008, →1. November 2008, →22./23./24. Dezember 2008, →16. Januar 2009, →18. Februar 2009/1, →April 2009, →9. April 2009, →11. April 2009, →2. Juli 2009, →25. August 2009 und hat als Täter mit Todesfolge Kollegen in Winnenden →12. März 2009 und in München bei der S-Bahnstation Solln →13. September 2009.

17. September 2009/2:   Abbau von öffentlichen Toiletten

Die Stadt Luzern mache wegen Vandalenakten einen Teil ihrer öffentlichen Toiletten nicht mehr zugänglich. „Luzern ist mit dem Abbau nicht alleine. Winterthur hat von 45 WCs die Hälfte geschlossen. Auch der grösste Anbieter von öffentlichen Toiletten, die SBB (Schweizerischen Bundesbahnen), baute in den letzten Jahren bei neunzig Bahnhöfen die WCs ab." In vielen Gemeinden habe es sich um das einzige öffentliche stille Örtchen gehandelt. „Doch auch in den Vorortszügen gibt es weniger Toiletten. In den neuen Doppelstöckern der Zürcher S-Bahn ist auf 378 Sitzplätze nur ein WC zu finden." Dabei leide jeder fünfte Schweizer an Durchfall oder Blasenschwäche, sagt der Präsident der Patientenorganisation. (Schweizer Fernsehen SF1, „10 vor 10")

Ein einziges WC für fast 400 Menschen! Wenn wir uns die Situation durch Vandalismus vor Augen führen →16. Mai 2008/1, →29. Juni 2008, →18. Februar 2009/1, →August 2009, →10. August 2009, können wir diesen Akt der Hilflosigkeit seitens der Behörden und der SBB zwar verstehen, denn die Wiederherstellung von Verunreinigung und Zerstörung ist teuer →24. September 2009.

Doch die Respektlosigkeit der Vandalen hat Konsequenzen in Bereichen, an die man nicht sofort denkt: Durch den Abbau von Toiletten sind vor allem Menschen im gesundheitlichen Bereich betroffen. Ihre Situation ist entwürdigend, wenn es ihnen nicht möglich ist, rechtzeitig in ihrem Umfeld ein WC aufzusuchen. Gerade Frauen geraten in eine prekäre Lage. Die Männer hingegen werden sich an Strassenecken und in Seitengässchen zu helfen wissen, was die Lebensqualität aller verschlechtert (puh, das stinkt!) und wiederum Kosten für Reinigungsarbeiten nach sich zieht.

24. September 2009: **Sieben Millionen für Vandalismusschäden**

„Verschmutzte Züge, Vandalismus: Respektlosigkeit ist für die SBB (Schweizerische Bundesbahnen) ein grosses Problem, das geht ins Geld. Der Schaden ist immens." Ihr Mediensprecher präzisiert: „Wir haben jährlich Kosten zwischen fünf und sieben Millionen Schweizer Franken an Reparaturen von Zügen, seien es Sprayereien, zerkratzte Scheiben oder kaputte Sitzpolster." (Schweizer Fernsehen SF1, „10 vor 10")

Endlich nennen die SBB den Preis für die Wiederherstellung bei Vandalismus: Bis zu sieben Millionen jährlich. Also die Sprayer und betrunkenen Randalierer bezahlen sie nicht... Zudem müssen noch die Kosten für die präventiven Massnahmen für die Sicherheit der Passagiere und des Bahnpersonals hinzu gerechnet werden, ein zweistelliger Millionenbetrag →April 2009.

Unter den Stichworten Vandalismus und Littering könnten somit mehrere zehn Millionen(!) Franken auf das Konto der fehlenden Umgangsformen gehen, allein bei einer der Eisenbahngesellschaften in der kleinen Schweiz →29. Juni 2008, →17. September 2009/2. Dies ist der Betrag, der mit entsprechendem Benehmen wegfiele. Doch es sind ja nicht nur die SBB, die dieses Problem kennen →16. Mai 2008/1, →18. Februar 2009/1, →11. April 2009, →19. Mai 2009/2, →August 2009, →10. August 2009. Die finanziellen Aufwendungen sind gesamtgesellschaftlich um ein x-Faches höher zu veranschlagen. Mit einem wertschätzenden Sozialverhalten können wir uns dieses Geld sparen und es für etwas Sinnvolles, das vielen Menschen dient, ausgeben!

Leider nehmen solche Nachrichten kein

E N D E

aber mein Buch **Teil 1**! Auf Wiederlesen in **Teil 2** der

Umgangsformen für das 21. Jahrhundert!

274

Warum wir keine Manieren mehr haben

habe ich in diesem **Teil 1** ausführlich dargelegt.

Wie wir einander neu respektieren lernen

erkläre ich in **Teil 2** der

Umgangsformen für das 21. Jahrhundert

Wollen wir Umgangsformen schaffen, welche der heutigen Zeit angepasst sind, haben sie zwei scheinbar widersprüchliche Forderungen zu erfüllen: Die Respektierung der Würde aller Menschen und die Anerkennung von Autorität, wie sie in demokratischen Verhältnissen ausgeübt wird. Beide Anliegen gilt es miteinander in Einklang zu bringen. Erst so entsteht eine Werteordnung, welche einen freundlichen Umgang auch im 21. Jahrhundert ermöglicht.

Dabei sind zweierlei Arten der Selbstbestimmung

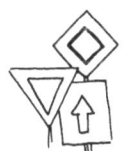

wichtig: Die „grossen Entscheidungen" darf jedes Individuum im Alleingang treffen. Begibt es sich hingegen in eine Gruppe, befindet es sich in Situationen der „kleinen Entscheide". Hier gelten – wie im Strassenverkehr – vier neuartige Verhaltensregeln, die das städtische Umfeld einer rechtsstaatlichen Gesellschaft berücksichtigen. Wir begegnen allen andern Menschen freundlich und mit Wertschätzung, ohne unsere eigenen Ziele aus den Augen zu verlieren. So gestalten wir einen Alltag mit Eleganz und Stil!

Hier finden Sie das Sozialverhalten der Zukunft!

Die Herausgabe von **Teil 2** ist für Herbst 2015 geplant.

Von der gleichen Autorin ist erschienen:

Deutsche
in der Schweiz
suchen Heilung

Was Demokratie vom Einzelnen fordert
und wie Prägungen aus der Vergangenheit
dabei im Wege stehen können

Einheimische und Immigrierte fühlen und denken anders – aus historischen Gründen. Es ist nur natürlich, dass dadurch soziale Unstimmigkeiten auftreten. Zugewanderte aus Deutschland ecken bei den Schweizerinnen und Schweizern an, wenn sie sich geistig noch immer in einer Zwei-Klassen-Gesellschaft bewegen und unbewusst ein Oben-Unten-Weltbild ausagieren. Dieses widerspricht den Grundsätzen der Gleichheit, Selbstbestimmung und Menschenwürde. Damit erweist es sich in der zutiefst demokratischen Schweiz als ungeeignet für ein friedliches Zusammenleben.

Ma Gyan Sevanti Weber erklärt die spezifischen Prägungen aus der Geschichte der Deutschen und schlägt Aufarbeitungs- und Heilungswege vor. Sie erläutert, worauf echte Demokratie beruht – nämlich auf bestimmten Denkweisen und Befindlichkeiten der Einwohner. Sie sind insbesondere bei der Integration von Migrantinnen und Migranten von Bedeutung. Denn erst durch ein Update überholter Denkmodelle, die Heilung von Gefühlslagen aus früheren Zeiten und eine Haltung auf der Basis der Menschenrechte werden Demokratie und Frieden Wirklichkeit.

316 Seiten, auch als E-Book erhältlich. ISBN 9-783735-790224

www.bod.ch

Das war einmal:

Die adelige Obrigkeit
hatte das Sagen und
traf die Entscheidungen für uns.

Aus dieser Situation heraus
sind die noch heute gültigen,
jedoch überholten Umgangsformen
entstanden.